社会组织服务项目操作指南
——以北京朝阳区和丰台区社会组织服务为例

主　编　张书颖
副主编　张跃豪　苏　锋　杨　晨

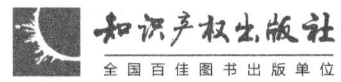

内容提要

政府购买社会组织服务一方面有利于提高公共服务质量，降低行政成本；另一方面有利于引导社会组织重视基层社会服务需求，发挥各类社会组织在提供公共服务方面的积极作用；同时也有利于加强政府力量与社会力量的互动合作，加快政府转变职能。

责任编辑：于晓菲　　　　　　　　　　　责任出版：卢运霞

图书在版编目（CIP）数据

社会组织服务项目操作指南——以北京朝阳区和丰台区社会组织服务为例/张书颖主编．—北京：知识产权出版社，2013.5
ISBN 978-7-5130-1987-3

Ⅰ.①社… Ⅱ.①张… Ⅲ.①社会团体—社会服务—中国—指南 Ⅳ.①D669.3-62

中国版本图书馆CIP数据核字（2013）第065851号

社会组织服务项目操作指南
——以北京朝阳区和丰台区社会组织服务为例
SHEHUI ZUZHI FUWU XIANGMU CAOZUO ZHINAN
——YI BEIJING CHAOYANGQU HE FENGTAIQU SHEHUI ZUZHI FUWU WEILI

主　编　张书颖
副主编　张跃豪　苏　锋　杨　晨

出版发行：知识产权出版社

社　　址：	北京市海淀区马甸南村1号	邮　编：	100088
网　　址：	http://www.ipph.cn	邮　箱：	rqyuxiaofei@163.com
发行电话：	010-82000893 转8101	传　真：	010-82005070/82000893
责编电话：	010-82000860 转8363	责编邮箱：	yuxiaofei@cnipr.com
印　　刷：	北京中献拓方科技发展有限公司	经　销：	新华书店及相关销售网点
开　　本：	787mm×1092mm　1/16	印　张：	23
版　　次：	2013年7月第1版	印　次：	2013年7月第1次印刷
字　　数：	363千字	定　价：	58.00元

ISBN 978-7-5130-1987-3

出版权专有　侵权必究

如有印装质量问题，本社负责调换。

编写说明

《社会组织服务项目操作指南》一书编写的起因是北京政法职业学院社会法律工作系专业教师在协同北京市丰台区中鼎社会工作事务所、北京朝阳区管庄惠邻社会工作室、北京朝阳区亚运村立德社会工作事务所等机构进行政府购买社会服务的过程中,在 2011 年、2012 年和 2013 年连续三年申报政府社会建设专项资金购买社会组织服务的基础上,了解到很多社会组织都有做社会服务的热情和资源,但对申报程序、如何撰写申报书以至于获得立项后如何执行项目活动、建立项目档案和应对项目评估都有很多的困惑。同时,本书也作为北京政法职业学院 2012 年院级科研课题《社会组织服务机制创新研究》(课题编号 xy201209)的阶段性研究成果。

为此,组成了由张景荪(北京政法职业学院党委书记、院长)、王文泉(北京丰台区社会工委委员、社会建设办副主任)、马凯(北京朝阳区社会建设办公室社会组织科科长)、黄锂(北京恩派朝阳基地项目经理)为顾问,张书颖(北京政法职业学院社会法律工作系教授)为主编,张跃豪(北京朝阳区亚运村立德社会工作事务所法人)、杨晨(北京教育学院科研处教师)、苏锋(北京丰台中鼎社会工作事务所法人)为副主编,吴桂英(中央民族大学博士)、李广阳(北京政法职业学院社会法律工作系副教授)、马海燕(北京政法职业学院社会法律工作系讲师)、王玲(北京政法职业学院社会法律工作系副教授、博士)、曹海英(北京政法职业学院社会法律工作系副教授、博士)、张平(北京政法职业学院基础部副主任)、刘北霞(北京政法职业学院基础部副教授)、胡光自(北京朝阳区管庄惠邻社会工作室主任)、李燕辉(北京朝阳区管庄惠邻社会工作室副主任)、曹辰(北京朝阳区管庄惠河西里社区社工)、贾春晨(北京政法职业学院社会法律工作系博士)、顾跃峰(北京丰台区中鼎社会工作事务所专业社工)、付丽娟(北京政法职业学院社会法律工作系讲师)等为编委会成员的本书编写组。

编写组人员经过长达一年多的辛苦工作,终于将指导社会组织参与政府购买服务项目实用手册和部分案例范本集结成书与读者见面了。我们希望本书中提供的知识和案例对有志于参与社会服务的机构有所帮助!

借此机会,我们也向两年来在朝阳区管庄惠邻社会工作室和丰台区中鼎社会工作事务所实习和工作过的社工以及志愿者表示衷心的感谢!向参与书中所选案例的社工、志愿者以及服务对象表示衷心的感谢。

本书编委会
2013年3月31日

目 录

上篇——理论建构

第一部分 社会组织服务概述 ············· (5)

一、社会组织概述 ················· (5)

(一) 社会组织的界定 ············· (5)

(二) 社会组织的基本属性 ··········· (6)

(三) 社会组织的类型 ············· (9)

(四) 社会组织发展现状 ············ (11)

(五) 社会组织在我国社会管理创新中的作用 ····· (15)

二、社会组织服务资金来源 ············· (17)

三、社会组织服务路径的选择 ············ (20)

四、对社会组织服务的管理与监督 ·········· (25)

第二部分 社会组织服务项目的策划 ········· (37)

一、影响社会组织服务项目选取的要素分析 ······ (37)

(一) 组织机构的定位 ············· (37)

(二) 项目对接方的需求 ············ (39)

(三) 社会环境状况 ·············· (39)

(四) 机构可利用的资源 ············ (39)

（五）可能存在的不确定因素 …………………………………（40）

二、政府购买社会组织服务项目解读 ………………………………（40）

　　（一）购买的主体 ………………………………………………（40）

　　（二）一般项目申报的时间 ……………………………………（41）

　　（三）项目申报书样本 …………………………………………（41）

　　（四）经费申请与使用规定 ……………………………………（50）

　　（五）项目申报要求及流程 ……………………………………（51）

三、社会组织服务项目策划的原则 …………………………………（62）

　　（一）社会性 ……………………………………………………（63）

　　（二）可行性 ……………………………………………………（63）

　　（三）经济性 ……………………………………………………（63）

　　（四）灵活性 ……………………………………………………（63）

　　（五）信息性 ……………………………………………………（64）

四、社会组织服务项目策划的流程 …………………………………（64）

　　（一）项目需求调研 ……………………………………………（64）

　　（二）确定项目实施地点 ………………………………………（65）

　　（三）组建项目团队 ……………………………………………（65）

　　（四）设计项目内容 ……………………………………………（66）

　　（五）项目策划书的撰写 ………………………………………（66）

第三部分　社会组织服务项目的执行 ……………………………（67）

　　（一）项目方案的微调 …………………………………………（67）

　　（二）根据项目书制定项目执行方案 …………………………（68）

　　（三）项目日常管理 ……………………………………………（69）

　　（四）项目中期评估 ……………………………………………（70）

　　（五）项目结项评估 ……………………………………………（71）

目 录

下篇——案例展示

第一部分 备案型社区社会组织政府购买服务项目操作指南 …………（75）

案例选取:《朝阳区专业社工人才"培养、评价、使用、激励"机制调研分析》（北京朝阳区管庄惠邻社会工作室承接的2011年朝阳区政府购买社会组织服务项目，已结项）

案例展示部分:

一、朝阳区政府购买社会组织服务项目结题报告（结项
　　申请）……………………………………………………（75）
二、结项报告（项目最终成果）……………………………（83）
三、实施方案 ………………………………………………（131）
四、调研资料 ………………………………………………（174）
五、调研问卷分析——原始数据图表分析 ………………（184）
六、项目活动材料选编 ……………………………………（205）
七、项目支出备案 …………………………………………（210）
八、项目特点及反思 ………………………………………（212）

第二部分 基金会资金资助项目操作指南 ………………………（214）

案例选取:丰台农民工子女增能项目（丰台区中鼎社会工作事务所承接的2012年北京市"温暖基金"资助项目）

一、项目申请书及资助合同书 ……………………………（214）
二、结项报告 ………………………………………………（221）
三、项目策划书 ……………………………………………（229）
四、项目执行 ………………………………………………（238）
五、项目中期评估报告 ……………………………………（250）
六、项目活动材料选编 ……………………………………（261）

七、项目新闻报道 …………………………………………… (271)

八、项目特点及反思 ………………………………………… (273)

第三部分 北京市政府资金资助项目操作指南 ……………… (276)

案例选取：北京市丰台区中鼎社会工作事务所2012年立项的北京市社会建设专项资金购买项目："导航——丰台区少年儿童社工服务"

一、项目实施方案 …………………………………………… (276)

二、项目活动计划书（选例） ……………………………… (285)

三、活动展示 ………………………………………………… (297)

四、项目新闻报道 …………………………………………… (304)

五、项目特点及反思 ………………………………………… (311)

第四部分 枢纽型社会组织政府购买服务项目操作指南 …… (312)

案例选取：《法律服务基层——北京城乡结合部地区独居老人法律服务项目》（北京市跨国犯罪研究会承接的2011年北京市政府购买社会组织项目）

一、项目报告 ………………………………………………… (312)

二、实施方案 ………………………………………………… (319)

三、调研问卷 ………………………………………………… (330)

四、调研分析报告 …………………………………………… (335)

五、活动材料汇编（目录） ………………………………… (341)

六、项目支出备案 …………………………………………… (347)

七、《北京城乡结合部地区独居老人法律服务知识问答》介绍 …… (347)

八、项目特点及反思 ………………………………………… (356)

参考文献 ……………………………………………………… (358)

后　记 ………………………………………………………… (359)

近年来，随着我国经济社会的发展与行政体制改革的推进，政府购买社会组织服务已越来越受到各级党委和政府的重视，各地各部门对政府购买社会组织服务项目的探索与实践不断推陈出新，取得的成效也逐渐引人瞩目。社会组织也被称作民间组织或非营利组织，是指政府和企业之外具有民间性、非营利性、独立性和组织性等特征，主要从事公益性、互助性和自律性活动的组织，包括社会团体、民办非企业单位、基金会等。

政府购买社会组织服务一方面有利于提高公共服务质量，降低行政成本；另一方面有利于引导社会组织重视基层社会服务需求，发挥各类社会组织在提供公共服务方面的积极作用；同时也有利于加强政府力量与社会力量的互动合作，加快政府转变职能。

政府购买社会组织服务是通过市场运作、政府承担、定项委托、合同管理、评估兑现的方式来实现的。在北京，自 2010 年政府投入 4277 万元安排 300 项购买服务项目后，2011 年和 2012 年，政府向社会组织购买公共服务的金额均上升至约 8000 万元，其中，2011 年参与申报的社会组织达到 748 家。北京市社工委发布《2011 年政府购买社会组织服务项目指南》，将购买项目定位于社会基本公共服务（shgg）、社会公益（shgy）、社区便民（shbm）、社会管理（shgl）、社会建设决策研究信息咨询服务（shgjc）等方面。2013 年购买项目的金额较之将有很大提高，预计购买资金过亿，项目类别依然保持 5 大类，但二级项目由原来的 40 项增至了 45 项。由此看出政府购买社会组织服务的领域和购买额度都呈现逐年递增的态势。

随着政府购买社会组织服务力度的逐渐加强和参与社会组织面的不断扩大，对社会组织服务的引导与规范就成为了新的研究领域。

上篇——理论建构

第一部分　社会组织服务概述

目前，我国经济社会发展正处于"黄金发展期"和"矛盾凸显期"。伴随着政治体制和社会管理体制改革的深入，各类社会组织纷纷登上历史舞台，活跃在社会各个角落，呼唤着新一轮的社会管理体制改革的到来。创新社会管理体制机制成为政府转变职能、打造服务型政府的客观要求。并且随着政府职能的不断转变，原来由政府包办的社会服务逐步交由社会组织来承担。这也使得以服务社会、政策倡导为宗旨的社会组织在扶贫、支教、助学、培训、特殊群体支持等方面发挥出其在公共服务和政策倡导方面的强大功能，成为改善党群关系，做好党群工作的重要组成部分，显示出强大的生命力和无限的发展空间。在确保政府提供普惠性公共服务的同时，创新社会管理机制，发挥社会组织更大的潜能，满足多元化社会服务需求显得尤为必要。

一、社会组织概述

（一）社会组织的界定

对政府与企业之外的组织如何表述，说法很多。按西方的习惯，人们将国家、政府一类的政治领域称为"公域"，将市场、企业一类的经济领域称为"私域"，从而将介于两者之间的其他组织称为"第三领域"或"第三部门"。有的人则根据这类组织的特征将其称为"非营利组织"、"非政府组织"、"志愿组织"、"中介组织"、"公共组织"、"民间组织"等等。属于这一领域的组织很多，如慈善机构、执行政府政策的机构、职业介绍所、培训中心、咨询中心、事务所、基金会、行业协会、商会、学会及基层社区自治组织等等。除此之外，还有许多国际间的非政府组织也属此类。社会组织就其概念来讲，可以概括为：所谓"社会组织"，指政府与企业外面向社会提供某个领域的公共服务的法人实体。在国际上，由于各国在文化和语言方面存在着差异，社会组织也有着多种不同的称谓。我国目前使用的"社会组织"一词专指区别于政府和企业并且具有非营利性、非政府性、独立性、志愿性、公益性等基本特征的组织，相当于其他国家所指的以社会公共利益为目标的组织：NGO、NPO、公民社会、第三部门或志愿者组织等等。在党的十六届六中全会之前我们一直称其为"民间组织"。十六届六中全会和十七大把民间组织纳入了社会主义和谐社会的建设大局中，同时作出明确阐述，提出了"社会组织"这一称谓以及新时期社会组织的指导思想与方针政策。

目前，我国社会组织也被称作民间组织或非营利组织，是指政府和企业之外具有民间性、非营利性、独立性和组织性等特征，主要从事公益性、互助性和自律性活动的组织，包括社会团体、民办非企业单位、基金会等。

（二）社会组织的基本属性

社会组织的基本属性是指各类社会组织共有的一些基本特征。从客观方面来说，社会组织构成的成份很复杂，给概括他们的共性带来一定的困难；从主观方面来说，研究者们的视角总是有所侧重，如有的人主要以超民族国家的国际性非政府组织为对象，有的人又主要以公益性的民间组织为对象等等。那么，基于参与政府购买服务的视角，我们对社会组织的属性作如下界定：

1. 合法性。指这类组织是在国家法律许可下，经过法定程序登记获得法人资格或成为备案型社会组织。也可以说，这类社会组织必须是正式组织。它们有经注册认可的称谓，有明确的职能和活动范围，有确定的组成成员和一定的活动条件，其成员从事活动有章可循。

2. 自主性。指它们是面向社会自主提供相关服务的组织。各种社会组织的具体业务不同，但在法律与政府政策的框架内，它们在从事自身的业务时，可以自主决策，自行实施，政府或其他组织不能直接干预它们的业务。这就尤其要求其行为的自律性，从而在本组织、本行业内充分地发挥自我监督、自我管理的作用和功能。

3. 服务性。服务性是社会组织的职能特性。职能表明的是组织的目标，因而职能特性是组织的本质特性。社会组织之所以蓬勃发展，客观上正是现代社会要求提供多样性的服务。政府提供的是满足社会整体的共同要求，市场提供的是满足其他组织和社会成员个人的物质的或经济的要求，其他多方面的服务要求就只能由多样性的社会组织来提供和满足了。社会组织在本质上是服务性的。就是说，建立社会组织的目的不是谋取利润或称利润最大化。社会组织不论从何种途径得到的经费，都是用于开展组织活动、发展组织和其成员的劳动报酬，而不是为了个人积累财富。

4. 志愿性。非政府组织的组成和成员往往是基于有着共同的志趣、信念和目标的人们之间的联系和结合之上的，并为这些共同的志趣、信念和目标而自觉自愿地开展活动和行为。以上四个方面，是社会组织的基本特性。

5. 独立性。非政府组织是市场失灵和政府失灵的产物，有学者认为它是在市场体制和国家体制之外出现的一项重大的组织创新和制度创新，因此具有不同于企业和政府的组织与制度方面的特征，具有相对于政府和企业的独立性，不易受利益驱动的影响和长官意志的支配，便于解决一些特定的社会问题。而且非政府组织采取的是非等级的、分权的网络式组织体制，其活动范围没有行政区域划分，活动对象和自身一般不具有严格的行政管辖性。非政府组织的这种独立性，有利于使国家与社会之间形成良性互动，制约政府权力的滥用，避免市场机制的无序。

6. 公益性。非政府组织活动的宗旨是为社会提供公益性服务，不以赢利为目的，主要体现为所从事事业和服务的社会价值或社会效益，所致力于解决的往往是被主流社会组织体制（企业—市场体制和政府—国家体制）所罔顾或所顾不及的一些重大或重要的社会问题。但是我们认为，这并不排除某些非政府组织可以兼具有偿服务性，即一些非政府组织在向社会提供公益服务的前提下，可以收取一定费用，依照政策、法律、法规和价值规律得到合理的报酬，以体现服务的社会需求性并便于自我发展。

7. 专业性或专门性。非政府组织以自己特有的人力、物力、财力和智力（包括专业知识和技能）等条件来为社会或特定领域的人们提供服务，其与服务对象之间的关系，是服务与被服务的关系，而不是管理与被管理的关系，主要凭借这种专业或专门优势来获得社会和民众的支持和信任。

8. 灵活性和适应性。非政府组织的政治性不强,官僚化程度低,在组织结构、体制以及活动方式上有很大的灵活性;便于根据不同地区、领域和人群的条件变化和需要及时做出调整,具有很强的适应性;而且其活动的反应较快,随后所采取的行动也较为迅捷。所以非政府组织承受风险的能力强,可以持续不懈地致力于特定问题的解决,便于去做政府不方便或不好做的事情。所以有人认为非政府组织是实现可持续发展的最富于潜能的新社会工具。

9. 活动和行为方式的人性化和民主性。非政府组织主要通过为社会或特定领域的人们提供公益性服务来获取资源和实现其价值功能,其组织和活动一般是通过民主的和非强制的方式来开展的,这就易于被民众特别是基层民众所接受。而且一些非政府组织(如志愿者组织)的服务对象主要是社会中的弱势群体,诸如穷人、农民、失业者、妇女儿童、老年人、残疾人、难民、少数民族等,以改善他们的生存状况,鼓励和增强他们的政治参与,减少他们所受到的社会歧视,提高他们的自尊。所以非政府组织机制适合于自下而上地开展活动,有利于动员和组织民众的力量,促使民众自觉主动地参与社会发展进程。

10. 客观公正性。正由于上述特征,非政府组织为社会服务就有利于提供客观真实的信息,并遵循公正、公平、公开的原则,以维护社会各方面的权益。这样,非政府组织便于在政府与企业以及社会公众之间发挥沟通和桥梁作用,如实地反映和传达民情民意及社情,并客观公正地对政府行为和企业效能进行分析评估,既监督政策及其执行,且自身也接受服务对象和有关部门的监督。而且一些非政府组织在谋求社会正义和经济公平、维护社会整体利益乃至全人类共同利益的目标下开展活动,成为一种道义性社会组织力量,就更容易受到人们的信赖。

11. 多重的法律地位和属性。一方面,非政府组织提供社会服务,与服务对象之间是平等主体之间的关系,属于民事法律关系;另一方面,某些非政府组织实施特定监督、管理的职能,与其监督、管理的对象之间以及非政府组织与其内部成员之间,又具有一定的行政管理的性质,因而具有行政法律关系的属性。正因此,适用的法律规则跨部门,既有私法也有公法。在适用私法领域，此时的非政府组织和其他主体完全是平等的，没有强制性的公权力的存在（如会计师事务所为公民、法人、社会组织在提供会计方面的服务时）；在适用公法领域，此时它使监督或管理的对象与之有一定的权力从属性和支配性（如行业协会对其成员或学校对其学生的管理和奖惩）。因此，非政府组织的法律关系所具有的这种复杂性，就必将导致其监督和救济的途径和方式也会各有不同。

（三）社会组织的类型

由于社会组织的构成相当复杂，为了对其形成具体的认识和在现实中进行分类管理，必须将社会组织划分为不同的类型。但对对象进行分类是一个复杂的问题。因为要分类就必须确定分类标准，而对象本身及对象的联系都是复杂的，因而可以找出多种标准来分类。如果将不同标准的分类混杂在一起罗列出来，那就不仅不能对对象形成具体的清楚的认识，反而会造成混乱。基于此，我们在对社会组织进行分类时，将先简单描述多种分类，然后提出一个主要标准来研究其基本类型。关于组织的多种分类，艾弗雷德·库恩在其《社会研究：一种统一的方法》一书中作过这样的描述："对事物进行分类的方法是很多很多的，组织也不例外。组织可以分为好的和坏的；赢利的和不赢利的；公共的和私有的；大的、中的或小的；生产商品的和提供劳务的；分权的和集权的；或者诸如教育的，工业的，宗教的，慈善的或联邦的等等。从绝对的意义上讲，没有任何'更好的'分类体系，它的用处取决于眼前的目的。"社会组织也可以用多种标准分类，如从服务对象可以分出公共组织和专门服务组织。公共组织是面向社会提供服务的，如学校、医院等。专门服务组织则有专门的服务对象，如行业协会和商会。从是否获利可以分出营利的与不营利的，慈善机构是不营利的，而许多事务所则是营利的，如此等等。描述社会组织的多种类型，目的在于避免因简单化而造成对社会组织的片面认识。关于社会组织的分类，更重要的是研究其基本类型，研究基本类型就要确定一个基本的分类标准。我们认为，组织的职能是反映组织本质的。因此，应以职能为标准进行分类。以职能为标准，可将社会组织区分为以下几种基本类型：

1. 准行政组织。准行政组织是在政府改革过程中从政府分离出来而又行使一定行政职能的组织。比如,以往的政府既是政策制定机构又是政策执行机构,形象地说,"既是掌舵的,又是划桨的"。这有许多弊端。当前政府改革的一个重要措施就是将政策制定与政策执行分开,政府主要职能是制定政策,执行政策则另外建立政府外的执行机构。例如在英国的政府改革中,就成立了很多政策执行机构。从1988年建立第一个执行机构起,到1997年就建立了124个执行机构。这些机构的业务范围,涉及车辆管理、社会福利管理、狱政管理、就业管理、证照审核签发、救济金办理、会议服务、工商注册、专利保护、标准计量、地产登记及药品管理等等。在我国政府机构改革中,撤销了一些政府部门,在一段时期内,这些部门原来的行政职能,部分转移给相关的行业协会。这些行业协会,也具有一定的准行政组织的性质。

2. 事业组织。事业组织是公共事业的重要组成部分,包括从事科技、教育、文化、卫生、体育、广播、电视、出版等各项事业活动的组织。在现代社会,由于事业组织的活动对整个社会发展的影响越来越大,国家对事业组织的发展也越来越重视,在政策上和财政上都给予大力的扶持。在我国,当前随着政府机构改革的深入开展,事业单位的改革也在加紧进行。事业组织作为社会组织的重要组成部分,我们应加强研究。现在在研究领域有一种奇怪的现象,在许多专门论述"非政府组织"、"非营利组织"即论述政府与企业外的社会组织的文章中,都不提事业组织,似乎将事业组织排除在外了。国外对这类组织如何归类是另一回事,而在我们国家,在对社会组织作分类时,事业组织作为一种基本类型是必须肯定的。

3. 公益组织。慈善机构、志愿者团体、社会救济组织、义务工作者联合会及某些环保组织等属于此类。公益组织除了具有社会组织的一般特点外,其区别于其他社会组织的突出特征在于它的非营利性、志愿性和为实现社会的某些公共目的的奉献精神。公益组织特别关注社会公共利益问题,尤其重视服务于社会弱势群体。其社会作用不仅表现于其活动的直接结果,对于弘扬社会公德,促进精神文明建设也能产生重大的示范效应。

4. 中介组织。在现代社会中,社会中介组织发展很快,这是社会组织化程度提高的要求。在各种社会组织中,社会中介组织的显著特点是它不能获得政府的财力支持,而只能以自身的服务收入独立生存。但它又与企业不同,因为它的职责是促进一定社会领域的自律,而不是以获取利润为目的。属于中介组织的社会组织很多,如行业协会、商会、公证和仲裁机构、各种事务所、咨询公司、广告公司、拍卖行、各种介绍所以及学会、基金会等。培养和发展社会中介组织是政府机构改革中的一项重要措施,也是政府机构改革得以顺利进行的重要条件。

我们将社会组织按其职能的侧重和其他特征分为以上四种基本类型。作这种分类还需说明:由于社会组织的复杂性,这四种基本类型不一定就能包括所有的社会组织。如对社会基层的自治组织,像村民委员会、社区委员会等如何归类,还需要作进一步的研究。有的社会组织,不一定只能归入某一类型,而可能同时归入其他类型。如行业协会,本应属于中介组织,但我国政府机构改革中初建的某些行业协会,在一段时期内还要行使部分的行政职能,因而也可以视为准行政组织。从我国的现实出发划分社会组织,或许可以提出更科学合理的划分模型。我们期望通过更深入的讨论形成科学的认识,并用于指导实践。

(四) 社会组织发展现状

1. 我国社会组织发展趋势

改革开放以来,我国社会组织建设取得了很大成绩,社会组织发展迅速,布局得到调整,结构不断优化,质量逐步提高,群众有序参与、有效覆盖城乡、门类齐全的社会组织体系基本形成。社会组织在经济、政治、文化、社会、教育、科技等各个领域发挥着独特而重要的作用,已经成为沟通党和政府与人民群众的桥梁和纽带,成为我国经济社会发展中一支重要力量。总结我国社会组织发展趋势主要有以下几个方面。

一是社会组织一直保持着较快发展的良好态势。截至 2010 年,在我国民政部门登记的各类社会组织有 44 万个。此外,经备案的城市街道社区群众性社会组织 20 万多个,农村专业经济协会 4 万多个。加上未注册的社会组织,目前我国各类社会组织总量已达 300 万家。近几年来,社会组织年增长率达 5%~10%,社会组织固定资产总值 1089 亿元,收入 1247 亿元,增加值 500 亿元。全国社会组织专职工作人员 540 万人,兼职工作人员 500 多万人,注册

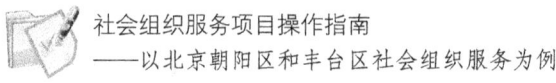

的各类志愿者2500多万人。

二是社会组织自身建设不断加强。社会组织的法人治理机制初步建立，领导班子建设日渐加强，从业人员年龄知识结构不断优化，非营利组织会计制度广泛执行，自律意识和诚信观念不断加强，逐步涌现出一批制约机制健全、管理运行科学、社会公信力和影响力高的社会组织。

三是社会组织服务社会能力进一步提高。2008年度，全国各类社会组织吸纳社会各类人员就业476万人，兼职工作人员超过500万人，注册的志愿者超过2500万人，形成固定资产总值888亿元，收入合计1001亿元，类费用支出合计1028亿元，社会组织增加值为376亿元。综合实力的增强，明显提升了社会组织服务社会能力。据统计，"汶川特大地震"发生后，全国各类社会组织累计募集款物356亿元，动员志愿者500多万人次，为灾区人民战胜灾害、重建家园提供了强有力的物质帮助和精神支持，成为抗震救灾的生力军。

四是社会组织整体影响力日益增强。社会组织涉及和深入社会生活的各个层面，在促进经济发展、繁荣社会事业、参与公共管理、开展公益活动和扩大对外交往等方面都显示出越来越重要的作用。在"汶川特大地震"抗震救灾中，各类社会组织各显所长，发动社会捐赠，组织志愿服务，开展社会工作，甚至直接参与第一线的抗震抢险和灾后重建任务。在北京奥运会期间，志愿者用自己的杰出表现感动了世界，北京志愿者协会还被授予"联合国卓越志愿服务组织奖"。这充分展现了社会组织多年来的长足发展和可喜变化，引起了社会各界的广泛关注。

社会组织在我国之所以快速发展，主要是源于我国改革开放的客观需要和人民群众的现实需求，社会环境不断优化；也得益于党和政府适应形势变化，不断认识和把握社会组织发展规律，主动调整政策，制度环境不断改善。经过多年努力，我国基本建立了具有中国特色的社会组织法规政策体系，形成了以社团、民办非企业单位、基金会三个条例为核心的法规框架，管理工作初步纳入了法制化、规范化轨道；基本建立了适应国情的社会组织行政管理体系，形成了以"归口登记，双重管理，分级负责"为主要内容的管理体制；培育扶持措施逐渐丰富，在社会组织的财政支持、税收优惠、人事政策、内部治理、社会评估等方面不断推出新举措，有力地提高了社会组织服务社会的能力。

2. 我国社会组织建设面临的问题

我国社会组织尽管有了长足发展，但总体上仍处在发展的初级阶段，影响社会组织健康发展、发挥作用的思想观念、体制机制、法制政策、监督管理等方面都存在一些亟待解决的问题。

一是地位作用认识不够到位。一些地方和部门在理解社会组织的地位、作用问题上存在认识上的偏差，对新形势下社会组织发展的重大意义、客观趋势以及功能作用认识不到位。

二是法律体系有待完善。社会组织的立法层次低，内容不完善，政策不配套。目前社会组织的法规和规章主要以程序性规范为主，实体性规范明显不足，在税收优惠、财政资助、人事管理、社会保险等方面缺乏健全的政策规定。

三是管理体制需不断健全。登记管理机关与业务主管单位双重负责的管理体制在强化社会组织准入条件的同时，也产生了两个问题：第一，登记"门槛"过高，大量社会需要的组织找不到业务主管单位而无法登记；第二，政社不分，社会组织行政色彩严重。另外，监管方面，也存在监督力量薄弱、监管乏力的问题。

四是社会组织整体素质有待提高，能力建设亟须加强。一些社会组织的组织机构不健全，内部制度不完善，民主管理不落实，财务管理不透明。一些社会组织政社不分，现职党政领导干部兼任、离退休领导干部担任负责人现象严重。

五是涉外社会组织管理问题突出。随着改革开放的深入和对外交往的扩大，境外社会组织在我国境内活动日益增多。但除涉外基金会外，涉外社团、涉外民办非企业单位的登记管理尚无法可依。如何趋利避害，加强引导和管理，妥善应对，已成为当前社会组织管理中一项紧迫任务。

3. 社会组织自我完善的举措

为进一步加强社会组织的建设与管理，充分发挥社会组织在构建社会主义和谐社会、建设小康社会中的积极作用，非营利组织也要加强自身的建设并做出积极的回应。

一是进一步统一思想，切实加强党和政府对社会组织的领导。各级党委、政府要充分认识新时期社会组织的地位、作用，准确把握我国社会组织的阶段性特点和本质特征，积极探索适合社会组织发展的管理思路，把社会组织发展、规划与管理工作摆到重要位置，纳入经济社会发展计划和政府绩效考核体系，帮助解决发展中的困难和问题，为社会组织发展提供良好的环境。

二是加强分类指导，突出发展重点。鼓励社会力量在教育、科技、文化、卫生、体育、社会福利等领域兴办民办非企业单位。发挥行业协会、学会、商会等社会团体的社会功能，为经济社会发展服务。发展和规范各类基金会，促进公益事业发展。扶持慈善公益组织、社区社会组织，促进社会和谐。

三是加大培育扶持力度，完善配套政策。健全社会组织专职工作人员工资、保险、福利等政策，解决社会组织工作人员的后顾之忧。建立社会组织财税支持政策，通过税收优惠、政府购买服务、建立社会组织发展基金等培育措施，促进社会组织建设。

四是改进管理体制，加强监督管理。进一步完善法律法规，加紧修订和出台社团、民非条例。探索改进双重管理体制，促进管理体制逐步由重入口登记向准入和日常管理并重转变，由重行政控制向依法发展方向转变。强化行政执法工作，健全执法查处的主体、程序、监督、处罚等有关规定和法律文书，加强执法力量。

五是建立现代社会组织制度，提高服务社会能力。健全权责明确、协调运转、有效制衡的法人治理结构，明确会员大会、理事会、监事会和管理层的职责，完善议事、选举、机构、财务、人事等各项制度。推动社会组织与党政机关在办公、人、财、物方面实现脱钩，减少社会组织行政化倾向，保障社会组织的自主性及独立性。加强社会组织人才队伍建设，建立社会组织内部激励和约束机制，发挥从业人员的工作积极性和主动性。加强和改进社会组织党建工作，充分发挥党组织在社会组织中的应有作用。

六是做好境外非政府组织管理工作。要加快制定并完善切实可行的政策法规，尽快把在国内活动的境外非政府组织纳入依法管理的轨道。对危害国家安全和社会稳定的不法行为，必须加以防范，坚决打击，以维护我国政治、经济和社会的稳定。

七是切实加强机构队伍建设。当前，登记管理力量薄弱，监管乏力，仍是制约社会组织建设与管理的一个突出问题。切实加强登记管理机关的自身建设,是社会组织建设与管理必须重视的一项基础性工作。要采取措施,有效解决登记管理机构设置、人员编制、专职干部、工作经费、执法装备等问题。

(五) 社会组织在我国社会管理创新中的作用

今天的世界政府治理模式已发生了巨大变革。现代社会复杂多变,政府不可能包揽一切,因此政府治理主体由单一向多元转变成为趋势。传统模式下政府处于中心,其运用行政权力建立起对社会的垂直管理体系,而社会和市场则处于边缘地带,这样一来在社会管理中就缺少了社会协同。按照新制度经济学的理论,中国社会建设不断推进的实质是制度变革,是一个更有效率的新制度的生产过程。社会组织相对于政府和市场来说,具有善于创新、运行灵活、贴近基层、有效沟通的优势,更有利于把社会的公平正义落到实处。因此从理论上讲,社会组织的发展是一种制度创新,它在新时期的社会建设与社会管理中将发挥更为积极的作用。

社会组织在总体社会结构中具有独特的属性,它是联系政府与公众的一座桥梁。近些年来,随着我国社会结构的深刻变动、利益格局的深刻调整,社会心态逐渐变化,群体之间结构性张力凸显,民众对社会管理的需求更加突出。而社会组织作为社会的第三部门,民间性、公益性、非营利性是其基本属性,它已经成为有效的"减压阀"和"稳定器"。它在构建社会主义和谐社会中具有不可替代的重要作用。相对于政府行政运行,社会组织的运行方式能够更有效降低社会管理的成本,及时满足公众的多元化诉求。

发展社会组织是社会管理创新的重要内容之一。管理主体创新是社会管理制度创新的关键。社会管理创新就是要在社会发展的进程中不断建立起能够合理配置资源的新机制,形成各种能够有序调节社会关系的新型中介力量,创造能够妥善解决问题矛盾的新主体。这样看来,社会组织刚好起着这样的作用。社会组织的有序发展能够一定程度增强社会管理的弹性,也可以使得政府最大程度地"减负"。而完善"党委领导、政府负责、社会协同、公众参与"的社会管理格局的总要求,更明确了社会组织在社会管理中的作用与地位。随着我国经济社会的发展变化,努力提升不同类型社会组织的综合能力与建设水平,充分发挥它们的积极作用,已经成为上至整个国家意识形态,下至普通民众社

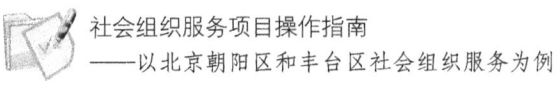

会实践的共识。

社会组织的服务范围覆盖了经济社会的各个领域，发挥了其他组织所不可替代的独特作用。具体表现为以下几个方面：

1. 服务经济建设

社会组织尤其是行业协会，在规范市场秩序、开展行业自律、制定行业标准、调解纠纷等方面，已经成为市场经济体系中不可或缺的力量。比如，广东省社会组织每年经济活动总量超过500亿元，招商引资约300次，提供咨询服务1.6万次，组团考察超过1000次，协调会员与消费者纠纷约1900次，为政府提供决策依据近1700条，应对国际贸易纠纷约120起。

2. 促进社会事业发展

作为政府基本保障和公共服务的补充，社会组织为社区居民提供低成本、灵活性、个性化服务，填补政府公共服务的"盲区"。比如，上海从2000年起率先从养老领域探索政府购买社会组织服务。此外，一些社区社会组织积极配合政府部门，参与社区共治，化解了大量社会矛盾。上海黄浦区人民调解协会每年调解各类民间纠纷3300多起，成功率达99%；长沙市开福区、天心区街两级社会矛盾调处中心和群众工作站仅2010年接访1872批，调解率达到87.7%。

3. 疏缓就业压力

据不完全统计，近年来，全国社会组织提供的就业岗位超过1000万个。以北京为例，自2009年以来成立50家社会工作事务所吸纳就业人数近400人，如团市委的社区"青年汇"岗位每年就可吸纳200人就业，其他各类社会组织吸纳就业人数也在逐年上升。

4. 促进民生保障

近年来，直接服务于民生领域的社会组织大量涌现。以北京市为例，在市社会建设工作领导小组办公室指导下，市志愿者联合会发挥"枢纽型"社会组织桥梁纽带、引领聚合、服务平台的作用，依托"志愿北京"（www.bv2008.cn）信息平台，在全市广泛开展志愿者实名注册、项目集中征集、线上线下对接等工作，对全市志愿服务项目进行了全面的梳理、整合、完善，规划出"城市运行"、"社区服务"、"文化教育"、"绿色环保"、"关爱服务"、"应急救援"和"赛会服务"等七大类志愿服务项目体系。目前，志愿北京平台共征集到发布的志愿服务项目 12180 个。从征集项目看：一是以大型赛会为主的大型活动类项目 37 项，市级 16 项，区县级 21 项，预计累计服务时间 504 天，招募志愿者 17278 人。其中，北京园博会志愿服务是继北京奥运会后迎来的历时最长、规模最大的志愿服务项目，截止目前，通过北京园博会志愿者网络平台（v.expo2013.net）报名人数超过 4 万人。二是以应急救援为主的应急类项目。目前，全市共有市级 34 支应急专业志愿者队伍，实名注册志愿者 7.8 万人。年内，将轮训注册应急志愿者，每人培训 16 小时，参与应急演练 16 小时，参加应急知识宣讲志愿服务 64 小时，共计约 748.8 万小时。三是经常类志愿服务项目。2000 余支市民劝导队、6 万余名市民劝导员，与公共文明引导员、社区志愿者、治安志愿者等一起积极参与城市运行、社区服务、文化教育、绿色环保、关爱服务等志愿服务。这些项目成为推进公益事业、弘扬慈善精神的引领者。

5. 搭建参与政治平台

据调查，目前我国广大社会组织能够联系各社会阶层，代表不同的利益群体，直接将党的声音传递给人民群众，把群众的呼声反映给政府部门，为公民有序参与政治搭建了组织平台，成为党和政府联系人民群众的桥梁和纽带。一些社会组织积极与政府合作，在城乡基层选举中，较好地承担了公民教育、选举观察、协助过程设计等工作。2010 年深圳市换届选举，有 19 名社会组织专职工作人员当选党代表、人大代表和政协委员，在社会组织兼职的代表、委员达到 221 人。

二、社会组织服务资金来源

现代市场经济条件下的社会服务机构，主要由政府、市场和各种非营利组织构成。政府的主要职能在于提供公共物品，它依赖国家强制力，通过税收提供社会必需但市场不愿提供的物品和服务；市场通过营利机制配置资源，为获取最大化利润生产，没有利润的物品和服务，市场不会生产或生产不足；而许多非营利社会组织提供的则是纯公共物品。由于外部性和较强的公共性，使这些物品不能通过市场弥补成本和获取盈利；同时，由于这些非市场物品没有价格，也无法通过市场机制进行生产和销售。但是，非营利组织所提供的公共服务，并不意味着无需覆盖成本，要持续地提供公共物品和服务，同样需要耗费资金、投入资源。

从实际来看，非营利组织可能获取资源的途径主要有三种：一是通过人们的慈善捐赠，包括直接捐赠和间接捐赠；二是政府的补贴、津贴和政府对非营利组织的税收优惠；三是会费和营业收入。

（一）私人捐赠

人们对非营利机构的捐赠，可能源于纯利他主义，也可能源于非纯利他主义，还可能出于使命感、责任感等。这样，个人为了提高公共物品的供给量，都有可能或多或少地进行慈善捐赠。但是，每个人的利他程度又是不同的。不可能期望每个人都有较高的利他主义系数，能够通过自己对公共物品的贡献而产生更大满足或快乐；亦不能苛求每个人都具有很强的道德感与使命感，以他人的境遇或福利得到改善为己任。在现实经济生活中，大多数人的利他主义倾向都是非纯粹的。他们可能由于关心公共物品的供给量而捐赠，但同时也希望从捐赠行为本身获得某种利益或效用。所以，为了有效避免公共物品中的"搭便车"和非合作行为，世界各国都普遍采取了对公共物品的自愿贡献减免税的方法，以激励个人的自愿捐赠，提高公共物品的供给水平，减少效率损失。具体做法是：若个人为慈善组织捐款，则公民的个人所得税可以抵扣或宽免。根据美国劝募咨询协会（1982年）的统计，1981年美国流向慈善机构的私人捐赠总额达536亿美元。这大约占到当年美国国民生产总值的2%，或者人均捐赠额为225美元。而美国捐赠基金会最近公布的一项研究报告显示，2005年美国慈善捐赠增加为2602.8亿美元，约占美国当年国内生产总值的2.1%，人均捐款额约870美元（中国金融网2006年6月21日）。可见，美国慈善捐赠占国民生产总值的比例一直比较稳定。

（二）发行彩票

在国外，非营利组织通过发行彩票募集资金是一种很重要的方式。"慈善博彩"是非营利组织可能合法获得资金的一种重要途径，因为非营利组织没有能力通过税收制度来为其募集资金。理论分析表明，慈善博彩能促进人们合作，克服搭便车行为。由于采用了公共物品和私人物品联合生产的方式，这种联合生产使纯公共物品具有了非纯公共物品的性质。人们可以通过消费某种私人物品（奖金）来提高效用，故而在一定程度上可以减轻人们的搭便车行为，促使人们积极购买彩票。在人们花钱购买彩票的同时，就为纯公共物品的提供贡献了资金，表现了人们在公共物品上的合作行为。这种方式可以逼近公共物品提供的最优水平。另一方面，公共物品具有正的外部性，而慈善博彩这种机制设计，使一个彩票购买者对另一个彩票购买者产生了负外部性（因为减少了他人中奖的概率），会对正外部性产生稀释和中和作用。因此，公共物品的正外部性就在一定程度上被内部化了，自然减轻了人们的搭便车行为，促使人们积极为公共物品捐赠。这样，彩票发行和为公共物品筹资相结合，会大大提高彩票的销售额。

（三）政府资助或支出

非营利组织同政府一样，也是在提供一种全体公民或部分公民或社区内公民所需要的公共物品，但这种公共物品多是政府提供不足或不便提供的。

因此，为了防止公共物品私人提供的非合作或搭便车行为，政府有必要从财政收入中拿出一部分资金资助非营利组织。这与政府用税收供给公共物品的道理是一样的，因为非营利组织本身是一种自愿组织，不能强迫人们为其捐款。事实上，国外非营利组织的一个重要资金来源，就是政府资助和津贴。当然，这种政府资助的形式是多样化的。政府和非营利组织之间经常形成公私合作伙伴关系：政府从非营利组织那里购买公共服务，而非营利组织从政府那里间接获取资金支持。

（四）会费或服务收费

很多提供俱乐部公共物品的非营利组织，其服务对象一般是会员。为了避免这种公共物品消费的拥挤性，采取向入会的会员收取一定会费的形式，以节制服务对象，保证公共物品会员消费的非竞争性。因此，会费可能就构成了这类非营利组织的主要资金来源。这种非营利组织在国外和国内都很普遍，比如行业协会等。另外一些非营利组织，比如非营利医院、大学等，通过提供特定的服务，并向服务对象收费来弥补成本的一部分甚至是全部。这些非营利组织一般也是提供非纯粹公共物品的组织。由于非纯粹公共物品具有一定的私人物品特点，因此具有一定的可销售性。这类非营利组织可以通过服务收费，来覆盖其提供公共物品的成本。例如健康和教育研究部门，其资金大部分来源于其他部门的购买服务。从世界上其他国家来看，公共资助、私人捐赠、收费在非营利组织资金来源中的相对重要性也不尽相同。在大多数欧洲国家，非营利组织较多地依赖于公共资金，虽然收费在某些领域也扮演着同样重要的作用。相关研究表明，在西欧国家里，非营利部门规模相差无几；但在英国，私人捐赠是非营利组织的重要收入来源；卫生保健在美国所占比重很大，但是这一领域的私人捐赠却显得并不重要；德国有很多非营利医院是依靠其国家卫生保健系统的支付来运营的；教育和科研在英国和日本都非常重要，这些部门主要是由收费和政府资助来运营的；相对而言，德国具有比较少的私人教育机构。全球非营利机构活动范围分布的差异，反映了国家在提供社会服务如卫生保健、教育方面的巨大作用；同时也反映出政府对待非政府组织的不同态度。非政府组织常常可能成为政府政策的反对力量。在有些国家，比如美国，对非政府组织的管制可能要比欧洲和日本宽松一些。随着经济发展和社会转型，人们的公共需求日益多样化。这些年，我国各类非营利组织获得了很大的发展，但同时也存在一些困难和问题。2000年对全国民间社团组织进行问卷调查的统计分析显示，有41.4%的社团认为它们面临的第一困难是缺乏资金。

三、社会组织服务路径的选择

（一）公共服务社会化与主体多元化

公共服务社会化主要是指将原来由政府承担的一些公共服务职能，大量地转移给社会组织和市场组织（企业），即从公共服务和公共产品完全由政府部门提供转变为政府利用社会的力量由社会自治或半自治组织以及企业向公众提供；一些企业，社会自治、半自治组织等社会组织都将成为公共物品及服务的提供者，为提供相同的公共物品和服务展开竞争。社会公共服务供给摆脱完全由政府控制的传统方式，走向准市场或半市场的方式，已经成为一种世界性潮流。由于公共物品和公共服务供给的低效率问题是世界性的难题，发达国家在政府和市场之外尝试第三种解决办法，即区分不同性质的公共物品和公共服务，采用社会机制或不同方式的混合机制进行生产。由于公共服务涵盖的范围很广，其内容又大多直接关系到老百姓的生命健康安全、就业稳定、收入稳定和养老安全等切身利益问题；而且随着经济社会的发展，人们会不断产生新的需求，如健康舒适的生活环境、便利完善的基础设施、丰富多彩的文化教育、个性发展等。因此，政府作为公共服务的天然的和主要提供者，其提供的公共服务的质量与水平，对维护社会的稳定和安全、促进经济与社会协调发展及提高政府自身的公信度都有极其重要的作用。然而，由于政府运作中存在种种局限，在提供公共服务方面，仅仅依靠政府并不能满足公众高质量和日益多样化的公共需求，这就需要其他社会主体加入其中，发挥社会不同主体各自的优势，共同提升公共服务的质量与水平以弥补政府自身的不足。政府通过对社会力量的组织、利用和管理，实现公共管理和服务的社会化，以便在不增加政府规模和开支的情况下改善公共服务，提高行政效率。公共服务主体的一元化走向多元化，可以使更多社会组织加入到公共服务和产品的提供队伍中来。

（二）社会组织发展的良好契机

公共服务社会化将促使政府更加关注和重视社会组织的发展。在传统的行政管理体制下，政府一直扮演着全能政府的角色，表现为政府对社会的大包大揽：经济领域，实行高度集中的计划经济，政府是社会资源的主要配置者；社会领域，实行严格的行政控制，抑制社会组织的发育成长；文化领域，政府出资兴办各种文化事业。这种治理模式，在使政府自身感到越来越力不从心的同时，也造就了一个极弱社会。改变传统的管理方式和管理手段，改革政府机构，转变政府职能，已成为政府迫在眉睫的任务。由此，社会组织就需要承接部分政府以往承担的职责，包括提供公共产品和服务。既然政府需要社会组织来承担其所不能、不宜和无法有效提供的公共服务，政府自然不能不关心社会

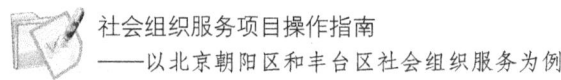

组织的成长和壮大。首先，在社会组织的形成上，政府将逐步简化社会组织登记注册的手续并放宽其成立的限制条件，也就是从重视入口管理转向重视过程的监督；其次，政府将努力为社会组织创造良好的发展环境，包括法律法规及政策环境，社会组织将在日益完善的法律法规下，光明正大地开展其各种组织活动；再次，政府将不会过多干涉社会组织的内部管理和活动内容，社会组织可以在更加宽松自由的条件下谋取发展，政府只是行使监督之职，未来对社会组织的评估也将交由社会组织构成的第三部门独立进行；最后，政府随着财政汲取能力的加强，也会逐步加大对社会组织的资金投入，但不会以此加强对组织的控制，目的旨在增强社会组织的实力和发展能力。公共服务社会化可营造有利于社会组织发展的社会条件。政府把越来越多的职责转移给社会组织，企业和公众在生活中必将越来越多地享受到社会组织所提供的公共产品和服务，从而逐渐接受、认可和支持社会组织的存在和发展。首先，市场主体会不断提高对社会组织的认识。社会组织在代行政府的部分公共服务职能后，市场主体将更加清楚地认识和感受到社会组织的存在。其次，更多的市场主体将参与到社会组织的活动中，这种参与包括加入社会组织，成为其中一员，也包括给社会组织提供资金和物质上的支持，这无疑会对社会组织增强其实力起着巨大的推动作用。

（三）参与公共服务与社会组织的发展关系

政府公共服务方式的创新和公共服务社会化的必然趋势将会大力促进社会组织的进一步发展。同时，社会组织应抓住此契机，积极参与公共服务，并以此使自己不断发展壮大。

1. 参与公共服务，有效化解资金瓶颈问题

资金是社会组织的生命线，社会组织的生存与发展都有赖于充足的资金。但是资金缺乏却是目前中国社会组织发展的最大障碍。当前各级政府限制社会组织从事经营活动，社会组织的社会资源动员能力极为有限，这使社会组织的经费来源较为单一。而且，政府在鼓励个人和企业捐赠方面的措施还极为有限。研究统计表明，在美国、英国、法国、德国、意大利、瑞典、匈牙利和日本等国的社会组织中，私人慈善捐赠占全部非营利性收入的平均比例仅为

10%，而41%的非营利性收入来自政府支持，另有49%来自非营利服务收费。当前，中国政府已开辟公共服务社会化与社会组织发展的新渠道：购买公共服务。即政府将原来由政府直接举办的，为社会发展和人民生活提供服务的事项交给有资质的社会组织来完成，并根据社会组织提供服务的数量和质量，按照一定的标准进行评估后支付服务费用。这是一种政府承担、定项委托、合同管理、评估兑现的新型的政府提供公共服务方式。政府购买社会组织的服务，是帮助社会组织发展的重要方式，也是构建新型政社关系，引导社会组织按照政府意愿、社会需求开展活动的重要途径。采取花钱买服务的方式，充分发挥社会组织在人才和技术上的优势，可以为社会和群众提供更多优质的公共产品和公共服务。重点是对于那些人民群众需求较大的公共服务，包括教育、科技、文化、卫生、体育、社会福利、计划生育、社会保障、社区服务等，以及政府行政管理工作中一些事务性工作，包括政策论证、社会调查、听证、评估等，由政府采取招标、委托、代理等办法向社会组织购买，逐步改变养人办事的政府服务模式，建立养事少养人的公共服务新机制。更重要的是，政府花钱购买服务，社会组织参与公共服务，从社会组织自身成长的角度看，可以帮助其克服资金缺乏的发展瓶颈问题，从而走向发展壮大。

2. 参与公共服务，提高专业化水平

资源不足与专业化水平不高是一对孪生兄弟。专业化资源欠缺制约公民社会的发展，同时又体现社会慈善和志愿参与的不足。其主要表现是，我国社会组织的专职人员较少，人员素质较低，缺乏创新精神，特别是具有专业服务技术和服务理念的专业技术人员极为缺乏。同时，机构缺乏相关的社会服务活动的知识与经验，不少社会组织还保留着原有的官僚习气，既不了解NGO的管理技能，也缺乏NGO的创新性、灵活性、缺乏解决社会问题、满足社会需求的经验与手段。专业性不强、技术和基础设施欠缺等是比资金短缺更为严重的问题，严重制约社会组织的发展。在公共服务由政府垄断的情况下，借助于政府力量自上而下建立起来的社会组织享受着政府提供的各种现成资源，执行政府交办的任务，没有竞争意识和危机意识；自下而上的草根组织则多是凭着创办者或小部分热心公益人士的高尚情操和热情，在有限范围内默默无闻贡献自己的微薄力量。公共服务实施主体的多元化，政府向社会组织购买服务，一方面促进社会组织加强自身的人才队伍建设、组织与机构建设，提升社会组织的社会服务专业化水平和能力；另一方面将有助于社会组织之间竞争格局的形成，从而促使其更进一步提升自己的专业能力，加快自身的专业化进程。

3. 参与公共服务，赢得实质合法性和社会信任

社会组织通过提供公共服务向社会各界展示自身的良好的工作效率和活动的正当性，以及领导人的个人魅力，通过强调自身的非营利性和公益性等可以赢得社会的承认和认可，以此吸引更多的公民参与到社会组织的社会服务活动中来，不断壮大组织的规模并增强活动能力、社会资源动员能力。由此，社会组织就能赢得更多的自由活动空间，推动自身进一步发展壮大，从而为赢得实质合法性提供现实条件。公共服务是一个社会组织与公众互动的过程，同时也是一个通过形象、正当性和成绩等方式有效动员公众积极参与到社会组织活动中来的过程。公民广泛深入地参与到社会组织活动中就会使社会组织的社会公信力增强、社会关系资本逐渐增多、资源动员能力日益增强，同时社会组织提供公共服务的能力也会增强。由此社会组织就能进一步赢得社会信任，动员更多的公众参与到社会组织的社会公共事业中来。

4. 参与公共服务，利用国家权威及其符号以及政府行政网络来有效实现组织目标

改革开放以来，中国的社会结构发生了巨大变化，但是国家依赖强大的行政体系依然控制着大量的社会资源，国家权威在社会生活的各个领域中仍然发挥着相当大的影响。利用私人关系来动员体制内的资源是社会组织最常用的一个手段，参与公共服务则为这一手段的实施提供了良好的载体。在公共活动中，社会组织可以大量吸收相关的政府官员、专家以及一些新闻媒体工作者作为外围成员，形成一个广泛而稳固的多层次的社会工作网络。通过这个网络，社会组织可以达致多个层面的政府部门，甚至政府的核心部门和中央的高层领导。而参与公共服务，加入政府主办的项目则是社会组织进入政府网络，获得政府行政支持，进而获得主办项目的政府部门的同意而得以进入该政府部门所主导的行政领域中，并获得相应支持的重要途径。除了直接利用国家行政权威之外，在公共服务实践中借助官办、半官办社团的行政网络也是社会组织进入政府网络、获得政府行政支持，从而为社会组织实现组织目标提供良好条件，

加速并有效地达到组织目标的现实途径。

(四) 社会组织参与社会服务的基本路径

1. 积极参与政府购买服务项目年度申报

政府主管部门会在每年的年初集中进行购买服务项目指南发布,如北京市连续三年在每年的1~3月份集中发布该年购买社会组织服务意向,集中组织申报和评选,及时发布项目立项通知等,所以,各社会组织一定要提前进行调研,设计好服务项目,抓住时机,争取获得市级政府的财政支持。

2. 注意观察,拓展项目申报渠道

政府购买服务项目,除了市、区两级政府的年度发包外,还有一些政府机构、部门和基金会组织也会根据需要进行不定期的项目发包。所以,各类社会组织要善于整合资源,留意各部委、局、基金会等的服务需求发布,尤其是留意有关民政、环保、扶贫以及涉农的一些政府机构和基金会的网站,注意捕捉服务需求信息。

3. 主动出击,有针对性地开展服务

各类社会组织除了参与各种形式的政府购买服务项目申报外,还可以主动接触企业、商务楼宇、街(乡)和社区等,介绍机构业务范围和服务案例,了解他们的需求,为他们量身设计服务方案,开展灵活多样的社会服务,以提升机构知名度。

4. 利用网络媒体宣传自主开发的服务项目

社会组织也可以根据自身的资源和机构目标自主开发一些服务项目,在一些媒体上发布,寻求购买方。目前,这种方式还不被社会广泛接受,但可以作为一种创新方式来尝试。

四、对社会组织服务的管理与监督

(一) 社会组织管理的目的和意义

总体上讲,发展社会组织,有利于降低公共服务成本,提高公共服务质量和效率，推动政社分开、政事分开和公共服务多元化、专业化和社会化。

1. 调节社会利益关系，缓解矛盾冲突，促进公平正义

目前，我国经济社会发展处于新的历史时期——"黄金发展期"和"矛盾凸显期"。在构建和谐社会成为共识的今天，完善解决矛盾协调机制、利益表达机制显得尤为重要。而分布在社会各个领域、各个角落的社会组织，最贴近社会基层，发现问题最直接，动员社会最普遍，最了解民情、民意，反映公众真实诉求、最新诉求。社会组织通过组织化、法制化的表达手段，能提高表达的有效性和合法性，减少非理性冲突，在协调利益主体与政府的关系，协调利益主体与市场的关系，充当和谐社会的"稳压器"、"缓冲器"等方面发挥了极其重要的作用。同时，公益类社会组织提供的广泛服务有效弥补了政府不足，缓解了政府压力，缓和了社会矛盾并促进社会公平。

2. 促进政府职能转变，建设适度规模政府

政府职能转变的基本要求是将政府从纷繁复杂的社会事务管理中解脱出来，将各种政府不该管、管不好的事重新交给活跃在社会基层每个角落的社会组织，以实现多元化的社会管理机制，避免制度上的"治理真空"。并且，政府通过职能的转变，不断"还权于民"，可减少政府机构编制，为政府"瘦身"。

3. 促进民主管理机制建设

社会组织的繁荣发展，能培养公民的民主意识和民主文化，推进社会主义民主政治建设的进程。渗透在社会每个角落的社会组织，最能了解和反映不同阶层群众的社会需求，形成团体诉求，实现有序的政治参与。同时，由于社会组织的影响力相对个人大得多，能为组织成员的利益表达提供有效渠道，保障公民利益表达的畅通。同时，在社会组织的带动之下，社会组织成员参与社会生活的能力及其张力大大提高。这些，都有力地促进了民主管理机制的建设。

（二）社会组织管理的创新途径选择

"一个成熟的社会形态，不仅是政府管理得以健全和完善的社会，也是各种社会组织发挥积极作用的社会。"针对社会组织发展普遍存在的体制机制问题，对策如下：

1. 转移和承接部分政府职能

西方国家掀起的"新公共管理运动"使得"政府再造"成为热门口号。政府在改革中逐步"放权",将做不好、市场不愿意做的公共事务转移给社会组织,为其发展提供了广泛空间。在我国"强政府——强社会"已成为社会体制改革的目标与共识,进一步转变政府职能,变"无限政府"为"有限政府",加快建设服务型政府成为社会发展的客观要求和必然选择。另一方面,面对多元的社会需求,政府已经无法满足,与社会组织一起提供公共服务,共同管理社会事务成为趋势。

因此,政府应该学习国内外经验,在现行职能转移基础上,利用当前深化行政管理体制改革的有利时机向社会组织转移职能,将社会服务、医疗、教育、帮残助弱、环境保护、公民教育、医疗服务等更广泛的职能交给社会来管理了。

第一,建立互信合作的平台。首先要克服长期以来对社会组织的"不信任感"、"信任危机"。各级政府部门必须端正对社会组织的认识,充分肯定其功能、价值,并建立起互信、互补、合作关系,放开手脚让其有充分发挥"政府社会职能转移的促进者与主要承接者"功能。要从加快推进行政体制改革、转变政府职能的角度出发,推动政社分离,将社会组织视为社会主体自主管理、自我服务的组织形式,建立起互信合作关系及合作平台,将更多的与民生密切相关的职能、项目,通过公开招标、购买服务等形式转移给社会组织,给予其足够展示价值的平台。并且,提供出台政策、政策指导、人才培育、输送等配套服务,为其申请建立、成长壮大提供优良环境。同时,及时兑现政策承诺,消除其后顾之忧。

第二,开展更广泛的政府购买服务。目前我国社会组织参与公共服务的领域主要集中在教育辅导、福利保障、医疗卫生、司法矫治、残障康复、社区建设、家庭生活等,所服务对象也局限于老人、残疾人、儿童、妇女等特殊群体。为此,政府应在更大范围内将传统做法中由政府承担的职能逐步转移或委托给社会组织来承担,以公开招标、合同管理的方式,向社会组织购买服务。如香港特区政府在社会福利和社会救济等方面,普遍实行向民间组织购买服务的方式来开展。由民间组织履行社会服务的功能。其中的好处至少有以下四点：一是政府从繁杂的社会事务中解脱出来，促进职能转变；二是提高资金的使用效率，促进政务公开透明，制约部门利益膨胀，避免滋生腐败；三是"转移支付"的过程，实质上是服务项目"公开招标"的过程，可以极大地促进民间组织提升工作质量；四是促进一批支持性的社会中介组织发育，包括能力建设、组织评估、专业人才市场、会计审计、法律服务等等，从而完成民间组织的社会职能分工，形成一个完善的民间组织运行体系。目前由政府职能部门直接运作的农村扶贫款、社会救济款、贫困家庭学生助学金，以及福利彩票公益金、体育彩票公益金等等，都可以尝试采用政府购买服务的方式，使资金效益更优化。

第三，事业单位中可由社会组织承担的社会管理和公共服务事项，以及将来新增的一些社会管理和公共服务事项，凡可委托社会组织承担的，都可以转移或委托给社会组织承担。甚至社区社会组织备案咨询收件、信息反馈及数据统计工作等社会管理职能，也可以交给社区社会组织综合服务机构管理。当然，在转移职能的最初几年，转出职能的业务主管部门应设立一定年限的指导期，加强对其的资质审查、业务指导、服务协调和绩效评估等。

2. 放松设立门槛，试行备案制

一方面，长期以来我国社会组织管理体制实行"双重管理"——登记注册部门是民政部门，主管部门则由相应的政府部门承担，即"归口管理，双重负责"。如：《社团管理登记条例》规定："申请成立社会团体，应当经其业务主管单位审查同意，由发起人向登记管理机关申请筹备。"即成立社团必须先找到对口的行政机构作为主管单位，然后才能在民政部门办理登记。

另一方面，登记注册的限制条件较多，如注册资金、会员数量、活动场所、业务主管单位、专职人员等都有严格要求。并且，在登记、批准、公告等环节手续较繁，需要长时间等待。而促进社会组织的发展，应逐步减少行政门槛，着重于自下而上地发展和扶持社会组织。国内一些城市已经有了较好的探索，例如深圳市，从 2004 年始到 2008 年，深圳市在相关制度改革方面连续走了三个"半步"。先是对行业协会放开，取消一个行业只能有一个协会的规定；其次是建立民间组织管理局；然后是对工商经济类、社会福利类以及公益慈善类等三类组织放开登记，即不再需要行政主管单位。又如南京市，《南京市基层民间组织备案管理暂行办法》规定:"三简、四免、五宽、六许"。"三简"就是简化程序、简化材料、简化公示。"四免"就是免收登记费、免收公告费、免独立场所使用权证明、免本社区户籍的发起人和拟任负责人身份证明。"五宽"就是资金放宽、会员数量放宽、办公场所放宽、业务主管单位放宽、验资放宽。"六许"就是允许设立地域性分支机构;允许民非办民非;允许基层群众自治组织举办民非,同时接受政府委托;允许非本社区居民在本社区举办社区民间组织;允许多个社区民间组织合署办公;允许同一街道办事处辖内跨社区申请设立社区民间组织。再如香港,其制度环境对民间社会组织的制约较宽松,主要有四个条例对其进行治理,包括:《社团条例》《公司条例》《工会条例》以及组织自己制定的条例,如《东华三院条例》、《保良局条例》等。成立民间组织的有关法律程序和手续简单,没有过多的不合理限制,过程透明度也很高。此外,香港特区政府税务条例规定,对所有慈善组织或非营利组织免除许多税项。

因此,在当前情况下,我国社会组织发展最需要的是宽松的制度环境。而备案制无疑是放宽社会组织登记的门槛、培育更多活跃的社会组织的做法。

一是出台社会组织登记和备案管理暂行办法。所谓备案,是指对在经济社会发展中应运而生的具有社会团体、民办非企业单位基本特征的社会组织,进行基本信息的登记,认可其存在的合法形式。对街道(或社区)范围内由自然人、法人和其他社会组织自愿组成,并在街道(或社区)范围内开展活动,但尚不具备登记条件的社区社会组织实行备案管理,放松资金、场地等方面的限制,鼓励社会组织为社区提供培育、发展、服务、评估、预警等综合性服务,如活动指导、政策咨询、党建、人力资源管理、培训业务咨询等。同时,政府应给予社会组织更多的话语权,给予新社会组织合法、合理的社会地位。

二是对活动在农村基层,活动资金、固定办公场所、业务主管单位等达不到或不能完全达到《社会团体登记管理条例》所规定的登记条件的,实行备案制,镇(街道)、社区(村)"两级备案,两级管理",减少筹备审批或免除公告环节。

三是积极建立重大活动备案制。各类社会组织的重大活动,如大型学术交流会、年会、重大活动等,要报登记机关备案,把好监督关。特别是在实行备

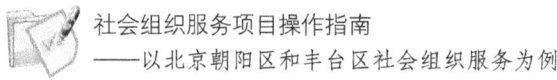

案制的初期，为防止管理制度漏洞、监督人手不足等带来的纰漏，必须要求社会组织开展重大活动前进行备案。

3. 加强和改善政府管理部门的服务

管理和服务是发展社会组织的重要方面。然而，我国社会组织的政府主管部门、登记部门普遍存在"重登记、轻管理、轻服务"的通病，这对于处于初级发展阶段、在社会上的作用没完全显露的社会组织来讲是非常不利的。因此，政府必须做好以下几个方面工作：

一是要健全监管机制。政府要积极改变"重登记、轻管理、轻执法"的做法，逐步由重入口登记向兼重准入和日常管理转变。在年检基础上，强化重大活动报告制度、现场监督制度、等级评估制度和达标评比备案制度的建设。要建立信息公开制度，加强社会监督，拓展政府监管方式，健全社会组织评估体系，加快推进社会组织评估，促进社会组织能力建设和诚信建设。通过开展年检、专项整治行动等，查处那些长期不活动、没有完成宗旨目标及开展违法违规活动的非法组织，维护合法社会组织的利益。

二是要加强对社会组织的服务，加大政策、资金及设施等的支持力度。各业务主管部门和登记部门之间加强交流沟通，克服以往一些社会组织在申请成立时，因业务管辖界限模糊等出现的互相推诿情况，减少各部门之间的行政障碍，在政策支持、技术指导、协调沟通等方面，给予社会组织周到的服务，扶持其发展壮大。例如，在政策咨询方面，为申请成立的社会组织开设绿色通道，提供政策咨询、业务指导和初步资格审查等服务；在联系沟通方面，业务主管部门积极拓宽沟通渠道，明确业务界限，缩短变更登记、年度检查、财务清算等过程的时间；资金、政策及设施等方面，要针对目前政策扶持面偏窄、力度欠缺等问题，完善扶持政策并将其落到实处。将各级财政资助资金、民政部门每年社会福利彩票公益金资助面扩大到"孵化基地"、公益慈善类社会组织以外的其他社会组织，按评估结果进行资助。税务部门应细化落实各项税收优惠政策，最大限度扶持社会组织发展。同时，加强舆论宣传，引导人们思想观念的转变。各级政府应构建起电视、电台、网络、报刊、宣传栏等立体化的宣传体系，引导群众参与到社会组织中来，做自我服务的践行者。各级政府应让更多社会组织参与公共事务管理，将那些管理规范、贡献突出、功能强大的社会组织加以表彰、宣传，提高群众对它们的认知度，提升它们的影响力。

4. 对各类社会组织进行分类评级、分类指导，推进改革

（1）分类指导。民政部部长李学举曾指出，要"健全组织，要讲分类指导。根据社会组织的不同种类、不同特点和不同作用，围绕人民群众的迫切需要，突出重点、分类发展"。因此，各级政府应制订发展规划和目标，按社会组织属性、功能、发展前景等进行评估、合理布局。总体上，应对社会需求大、管理规范、贡献突出的社会组织进行重点培育和扶持，对一般性的则要规范其发展。具体如下：

加大支持公益服务类社会组织。加强政策扶持，制订落实配套政策，尤其是税收优惠政策，增加税种，实行用水、用电、用燃气价格优惠及按规定给予税收优惠政策等。完善激励机制，提高公益服务类社会组织公信力和美誉度，发展非公募基金会等慈善类社会组织，扶持发展基层公益服务类社会组织，逐步形成种类齐全、布局合理、功能完善的公益服务结构体系。通过完善并落实优惠政策，在全国范围内扶持一批在安老扶弱、救济赈灾、劳动就业、教育培训、环境保护等方面具有示范效应的公益服务类社会组织。

鼓励发展行业协会商会。在市场经济一体化、国际化贸易迅猛发展及贸易保护主义抬头的今天，贸易争端剧增，行业协会商会对经济社会发展的贡献、对维护行业利益的作用日趋明显，应加大支持力度。要进一步强化行业标准建设，通过督促、检查和运作机制的探索，确保这类社会组织作用的有效发挥。

规范各类社会中介组织的发展。规范规章制度，积极培育一批管理规范、机制健全、社会公信力强的中介社会组织。通过健全信息披露、财务监督等制度，加强财务检查、财务培训等措施，促进各类社会中介组织发展。

积极培育基层社会组织。落实国务院《关于加强和改进社区服务工作的意见》精神，强化社区公共服务，大胆放开基层社会组织发展，鼓励社区成立各种社会组织参与社区服务。对那些成立存在困难，但群众反响热烈、需求巨大的社会组织，要降低登记门槛，简化登记程序，并在房屋租赁、场地使用、设施配备等方面给予支持。要完善城乡社区平台，培育服务类城乡社区社会组织，如卫生、教育文化、科研、慈善等各类从事社会服务的社区组织，形

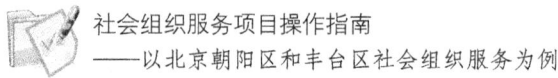

成功能齐全、服务完善、依法运作的运行体系和机制。而对于有可能会影响社会稳定的、带有政治性质的社会组织，应予以限制发展。

（2）分类评级。要进一步深化社会组织的分类管理和分类评级。可参照新颁布实施的社会组织分类标准，逐类研究制订管理措施和相关发展政策，建立对基层民间组织的评估监管体系，明确谁来监管，解决监管的主体问题；明确监管什么，建立民间组织的评估指标；明确怎么监管，完善监管的方式和渠道，以科学地衡量其作用是否发挥。对各类诚信守法、纪律严明、作用显著、社会影响力高的社会组织以及贡献突出的有关人员，要大力表彰和宣传。

5. 创建社会组织培育"孵化器"和发展"加速器"

"社会组织孵化基地"的作用在于，通过政策、资金、硬件设施的扶持促进社会组织发展。因而，国家有关部门有必要加强调查了解和研究，制订有针对性的管理措施和法规政策，创建社会组织培育"孵化器"和发展"加速器"。

一是筹建"社会组织孵化基地"。提供办公场所、办公设备、能力建设、经费补贴、协助注册等，减少社会组织发展初期的困难；提供专业培训、组织孵化、社会服务、管理咨询，优先满足公益服务类、行业协会商会类、公益慈善类和城乡基层社区服务组织的进驻。同时，建立相应的信息管理系统，搭建信息服务平台，为各类社会组织提供信息采集、发布、咨询、交流等服务。在经过一系列的孵化过程后，还要对其表现进行综合评估。评估合格的，才可以出壳。当然，出壳后还要进行一定时间的跟踪指导。

二是创建社会组织发展"加速器"。第一，着力研究向社会组织转移职能和购买服务的政策体系，建立更广泛的政府购买服务机制，将更多职能转移给运营规范、服务过关的社会组织，充分调动其积极性。着手建立起"政府采购、定项委托、合同管理、集中支付"的公共服务方式，重点向行业协会、行业商会从事的政府转移项目、社区公共服务项目等领域购买服务，由政府支付相应的服务费用。第二，加强与财政、税务部门沟通协调，解决社会组织发展中遇到的税收优惠、票据发放管理等问题，为其提供良好的政策环境和政策氛围。第三，提升社会组织的地位。对诚信守法、自律严格、作用突出、社会认可的社会组织给予褒扬和奖励，大力提升其社会价值和地位。第四，要探索设立发展基金，推动建立公共财政对社会组织的资助和奖励机制；解决困扰社会组织发展的突出问题,在专职工作人员社会保障、职称评定、职业建设等方面为其提供良好的保障。

6. 在党代会、人大、政协中增加社会组织的功能组别

实际上,社会组织的发展进程较慢,在参与公共事务管理过程中争取到的资源过少,地位得不到有效提升等问题,与社会组织在各级党代会、人大、政协中的比例过低,参政议政机会,社会话语权不足有着密切的联系。国内某些城市已经开始注意到这个问题。深圳市曾经出台的《深圳市社会组织发展规范实施方案》提出:"积极探索社会组织参政议政的新渠道,争取在党代表、人大代表和政协委员中增加社会组织的比例和数量;探索建立重大行业决策征询行业协会商会意见的制度及重大公共决策社会组织参与和利益表达机制;在行业协会商会试行建立行业发言人制度,发布相关行业涉及公共利益的重要信息,成为政府发言人制度的有益补充,扩大行业协会商会影响力。"因此,从创新社会管理体制角度出发,各级政府有必要着手考虑在党代会、人大、政协中增加社会组织的功能组别。

一是可考虑将社会组织列为党代会、人大代表、政协委员中的一个界别,并分配一定比例与名额。具体人员由社会组织登记管理机关按照代表(委员)名额、条件和程序组织推荐。借此让社会组织的代表充分参与政府决策过程,参与有关制度的制定,解决制度分配和政策决策问题,并影响政策议题的设定和政府对社会资源的分配,满足社会组织发展需求。

二是建立和完善社会组织利益表达机制。疏通沟通渠道,发挥社会组织的利益表达、利益协调和利益平衡功能,认真听取他们的意见和建议,让社会组织的声音通过社会组织代表或发言人之口上传到政府决策层面,扩大公共政策的透明度。通过社会组织与公民有效沟通、平等交流、民主商谈,减少公共政策执行中的阻力,实现从管理型向服务型的转变,也利于社会组织争取到更多的社会资源,并维护其发展利益。

总而言之,社会组织的发展,需要政府不断地创新社会管理机制体制,为其创造发展条件、营造发展氛围以及引进优秀人才实行科学管理。通过这些举措,必然能提升社会组织的影响力,展示其社会价值,推动社会组织繁荣发展。

（三）非营利组织的内、外部监督管理体制

非营利组织作为治理结构的重要主体之一，对其进行监督管理，有利于非营利组织的良好运作。中国目前对非营利组织的监督管理主要由民政部门负责统一登记注册，在监督管理上实行"登记管理机关"（即各级民政部门）和"业务主管单位"双重审核、双重负责、双重监管的原则，财务等情况通过年检上报，资产来源属于国家资助或者社会捐赠、资助的接受审计机关的监督；对非营利组织的人事、财会、保障等方面尚缺乏系统性的规定，尚没有形成一个适应于非营利组织特性的组织建设规范。从世界各国的经验看，对非营利组织的监督管理模式基于不同的传统和社会制度结构，具有不同的特色，这些对中国非营利组织的制度建设也具有启迪意义。

1. 与法律制度框架相应的对非营利组织的管理机构

各国的法律结构不同，对非营利组织管理的侧重点不同，管理机构也不尽相同，但一般趋向采用过程控制的原则以及在法治背景下的制度约束和社会规范。美国的非营利组织管理模式是较为典型的过程控制。在美国，对非营利组织的管理没有一部专门的法规，也没有专门的管理机构，对非营利组织的管理以税收为重点，管理的法律框架亦以税法为基础。一个非营利组织的成立几乎不会受到什么限制，但它的行为受到卫生部门等的监督和规范，它的行为需要符合和遵守各方面的法律法规。统一的管理最重要在于税收方面，组织需要向联邦税务局报告财务情况，如果它申请获得了联邦税法第 501 条规定的税收优惠的资格，则由税务局负责审查核准，同时通过公开和透明的机制对其开展的活动和运作的全过程实行社会监督。日本对非营利组织的管理职责分散在许多部门中，经济企画厅负责一般非营利组织的登记注册，文部省、厚生省则负责学校、医院等专业性非营利组织的登记注册，对不同类型的非营利组织依据特殊的法规规范。英国的慈善管理委员会机制引起人们广泛的兴趣并受到越来越多的关注，美国也有意学习这一机制，希望借鉴到美国国内。英国的慈善管理委员会是一个对非营利组织实行综合管理的机制，它统一负责非营利组织的登记注册，并对年营业额大于 1 万英镑的非营利组织进行审查监督。1993 年颁布的一项法律赋予慈善管理委员会 5 项职能：对非营利组织的登记注册、问

责、监督、扶助、执行。慈善管理委员会在5位委员指导下工作,其中1位委员长、2名法律委员、1名会计、1名志愿部门代表,都是经公开选拔,由内政部任命的。慈善管理委员会是英国政府的一个特设机构,不隶属于任何部委,也独立于任何党派和政治权力而存在,向法院而不是政府部门负责。这一机制在英国非营利部门管理中发挥了重要作用。

2. 社会监督机制的不可或缺

各国有不同的监督管理制度,但社会监督均是一个不可替代的机制。对非营利组织实行社会监督的理论依据来自于对非营利组织"公共责任"的追问。在现代国家中,政府及官员被认为对公众负有"责任",从而延及到各种公益机构的公共责任。非营利组织接受了社会的捐赠和以税收优惠等形式获得的公益资产,前提是做出非营利性宗旨的承诺,因而有责任向公众做出交待。这虽然是一种非正式监督机制,但它使每一个对该组织关心或有疑问的人都可以对它进行检查、监督,一旦被发现问题,则会受到严格的处罚,相当于给了非营利组织一个强烈的自律激励。所以其操作成本低,实行有效,社会效益好,起到正式监督机制所不能替代的作用。

社会监督机制的首要原则是公开。非营利组织没有权利像企业一样拥有自己的"企业秘密",它必须向社会公众公开其财务、活动、管理等方面的信息。一个公益机构需要交待的公共责任包括四个方面:财务责任,即对资金正当使用的责任;过程责任,即正当的作为和工作程序;项目责任,即对效益负责;优先权责任,即服务对象的相关性和适当性。非营利组织对公共责任的交待应该包括被动公开和主动公开两种形式。前者指任何一个社会公众对有关数据、信息,包括组织的详细财务报表,有权随时索要、查询、置疑并得以答复;后者指每个非营利组织要将上述重要信息定期以简报形式或者在公共媒体上发布,需要公布信息的信息程度和具体要求一般依据组织规模不同而有所差异,规模越大的组织其需要公开的数据越多、越要求完善。与此相应的,还需要有媒体的独立和舆论监督。

3. 与非营利组织特性相适应的一系列组织制度建设

在西方,非营利组织与企业和其他组织一样是自然发生、生长的过程,在国家法律制度框架内构建起一套自己的管理机制。如一致的人力资源管理与流动机制,独立的财会、审计制度、票据体系,人员在社会中统一的保险、社会保障体系等。这些制度使非营利组织融入整个社会结构和法律框架之中。中国的非营利组织建设是从全能国家、单位体制中转型而来的,许多地方还没有被纳入整体的制度结构之中,如非营利组织没有与政府、企业组织接轨的人事制度,缺乏专门针对非营利组织的财会、审计制度(如非营利组织的利润计算、报表项目、评价标准等均与政府和企业的财务制度有着许多不同之处),税收票据不健全,社会保障没有覆盖非营利组织和为之制定相应的保险标准等,均是制约中国非营利组织发展的重要因素。随着中国的经济体制改革和政府职能的转型,非营利组织正在蓬勃兴起。中国改革开放以来非营利组织的发展既可以看作是"全球结社革命"的一部分,又有着其特殊的背景,尤其体现在政府角色及其与非营利组织的关系方面。西方非营利组织的发展经验,现代公益事业中政府与非营利组织的关系建构,对中国具有重要借鉴意义,但同时也需要充分理解中国非营利组织存在的社会背景和制度条件,将非营利组织的发展放入更广泛的社会变革、制度建设的视野中,真正实现基于社会自治的治理结构的变革。

第二部分 社会组织服务项目的策划

政府利用社会建设专项资金,向社会组织购买社会公共服务,一方面是"小政府,大社会"的体现,即政府职能转变的体现,另一方面也是资源的优化配置的体现。现在社会组织发展速度越来越快,发展的数量也越来越多,面对社会组织的迅猛发展,政府合理的利用自己的社会建设的专项资金来购买更为专业的社会组织的公共服务,并监督社会组织的行动保证社会建设的有效进行。简单地说就是"社会组织替政府办事",从而保证了服务的专业性和高质量,也有利于政府更好地将精力投入其他建设当中,达到资源的优化配置。

一、影响社会组织服务项目选取的要素分析

政府购买社会组织的服务项目不是简单地购买某一指定的项目,更多的是由社会组织根据自己的实际情况和对当前社会问题的分析等来策划自己的服务项目,然后进行申请,政府要通过综合考评后,才能决定是否购买该机构的项目,那么影响社会组织服务项目选取的要素是什么,这些因素成为制约其能否成功的"替政府办事"的至关重要的因素和决定该项目能否顺利进行的因素。这些因素包括:组织结构的定位、项目对接方的需求、社会环境状况、机构可利用的资源、可能存在的不确定因素五部分。

(一) 组织机构的定位

定位这个词是由两位广告经理艾尔里斯和杰克·特劳特提出来而后流行的,是著名的营销理念。他们认为:"定位要从一个产品开始,那产品可能是

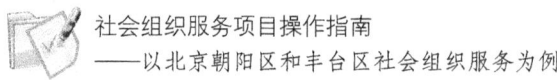

一种商品、一项服务、一个机构，甚至是一个人，也许就是你自己！但是，定位不是你对产品要做的事。换句话说，你要在预期客户头脑里给产品定位，所以把这个概念称作'产品定位'，好像你在对产品本身做什么似的，定位并不是不包含变化在内，它也要变，不过，那只是名称上的变化，产品的价格和包装事实上都丝毫未变。变化基本上是表面上的，旨在确保产品在预期客户头脑里占据一个真正有价值的地位。"上述阐述说明了一个道理——"品牌的重要性"，不是产品本身无丝毫的变化，而是打造产品的品牌，其外表在变，但本质不变。其中涉及到了定位是在预期客户头脑中的定位，而不是其他。具体地说，社会组织进行的定位要达到同样的效果，营销学的理念对其同样适用。在本节中，我们将"社会组织的定位"定义为：社会组织本质的体现。具体体现为：理论定位、角色定位、形象定位及目标定位。也可以说，政府购买社会组织的服务，社会组织设计项目来产出公共服务，那么社会组织的定位是在政府的头脑中定位，而非固定在自己的模式中不变，社会组织外在的形式无论发生怎样的变化，在政府头脑中可以"替他办事"的本质定位是稳定的，即社会组织机构定位。

组织机构的定位分为理论定位、角色定位、形象定位及目标定位。

1. 理论定位

认真研读政府购买社会组织服务项目的相关政策要求，从政府最近的政策等的要求和社会热点出发考虑好自己的理论出发点。为自己将要提供的公共服务给以理论支撑，作为组织机构行动的方向。如十八大报告中提出了要建立"五位一体"的和谐社会，生态文明建设成为重要的组成部分。在机构进行定位的时候可以响应十八大的要求，在环境保护领域寻找相应的项目。

2. 角色定位

组织机构在政府购买社会组织项目中扮演着服务提供者的角色，是替政府办事，接受政府的监督。简单地说，就是政府购买这些组织机构的服务，让它们替政府实行更为专业的服务，并接受政府的监督。

3. 形象定位

组织机构的形象非常重要，它们所提供的服务必须是社会性、公益性质的而非商业性质和以盈利为目的。它是一种社会组织公益大使的形象。

4. 目标定位

组织机构的目标是按照一定的要求完成政府的公共服务的任务。

（二）项目对接方的需求

项目对接方是服务项目所在地点的组织，我们执行的项目必须考虑到项目对接方的需求，如当某社会工作机构在某社区温馨家园为残障人士提供专业的服务时，必须考虑到项目对接方也就是温馨家园的领导及所在社区的具体的要求，如社工必须遵守温馨家园的规章制度，认真考虑他们希望社工能给服务对象带来什么改变，他们对社工所进行的工作有什么看法或建议等等。

（三）社会环境状况

组织机构的定位还必须考虑社会环境的状况包括具体的政策环境和所处的人文地理环境、文化环境等。政策环境就是在项目的设计时必须找准自己的理论定位，响应国家现有的政策，不能与国家的政策背道而驰。人文地理环境是项目实施地是否在该单位所在的辖区，如果在外辖区，会遇到更多的环境问题，要考虑到如何处理。同时，还要考虑到项目实施地的文化氛围。如要进行健康知识讲座的培训时，一般情况下，在人们文化水平较高、认为学习很重要的某城市社区进行，就比在某个喜欢通过实际行动的演练接受新的健康知识的农村社区更容易进行。因此要考虑好项目所在地区的文化环境。除此之外，社会环境的其他因素，如小区的社会融合度、小区内居民与社区服务中心的关系怎样，这些都实际影响着社会组织服务项目的选取。

（四）机构可利用的资源

机构内可利用的资源，包括人力资源和物力资源两部分。机构的规模大小、注册资金大小、现有资金状况等物力资源因素影响着社会组织服务项目的选取。机构的人力资源构成，包括人员数量、人员学历结构、专业结构、男女比例、年龄结构等都影响着项目的选取，如妇女社会工作，通常情况下，做此工作的最好是女性而不是男性，因为女性与女性之间比较了解，涉及的话题也是共同关注的问题。

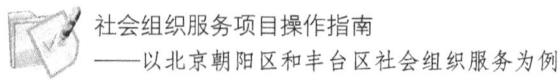

（五）可能存在的不确定因素

社会组织服务项目的选取必须要考虑到可能存在的不确定因素。如时间的变动、地点的限制、机构内人事的变更以及服务对象需求的变化等。

二、政府购买社会组织服务项目解读

对政府购买社会组织服务项目的解读，本文通过《北京市 2013 年政府购买社会组织服务项目指南》（以下简称《指南》）来作具体的说明。

（一）购买的主体

"2013 年，按照市委市政府要求，市社会建设工作领导小组办公室将继续利用社会建设专项资金，向社会组织购买社会公共服务。"其中涉及到两个主体即是"谁向谁购买社会公共服务"。那么，政府向社会组织购买社会公共服务，广义上讲，购买的主体涉及到两个：政府和社会组织。狭义上讲，也就是更加具体来说，购买的主体是政府，社会组织则是申报的主体和供给的主体。

1. 购买的主体：政府

在《指南》中，政府是指市社会建设工作领导小组办公室，是他们利用社会建设的专项资金来购买社会组织的服务，我们对政府购买主体可以这样理解"政府购买社会组织服务就是把本来由政府直接承办为人民提供服务的事项交给有资质的社会组织来承办，并根据社会组织提供服务的质量和数量支付相应的服务费"。

2. 申报的主体及供给的主体：社会组织

目前，社会组织的定义没有统一的界定，但是根据实际情况我们对社会组织进行了界定。社会组织是指符合要求的除政府和以营利为目的企业外的组织，这些组织有资格购买政府的公共服务项目，他们不以赢利为目的，是公益性质的。这里对社会组织是否能够申请项目在《指南》中对其资质进行了具体的规定。"项目申报单位：依法登记注册、具有独立法人资格、连续两年年检合格的社会组织，可以依据本指南申报项目；因违法行为被执法部门依法处罚未满 2 年，或因涉嫌违法违规正在接受有关部门调查的社会组织，不能作为项目申报单位；市级'枢纽型'社会组织组织所主管和联系社会组织开展的大型综合性项目，可由市级'枢纽型'社会组织作为申报单位；拟由在相关部门备案或其他未经登记注册的社会组织开展的项目，经主责单位同意，可以主责单位名义申报，但须注明实际承接的社会组织。"

（二）一般项目申报的时间

一般情况下社会组织申报项目都是先进行网上申报。申报的时间一般是每年的公历 1 月份，时间范围为三个月左右。如《指南》中的申报时间是 2013 年 1 月 14 日开始，截至日期是 2013 年 3 月 20 日（见附件1）。

（三）项目申报书样本

项目申报书样本包括：封面（申报单位、项目名称、项目类别、开展方式、填表日期）、基本情况、单位简介、项目简介（目标、计划、成效、创新性、推广性、项目管理）、项目预算、申报单位承诺、初审意见组成。在填写的时候要按照填写说明的要求进行。样本如下：

项目登记号		项目序号	

政府购买社会组织服务项目
申 报 表

项目类别：
项目名称：
申报单位：
主责单位：
填表日期：

北京市社会建设工作领导小组办公室

社会组织服务项目操作指南
——以北京朝阳区和丰台区社会组织服务为例

一、数据表

项目名称					
项目申报单位					
通讯地址			邮政编码		
电子信箱			传真电话		
法定代表人			法人代码		
	姓名	职务	办公电话		
负责人					
联系人					
项目主责单位		区社会建设工作办公室			
通讯地址			邮政编码		
电子信箱			传真电话		
	姓名	职务	办公电话	手机	
负责人					
联系人					
申请经费（单位：万元）			计划完成时间		

二、申报单位简介（200字以内）

三、项目论证

可行性论证：（项目实施的必要性、已有基础、具体方法和途径及实施进度安排、预期效果等，限4000字以内）

四、经费预算

序号	经费开支科目	金额（元）
1		
2		
3		
4		
合计（单位：万元）		

六、项目主责单位意见

负责人签字：　　　　　　　　　　主责单位公章

　　　　　　　　　　　　　　　　年　月　日

七、初评意见

项目符合社会需要程度	□强	□一般	□弱
内容创新性	□强	□一般	□弱
申报单位承接能力	□强	□一般	□弱
经费预算额度	□偏高	□合适	□偏低

其他意见及建议：

　□建议／□不建议立项。

　　　　　　　　北京市社会建设工作领导小组办公室

　　　　　　　　　　　　　　　　　　　年　月　日

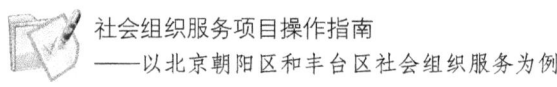

八、立项意见

经北京市社会建设工作领导小组办公室主任会议讨论，决定____（同意/不同意）《____》作为本年度政府购买社会组织服务项目，核定预算金额为____万元。决定____作为本项目主责单位，_____作为本项目承接单位。

北京市社会建设工作领导小组办公室（盖章）
年　月　日

填表说明

一、本表根据《政府购买社会组织服务项目管理办法（试行）》制订。

二、"申报单位"是指申报项目的各类社会组织，"主责单位"是指相关市级"枢纽型"社会组织和区县社会建设领导小组办公室。单位名称应按单位和公章填写全称。

三、封面上方2个代码框申报单位不填。

四、项目类别请按《项目指南》代码填写。

五、表内第一、二、三、四、五项由申报单位按要求填写；第五项需由申报单位负责人签名并加盖申报单位公章。

六、表内第六项由项目主责单位填写具体推荐意见，注明是否同意申报此项目。主责单位负责人签名并加盖单位公章。

七、此表申报时一式三份。项目审核完成后，领导小组办公室、项目主责单位和申报单位各存一份。

附件1

北京市2013年政府购买社会组织服务项目指南

http：//www.bjshjs.gov.cn　发表日期：2013-01-24 10：30：41　来源：北京社会建设网

2013年，按照市委市政府要求，市社会建设工作领导小组办公室将继续利用社会建设专项资金，向社会组织购买社会公共服务。今年，主要围绕社会基本公共服务、社会公益服务、社区便民服务、社会管理服务、社会建设决策研究和信息咨询服务 5 个方面、45 个类别购买 500 个公共服务项目。请各社会组织于 3 月 20 日前，完成网上申报项目工作。具体申报程序为：市级"枢纽型"社会组织所属社会组织经"枢纽型"社会组织同意、各区县社会组织经各区县社会建设工作领导小组同意，分别向市社会建设工作领导小组办公室提交报送项目。

电　　话：85156771　85156740
电子信箱：shfw2000@126.com
地　　址：正义路南口华风宾馆 6669 房间

北京市社会建设工作领导小组办公室
2013 年 1 月 14 日

一、项目方向

（一）社会基本公共服务类（代码：shgg）

1. 社区基本公共服务推进项目
2. 扶老助残服务项目
3. 支教助学服务项目
4. 扶贫助困服务项目
5. 公众卫生健康知识普及服务项目
6. 就业、创业帮扶服务项目
7. 公共安全教育训练推广项目

（二）社会公益服务类（代码：shgy）

8. "北京精神"宣传践行推进项目
9. 社会志愿公益服务项目
10. 高校社团公益服务项目
11. 绿色生活方式引导项目
12. "做文明有礼北京人"宣传教育推进项目
13. 法律咨询与援助服务项目

14. 人文关怀与社会心理服务项目

15. 特殊人群服务项目

16. 网络自组织文明自律引导服务项目

17. 应急救援综合服务项目

（三）社区便民服务类（代码：shbm）

18. "一刻钟服务圈"便民服务拓展项目

19. 家政服务提升推广项目

20. 社区居民出行便民服务项目

21. 社区"一老一少"照护服务项目

22. 社区智能化便利服务项目

（四）社会管理服务类（代码：shgl）

23. 社会组织"枢纽型"管理服务项目

24. 社会组织孵化项目

25. 社会组织服务品牌提升推广项目

26. 与在京国际组织、国家行业组织交流项目

27. 社区管理及村庄社区化管理服务试点项目

28. 国际化社区服务管理试点项目

29. 社会矛盾调解服务项目

30. 社区矫正帮教服务项目

31. 新居民互助服务管理项目

32. 专业社工管理岗位项目

33. 专业社工人才培养、评价、使用、激励试点项目

（五）社会建设决策研究、信息咨询服务类（代码：shjc）

34. 网格化社会管理标准体系研究项目

35. 社会建设指标体系研究项目

36. 社会舆情监测与分析研究项目

37. 虚拟社会信息交流及引导机制研究项目

38. 社会心理服务研究项目

39. 社会动员机制研究项目

40. 社会和谐稳定风险评估研究项目

41. 城乡一体化建设实现路径研究项目

42. 外来人口公共服务与居住证研究项目

43. 社会体制改革研究项目

44. 城市社会服务管理精细化研究项目

45. 现代社会组织体制研究项目

二、申报主体

（一）项目主责单位

市级"枢纽型"社会组织和区县社会建设工作领导小组办公室是使用市社会建设专项资金购买社会组织服务的项目主责单位，负责所主管和联系社会组织申报项目的指导、协调和筛选。项目原则上须经由主责单位申报。

（二）项目申报单位

依法登记注册、具有独立法人资格、连续两年年检合格的社会组织，可以依据本指南申报项目。因违法行为被执法部门依法处罚未满2年，或因涉嫌违法违规正在接受有关部门调查的社会组织，不能作为项目申报单位。

市级"枢纽型"社会组织组织所主管和联系社会组织开展的大型综合性项目，可由市级"枢纽型"社会组织作为申报单位。

拟由在相关部门备案或其他未经登记注册的社会组织开展的项目，经主责单位同意，可以主责单位名义申报，但须注明实际承接的社会组织。

三、注意事项

1. 项目申报应符合财政资金支付范围和北京市社会建设发展方向，能起到建立机制、填补空白的作用。属于单位职责、已由部门预算保障的项目，仍由原经费渠道解决；通过任何途径已由市级财政支持的项目，原则上不再作为购买对象。

2. 鼓励申报单位多方筹集项目资金，扩大项目规模和影响。提倡区县财政配比项目资金。凡可能涉及两个以上资金来源的项目，应在《项目申报表》相应部分注明。

3. 项目预算不得用于提高项目单位工作人员待遇和改善自身办公条件的

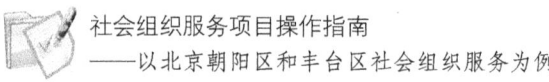

支出。

4. 作为承接方申报项目的社会组织原则上同年度只能报 1~2 个项目。

5. 项目申报涉及五大方面，均需按照代码填写申请书。跨领域的项目要以"尽量靠近"原则选择为主的类别申报。

6.《项目指南》条目一般只规定服务范围、服务方向和服务重点，申请人要自行设计具体题目，没有明确服务对象或服务指向的申请一般不予受理。

7. 申报项目全部实行专家通讯初评，初评采用活页匿名方式，活页论证字数不超过四千字，要按规定方式列出前期相关工作成果。

四、申报流程

1. 申报单位须登陆 http：//210.73.89.225/gongwei/网址或北京社会建设网（www.bjshjs.gov.cn）购买服务专栏，注册社会组织相关信息，经主责单位同意后，填写录入《使用北京市社会建设专项资金购买社会组织服务项目申报表》，进行网上项目的申报（详细信息可参见政府购买社会组织服务项目管理系统界面上的《系统使用手册》）。

2. 主责单位网上审核《项目申报表》并提出意见后，将项目汇总提交上报市社会建设工作领导小组办公室。

3. 纸质版《项目申报表》录入、提交、审核无误后，打印盖章，报相关市级"枢纽型"社会组织或区县社会建设工作领导小组办公室。

五、申报截止日期

2013 年 3 月 20 日

六、联系方式

（一）北京市社会建设工作领导小组办公室秘书处

电　　话：85156771　85156740

传　　真：85156740

电子信箱：shfw2000@126.com

（二）市级"枢纽型"社会组织及区县社会建设工作领导小组办公室（区县社会工委、社会办）联系方式参见北京社会建设网

第二部分
社会组织服务项目的策划

2013 年政府购买社会组织服务项目主责单位联系电话（枢纽型组织）

序号	单位	对外公布联系电话
1	市总工会	65592667
2	团市委	62060885
3	市妇联	88011097
4	市科协	84644977
5	市残联	63545147
6	市侨联	82218215
7	市文联	66037107
8	市社科联	64527110
9	市红十字会	83536015
10	市法学会	67634485
11	市工商联	67121335－9765
12	市贸促会	88070412
13	市志愿者联合会	51601692
14	市私营个体经济协会	63456054
15	市体育总会	87244829
16	首都慈善公益组织联合会	65395938
17	市注册会计师协会	88221061
18	市律师协会	64515926
19	市工业经济联合会	63186379
20	市商业联合会	63435422
21	市建筑业联合会	88070401
22	市民办教育协会	68987568－8011，8008
23	市友协	65140012
24	市民交协	65140042
25	首都民间组织发展促进会	65396060
26	市民族联谊会	64284611
27	北京企业联合会	87713151

2013 年政府购买社会组织服务项目主责单位联系电话（区县）

序号	单 位	对外公布联系电话
1	东 城	64031118－8756
2	西 城	82141165
3	朝 阳	65099347
4	海 淀	82510633
5	丰 台	83656379
6	石景山	88699253
7	门头沟	69823514
8	房 山	69372464
9	通 州	80880929
10	顺 义	89442743
11	昌 平	69717193
12	大 兴	61298595
13	平 谷	69986121
14	怀 柔	69695209
15	密 云	69024302
16	延 庆	69178959

（四）经费申请与使用规定

在《指南》中关于经费使用规定由两部分组成：

1. 鼓励多方筹资

"项目经费鼓励申报单位多方筹资，扩大项目规模和影响，并提倡区县财政配比项目资金。凡可能涉及两个以上资金来源的项目，应在《项目申报表》相应部分注明。"

2. 使用限制

项目预算不得用于提高项目单位工作人员待遇和改善自身办公条件的支出。即不能用于购买固定资产、支付人员工资等与社会建设无关的指出，经费的使用只能用在我们提供的公共服务的具体支出上。而且超过一万元的经费支出必须经由主责单位领导签字批准。

除此而外，在经费使用上要注意一些细节：

1. 项目经费要含有税费

社会组织在申报经费时一定注意，费用预算不要忽略税费，要根据机构缴税的性质（国税/地税）的不同进行测算。以北京为例，如果本机构纳的是国税，连同教育附加费和建设费，缴纳标准为3.6%；如果本机构纳的是地税，连同教育附加费和建设费，缴纳标准为5.6%。所以，在列举项目经费时一定要在正常项目支出中加入税费，这样才能确保项目的经费使用合理。

2. 单张发票金额最好不要超过1万元

如果超过1万元的话，需要项目主责单位主管领导签字。所以，各社会组织在项目执行时一定要注意单张发票金额。建议最好也不要出现类似9999元这样的极端情况，给人感觉故意在回避制度之嫌。

3. 对于较大额度项目发票要做好使用标注

建议1000元以上的发票，在背面上要写上经手人和用途，这样可以避免时间长了记不清，也利于责任倒查。

4. 关于经费使用说明

特殊项目支出，尤其是方案中没有列出的项目支出，项目负责人要写出"经费使用说明"，报请机构负责人批准。这样的操作，既保证了项目经费使用更加合理、规范，也体现了机构的自律性，以确保专款专用。

（五）项目申报要求及流程

1. 申报要求

以北京市2013年政府购买社会组织服务项目为例，社会组织在申报时必须注意以下几点：

一是关于申报方式。北京市自2012年起采用网上直接申报，此前是通过纸质申报方式完成。

二是关于申报内容。必须是《指南》中所列举的五大类四十五小项。

三是关于填表要求。必须严格按照网站所设定的步骤、格式和字数要求填写，否则无法申报成功。

四是关于申报时间。北京市2013年网上报送截止时间为2013年3月20日24点，逾期网站就会关闭，社会组织将无法登陆政府购买社会服务网上申报系统。

2. 项目申报流程

在《指南》中规定了申报的流程，如图 2-1 所示。

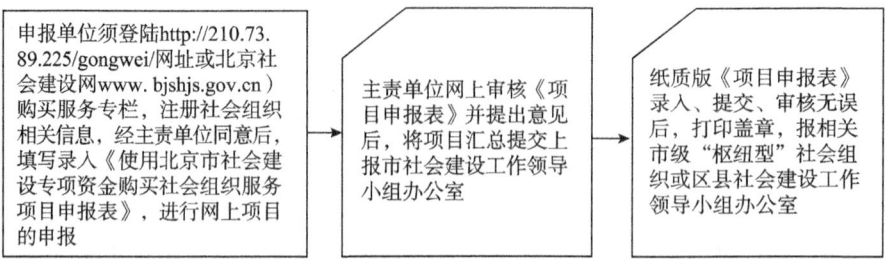

图 2-1　申报的要求及流程

具体操作流程如下：

(1) 点击进入北京社会建设网，网址为 http：//www.bjshjs.gov.cn/，见下图。点击（双击）进入政府购买社会组织服务项目管理系统，如图 2-2 右下角标记处。

图 2-2

(2) 如果是第一次申报政府购买社会组织服务项目，请按下面流程操作。

第一步：请选择图 2-3 注册处自行设定用户名、密码，填写验证码，然后点击(单击)注册。

图 2-3

第二步：请根据自己的组织情况将下图中的所有信息填写完整，然后点击(单击)提交按钮，等待管理员审批。一般来说社会组织在填写信息确认准确无误后可联系管理员或所在区(县)或枢纽型社会组织人员进行审批，待审批通过后，方可进行后续操作。

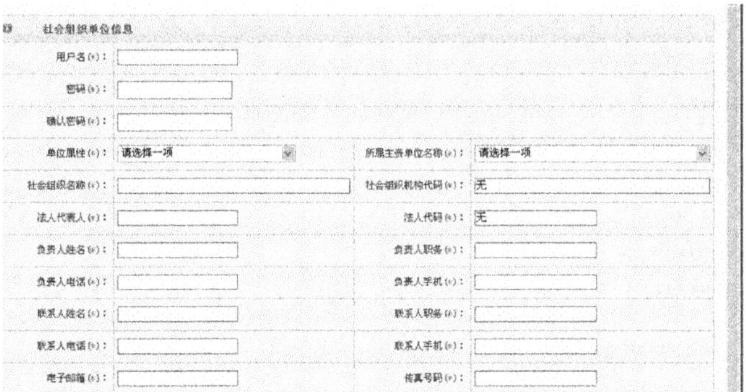

图 2-4

社会组织服务项目操作指南
——以北京朝阳区和丰台区社会组织服务为例

第三步：重新进入系统，点击（单击）"登录"选项。

图 2-5

第四步：查看"查询单位审核信息"，确认审核通过后。（见图 2-6、图 2-7）

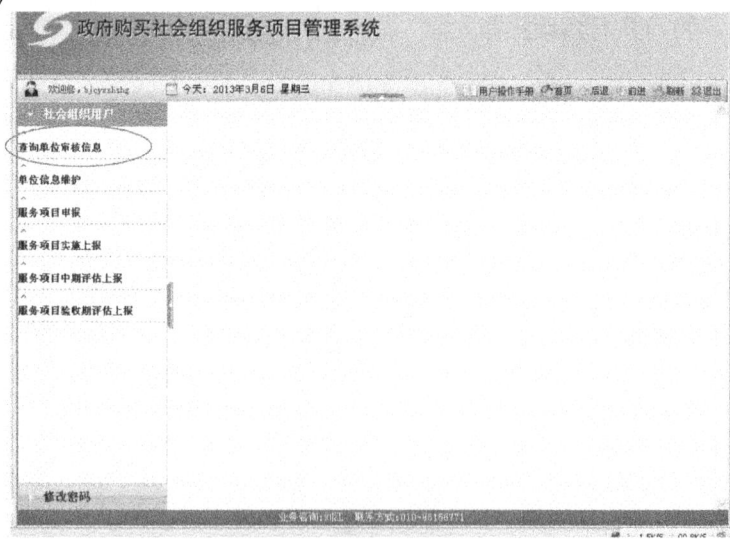

图 2-6

第二部分
社会组织服务项目的策划

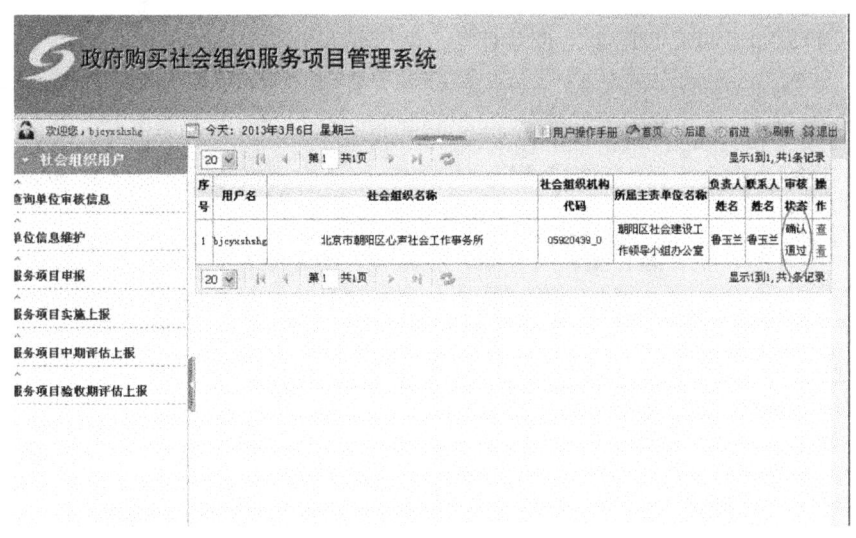

图 2-7

（备注：如果本组织已经参加过以往的政府购买社会组织服务项目申请，请在登陆后直接进入到下面的环节）

第五步：继续点击（单击）"服务项目申报"见下图：

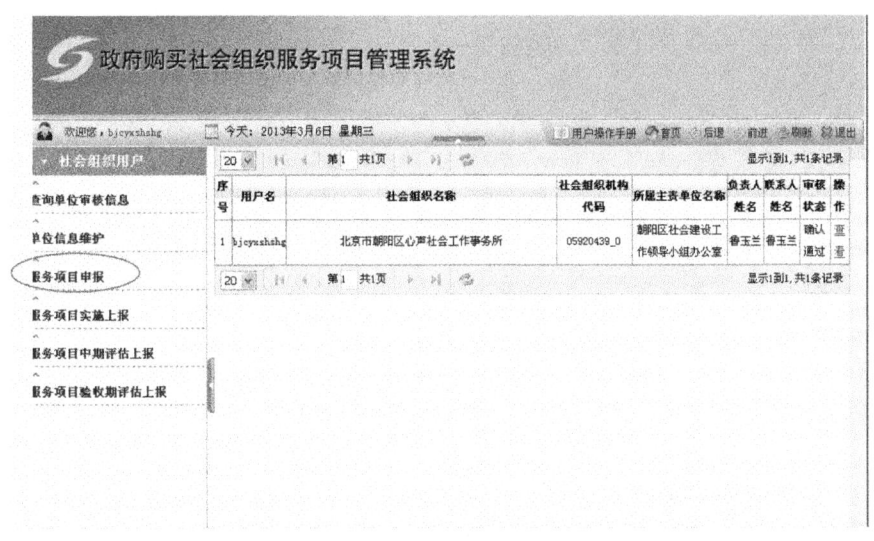

图 2-8

55

第六步：点击（单击）下图中的"新增项目"栏。

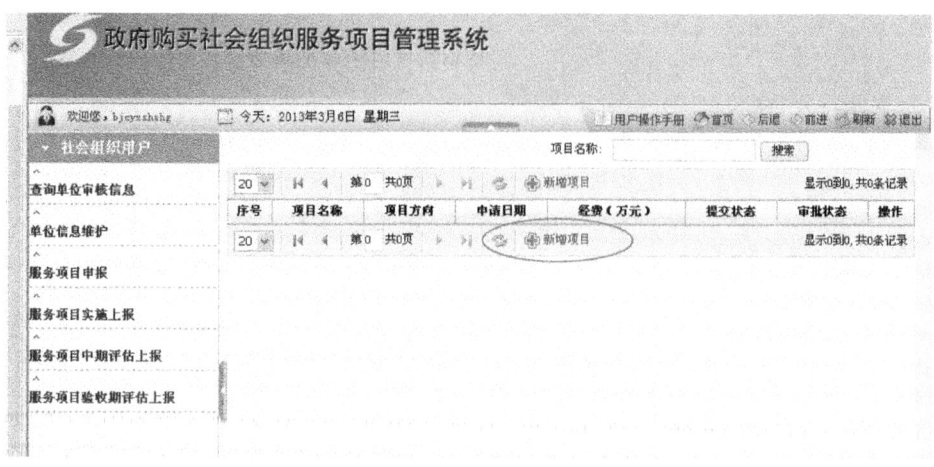

图 2-9

第七步：点击"阅读并同意以上承诺"栏前面的"□"，完成后变成下面第二图的状态。然后继续点击（单击）下面篮框内的"阅读并同意以上承诺"。

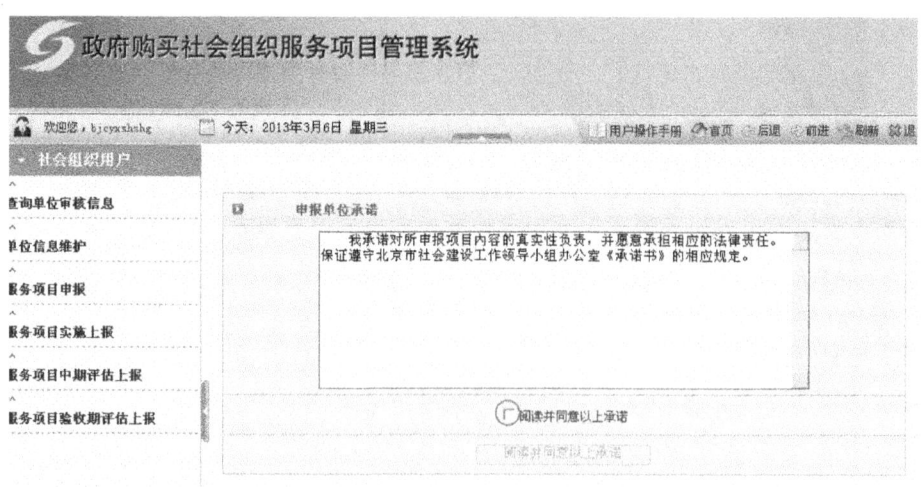

图 2-10

第二部分
社会组织服务项目的策划

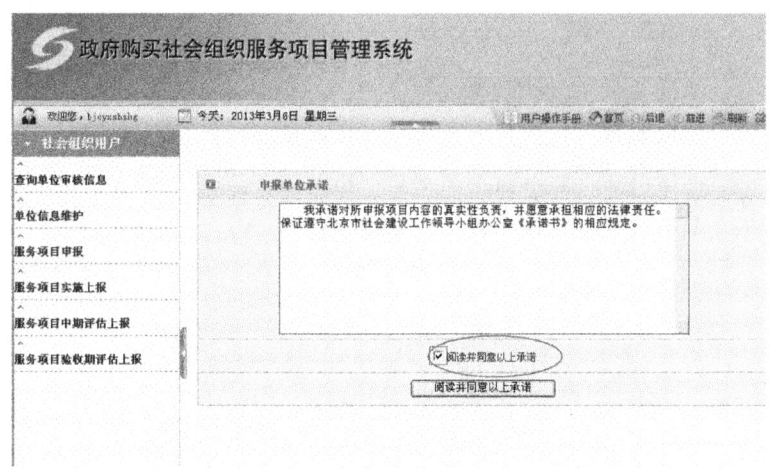

图 2－11

第八步：请在"图 2－12"中一级项目里选择其中的一项，如"社会公益服务类（shgy）"点击（见图 2－13），值得说明的是这一点要根据项目指南中分类和自己申报项目的性质和归属来决定。然后再在二级项目中选择一项（见图 2－14）。

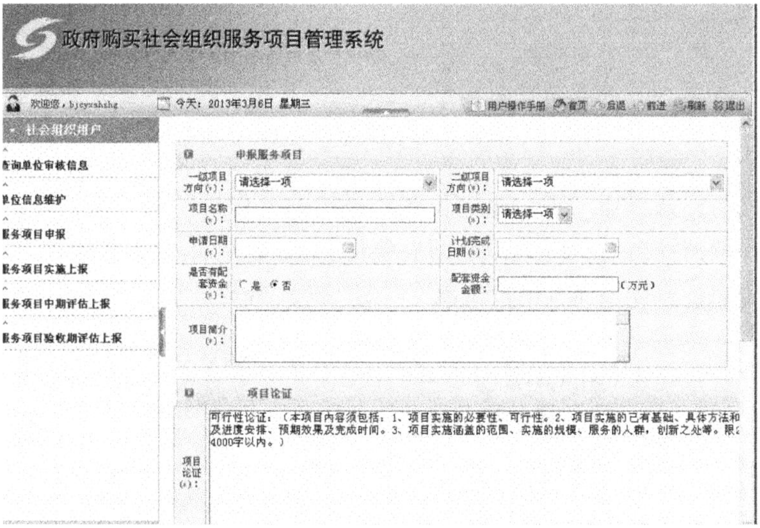

图 2－12

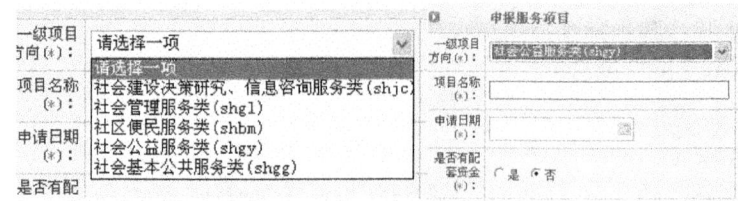

图 2-13

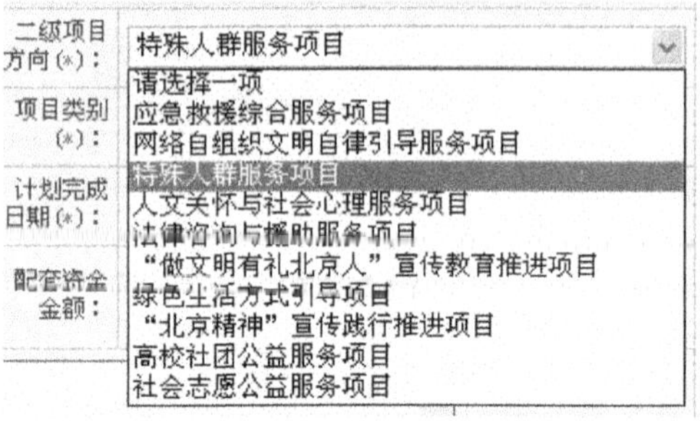

图 2-14

在图 2-12 上继续填写项目名称，如图 2-15，要根据本组织所设计的项目情况填写。

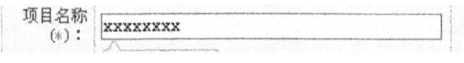

图 2-15

第九步：在选择"项目类别"时，有"面上项目"和"重点项目"两个选项，一般的社会组织应选择"面上项目"，如要选择"重点项目"，请一定要和主责单位事先沟通并慎重考虑，一般不建议选择此项。

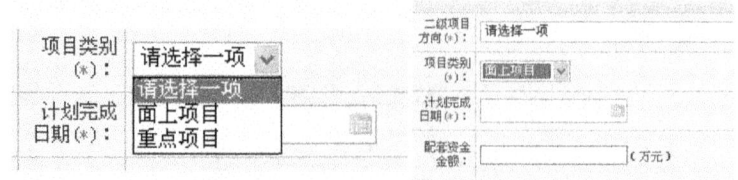

图 2-16

第十步：关于申请日期的选项填法，一般选择"今天"或"确定"按钮，系统会自动生成，如下图所示。

图 2－17

第十一步：关于"计划完成日期"的选项填法，选择"年份"时"点击""2013"会出现年份菜单，选择月份时"点击""三月"会出现月份菜单，如选择 6 月之后，再回到日期栏中选择完成日期就可以。

图 2－18

第十二步：是否有配套资金，请根据组织资源整合情况自行选择"是"或"否"。

图 2－19

第十三步：项目简介 200 字以内，对服务项目进行概要性描述，主要侧重对项目目的与目标和服务对象的阐述。这部分所起的是画龙点睛的作用。

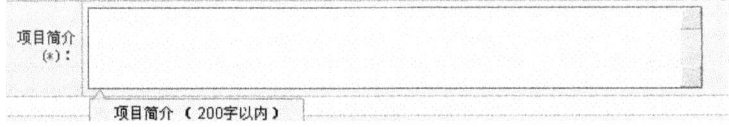

图 2－20

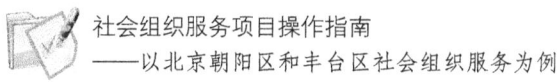

第十四步：关于"项目论证"，这是整个申报流程中最为关键的一部，包括以下几方面重点内容：一是项目实施的必要性、可行性；二是项目实施的已有基础；三是项目实施的具体方法；四是项目实施的进度安排（含完成时间）；五是项目的预期效果；六是项目实施涵盖的范围、实施的规模、服务的人群；七是创新之处。

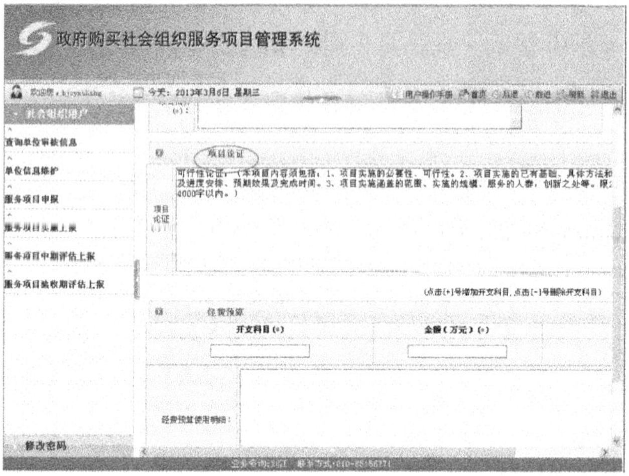

图 2-21

第十五步：关于申报经费填写，"开支科目"可将申报书中所列指出的栏目输入，"金额"填写申报总数，小写即可，切记单位为"万元"。"经费预算使用明细"应该合理地计算并输入相应的框架内。

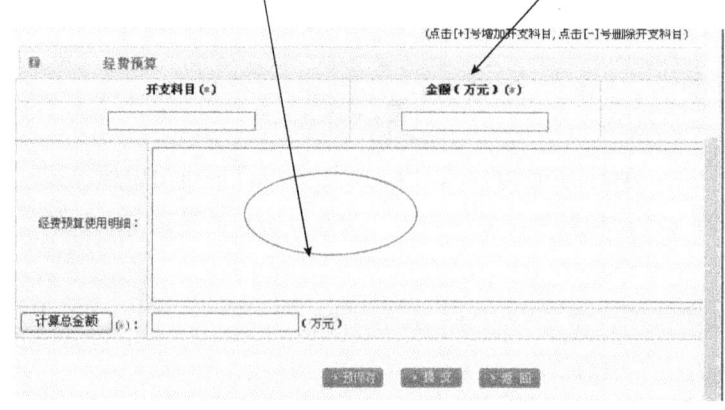

图 2-22

第二部分
社会组织服务项目的策划

第十五步：如果确认无误，可选择点击"提交"按钮，如还有可能修改，请选择"预保存"按钮。

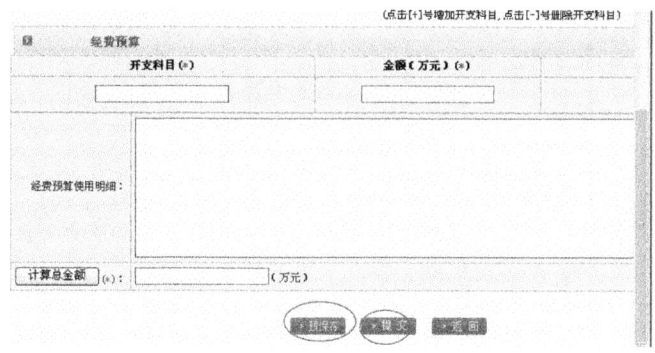

图 2-23

第十六步：提交之后，界面会显示"待审查"或"受理通过"，当受理通过后，可点击"查看"按钮。

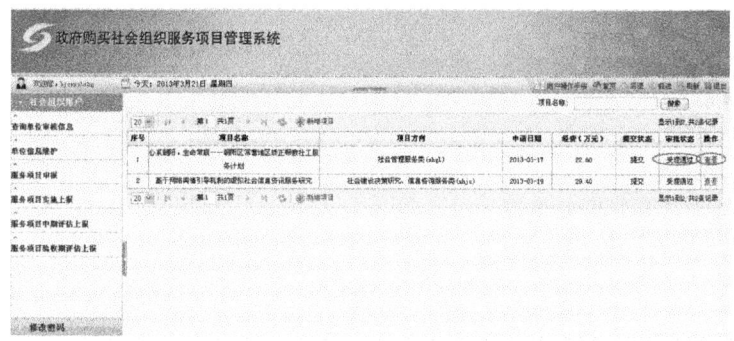

图 2-24

第十七步：当点击"查看"按钮后，在网页下面出现"生成报表"，请点击

图 2-25

61

第十八步：当点击"生成报表"后，请点击页面左上端的任意按钮，如"导出 word"，就可自动生成"word"表格，申报方就可保存表格电子版或者打印申报书。

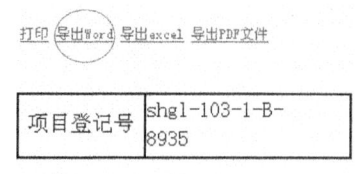

图 2-26

备注：上述流程只是针对政府购买项目申报，一旦申报成功，准予立项，在项目实施期间就需要连续对项目实施上报、中期和验收期评估上报。在此，不再赘述。

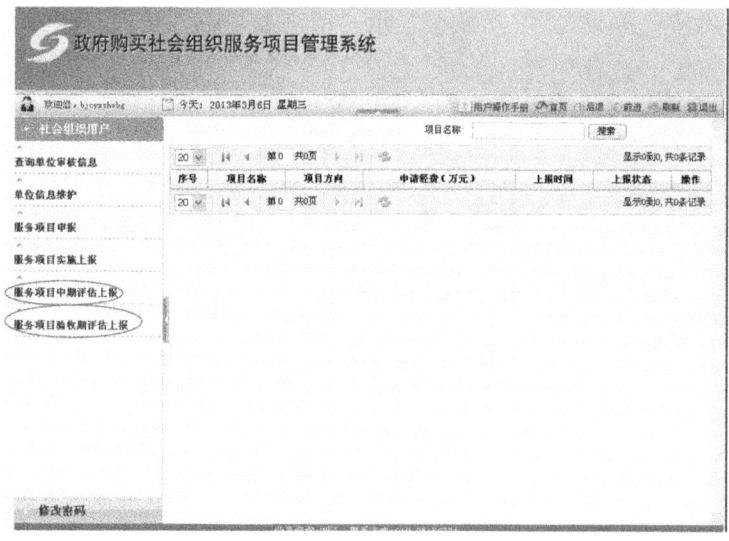

图 2-27

三、社会组织服务项目策划的原则

社会组织服务项目策划要遵循一定的原则，这些原则包括：社会性原则、可行性原则、经济性原则、灵活性原则和信息性原则。

（一）社会性

政府利用社会专项资金购买社会服务项目，这些项目必须是公共服务领域的，具有服务性质。除此之外最关键的一点是它的社会性，即社会组织提供的服务必须是社会性的，资金来源于政府的社会建设专项资金，并且是购买的社会组织的服务，接受政府的监督，因此必须是社会性的。社会组织申请与社会性无关的项目就与政府购买公共服务的初衷相悖，也可以说，离开了社会性原则，该项目的申请没有任何意义。

（二）可行性

社会组织服务项目必须符合可行性的原则。可行性可以分为主观的可行性和客观的可行性。主观的可行性一是该社会组织具备了做该项目的知识储备，即以现有的人力的知识结构等能够完成该项目。二是该组织在该服务项目领域比较擅长，组织机构的员工比较认同该项目所秉持的理念，符合机构的定位。客观的可行性是指项目的策划必须是本机构的人力、物力资源等所能实施的，即组织机构的能力范围之内，并能达到该项目的目标。

（三）经济性

社会服务项目的策划必须符合经济性的原则，即项目实施的经费计划必须用较少的投入获得较多的社会效益。政府购买社会组织的服务，将公共服务的任务交给社会组织来提供，社会组织必须满足政府以较少的投入撬动更多的社会资源加入，起到比政府自身直接服务的倍数效应。

（四）灵活性

灵活性也可以说是变通性。项目策划只是一个构想，是一个计划，项目的策划要具有灵活性，不能死板教条，因为在项目的具体实施中有时会发现项目并没有像我们预计的那样发展，有可能达到新的目标，因此策划不是一成不变的教条。又如当我们进行预算的时候，没必要细化到做一次活动每个环节都花多少钱的地步。因为我们在进行活动时，有可能因为所在的地点，或者活动的类型，或是其他现场条件的影响，而进行适当的调整，因此，在策划时必须留有空间。

除此之外，项目的策划也是随着项目的实际进行而不断做出修改的，这种修改既包括预定目标也包括实施细节，因此项目的策划必须体现灵活性的原则。

（五）信息性

在进行项目策划时必须考虑国家的政策信息、社会热点信息、具体实施地点的自然地理位置信息以及社会文化信息，这样才能根据实际的情况对项目进行合理的策划。如对项目涉及的国家政策要求比较清楚，对实施地的自然环境状况如小区的位置、布局、社区居委会的位置、多少栋楼等等有大致的了解。同时，对该小区的融合度怎样、该小区中居民与居委会的关系怎样等等也要有所了解，特别是在该小区有没有我们的服务对象，数量、分布等都要有个具体的了解。信息性原则很重要，离开了信息性原则，其他的都是空谈。

四、社会组织服务项目策划的流程

社会组织服务项目的策划要经过一系列的流程来完成服务项目的策划，如图 2-28 所示。按照流程实施策划，可以提高项目策划的科学性。

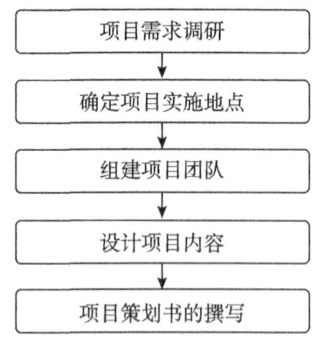

图 2-28　社会组织服务项目策划流程

（一）项目需求调研

社会组织服务项目策划首先要做的是对项目的需求进行调研。一项对目标群体没有任何意义的项目开始就迷失了方向，这样的项目毫无意义。政府购买社会组织的服务项目，这些项目是公共服务性质的，具有社会性，同时对于目标群体即服务对象来说是切实需要的，这样的项目才具有现实的意义。项目需求调研的重要性表现在该项目具有的实际意义上。

具体来说，一个项目在策划的开始阶段要满足三个方面的需求：一是该项目是否符合政府购买社会组织服务项目的有关规定。二是项目的选择是不是具有公共性质，最好是社会热点问题或社会政策所关注的社会问题。三是对项目能具体满足哪些人群的哪些需要进行调研。

调研的方法可参考社会学、心理学等学科的方法，如社会学中收集资料的问卷法和访谈法，也可以利用文献分析法等，心理学中的实验法及心理量表等。分析的方法则是定量的方法如 SPSS 数据分析，定性的方法如归纳法，或是两者的结合。调查的对象根据实际的情况可以是总体、从总体中抽出的一部分，可以是典型抽样、偶遇抽样等非概率抽样或简单随机抽样、分层抽样等概率抽样方法抽取调查对象。

（二）确定项目实施地点

项目需求调研完成后，就要确定项目的具体实施地点。没有实施地点，项目的策划方案就无法落到实处，项目的效果就无法得到验证。因此，确定项目的实施地点非常重要。

项目的实施地点的选择应该符合典型性的特点，即该项目之所以在该地区实施是因为该地区有项目策划中的足够的符合要求的目标人群，也就是服务对象，该地区需要该项目，该项目的实施有利于解决目标群体所面临的问题，使目标人群受益。

选择项目实施地点的方法是一般是对比分析的方法，即对比出其具有的典型性。

（三）组建项目团队

在项目的实施地点确定后，接下来的任务就是要组建项目的团队。首先，要清楚完成该项目需要多少人，要保证该项目需要的人数不超过机构现在的总人数。其次，在组建项目团队时，要合理选择项目团队的成员，将机构员工各

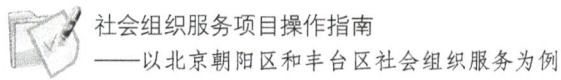

方面的素质情况与需要完成该项目所需的人才结构进行匹配。最后，要保证该项目团队的成员有足够的精力完成该项目，举个例子，如被选为该项目成员的人本来已经负责了另外两个项目，由于精力有限，项目的实施过程可能会受到影响。组建项目团队必须符合以上三个要求才能有利于完成该项目。

（四）设计项目内容

在明确了项目的背景、目标等的需求调研，确定了实施项目的地点，组建了符合要求的团队，那么接下来就要具体设计项目的内容了。其内容包括具体的项目的背景、项目的目的和具体的目标、项目的产出、投入的行动即进行的活动、所需要完成的任务、项目的预算、项目效果评估等。举个例子，"立德"社工事务所为了解决流动儿童的学习等问题，开办了四点半学堂，在设计项目内容时就要首先分析流动儿童所面临的学习等问题的现状，分析造成该问题的原因，设计项目的产出、投入活动，并设计具体可测量的指标。为了完成整个项目还要进行经费预算，制定效果评估的标准，对困难和风险进行了估计并制订防范的措施。

（五）项目策划书的撰写

项目策划书的撰写可分为六部分，它们是封面、目录、项目概要、机构介绍、正文部分（即项目描述）、项目预算以及附件。

封面包括项目名称、项目地点、执行机构、实施时间、项目负责人、联络方式、申请总额、帐号、开户银行、配套资金（如有）。项目概要：项目必要性、拟采取的活动、结果、目标、意义。机构介绍：机构使命、以往项目经验、有关的合作伙伴。正文（项目描述）：项目背景、总目标、具体目标、项目活动、产出、合作伙伴、项目地点、执行时间、执行团队、监测与评估、困难/风险可持续性等。预算：合并同类项，每个大项列出总数即可，在附件里注明详细的预算。附件：项目逻辑框架；执行计划；监测与评估计划；详细预算；其他相关材料等。（选自恩派公益组织黄锂的关于"社会组织服务项目设计与申请书撰写指南"的讲座）本书最后一部分给出了一个项目策划书的具体案例。

第三部分　社会组织服务项目的执行

社会组织服务项目的执行，要根据实际的情况进行项目方案的微调，项目书最终确定之后制定项目执行的具体方案，依照项目书的要求和制定的具体的执行方案实施该项目，并做好项目的日常管理工作。为了进一步保证项目执行的效果，同时要做好项目的中期评估和结项评估。

（一）项目方案的微调

根据项目的批准立项时间调整项目的进度，根据审批资金额度以及出现的新的需求的变化来调整项目的内容，根据实际的具体情况在不改变项目本质的情况下调整项目内容，保证项目真正满足公共服务的需求。

1. 根据项目批准立项时间适当调整项目进度

在项目的策划中我们初步制定了项目的执行时间，一般情况下，项目的执行时间在申请项目成功后不会改变，但是，项目的立项时间有可能距离项目的执行时间比较近，也有可能被批准的项目的立项时间在原计划的项目的执行时间的范围之内，但与计划初始时间有较大的距离，这样就需要适当地调整项目的进度。如原策划方案中项目的执行时间是 2013 年 3 月 20 日至 2014 年 3 月 19 日，该机构早就提交了项目申请，结果项目的项目的立项时间为 2013 年 5 月 30 日，经费拨付时间可能又拖到 2013 年的 9 至 10 月份。在这样的情况下，我们就需要调整项目的进度，合理分配时间段的任务，保证项目在执行时间内完成。如果能修改项目的执行时间，那么需要做出充足的准备后再具体执行该项目，但一般情况下原计划的执行时间与修改后的执行时间不能差别太大，并且还要提交项目变更的申请，被批准后方能实行。

2. 根据项目审批资金额度适当调整项目内容

项目策划中已经有了各部分支出的预算，但是往往项目批准的资金额度不一定就与原预算一致，在这样的情况下，首先考虑到的是合理分配实际获得的资金额度，保证项目工作能顺利地进行。资金额度的变化往往离不开项目内容的变化，因此要根据项目审批的资金额度来适当地调整项目内容。注意"适当"一词，意味着我们不能做出大的修改，以免影响项目目标的达到或背离了设计项目的初衷。例如，项目策划中要完成该项目所需资金总额是20万元，结果政府根据项目的实际情况和政府的财政情况拨付了项目费16万元，比原计划少了4万元。由此，我们不得不对项目资金使用的分配做出调整，同时还要改变项目的部分内容。如在增强某小区成员之间融合的项目中决定组建小区合唱队，这部分的预算包括请老师、购买服装等的预算是2000元，结果由于项目款实际比预算少了2万元，该项目的其他活动也同样的重要，因此只能对该项目的款项做出调整，并调整项目的内容，如取消购买服装的计划且请老师的原有方案不变，这样适当地微调，才能保证质量，因为服装对合唱队效果的影响相比老师要弱很多。

3. 根据新的需求变化适当调整项目内容

当我们在执行项目的时候，还会发现服务对象产生了新的需求，我们不能对这种情况视而不见，必须对这种新的需求加以考虑，适当地调整项目的内容。如项目策划：残障人士增能服务，针对的是残障人士的基本生活能力的训练的需要，结果发现有些残障人士具备就业的条件并且具有就业的需求，因此在残障人士增能服务中要考虑到新的需求并适当调整项目的内容，如增加就业的训练等。

（二）根据项目书制定项目执行方案

项目策划经过微调后，成为确定的项目书，接下来的工作就是要根据项目书制定项目执行方案。项目的执行方案也就是项目的具体实施方案，包括两个部分：项目产出后通过哪些活动来实施，实施活动的地点、时间、具体流程，要完成哪些具体的任务，相关的责任人，该责任人具体的职责是什么等。此外，还有具体的执行方案要遵守哪些制度，具体的经费使用等。

（三）项目日常管理

项目的顺利开展要有项目的日常管理作为保障，项目的日常管理主要包括项目人员（含项目服务对象）的管理、项目进度管理、项目档案管理和项目财务管理等。

1. 项目人员管理

包括项目人员坚持的该项目的理念和所秉持目标的一致性；项目人员所共同遵守的机构和该项目的规章制度；项目服务对象参加活动所必须遵守的规章制度（如有活动）；项目人员职责管理即各项目人员岗位管理。

2. 项目进度的管理

主要包括项目各阶段所要完成的任务、所遵守的制度等，要按照项目计划书和项目实施方案，比对进度表来敦促项目目标的实现。项目负责人要定期检查项目进程，发现问题，及时解决；如遇到较大的问题或者目标上出现偏差，要及时召开项目研讨会和协调会，需求解决问题的方案或者根据实际情况适当调整目标，以变更能反映服务对象的需求。

3. 项目档案管理

每个项目应该留有完整的档案资料。这些档案资料包括立项书、实施方案、具体活动计划书、会议文件、活动资料（图片和视频）、新闻报道、服务对象档案等等。要求分门别类，按照时间顺序整理归档。完整的档案既可为机构保存业绩，为应对购买方的评估提供支撑材料，同时也可以保存服务对象的完整的资料，体现社会工作伦理和机构的专业性。

4. 项目财务管理

项目财务管理非常重要，所以我们没有把它归纳到一般的档案管理之中。项目财务管理反映了社会组织对政府购买服务费用的支出是否合理，它最直观地体现了政府专项资金的流向，也检验了社会组织是否很好地执行了最初的项目计划，同时项目财务支出也是中期评估和结项评估的最主要观测点。除此之外，项目财务管理也反映了社会组织自身的机构管理能力和建设能力，也是机构年检考评的重要指标。

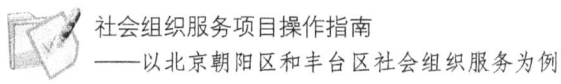

社会组织服务项目操作指南
——以北京朝阳区和丰台区社会组织服务为例

(四) 项目中期评估

项目的中期评估是指项目执行时间的中期进行评估,这些评估保证了项目朝着既定的目标前进。项目的中期评估在政府购买社会组织服务中具有举足轻重的作用,因为社会组织只有通过项目中期评估才能拿到政府支付的另一半经费,服务流程才能得以完整展开。

一般的项目中期评估放在项目执行周期中的一半时间或者稍微后延一些的时间。以2011年和2012年北京市政府购买社会组织服务为例,2011年项目立项时间大概在7月,真正启动时间在11月份左右,中期评估时间则放在了2012年3月初;2012年政府购买服务项目的立项时间在5月份,真正启动在7月份左右,资金到账在11月份左右,中期评估时间为2013年3月。

从目前实际执行情况来看,项目中期评估的方法主要采用第三方评估。一般由购买方——政府组织专家通过答辩的方式进行,一般评估专家由3~5人组成,项目承接方——社会组织负责人准备5~8分钟的ppt,就项目简介(包括实施地点、受益人群、项目目标)、项目实施情况(包括项目目标、计划与实施实际情况对比、完成情况、超额部分、不足部分及原因)、资金使用情况、项目效果(包括受益人反馈、媒体报道)、社会效益(包括影响人群,复制性、可推广、可持续性)、下一步计划(不足与项目开展中的问题与困难、改进措施、对发包方的建议、下一步工作计划)、项目执行感受等做总体汇报,并利用5分钟的时间现场回答专家的提问。同时项目承接方——社会组织要提前将项目中期节点报告(含有上述内容)和部分项目档案提前交给评估方。

为方便各社会组织更有效地应对项目中期评估,现将朝阳区在2011年和2012年提供的政府购买社会组织服务的中期评估节点报告模板中的主要内容摘录如下,供大家参考。

1. 外在环境。外在的政治、经济、社会环境是否有变化,如果有变化是怎样变化的,又对项目带来了怎样的影响。

2. 机构建设。机构自身的变化:机构人事方面,治理结构以及内部控制如规章制度等方面。

3. 服务对象需求。服务对象是否有新的需求产生，项目原来制定的目标是否有变化，已经实现了哪些目标。

4. 项目活动。项目计划开展的活动有哪些，这些活动是否有变动，变动的原因是什么，项目的直接受益人、间接受益人有哪些，通过原计划的目标达成与实际完成的目标达成情况进行对比发现是否完成了原计划，完成的效果如何。

5. 项目成效。项目的效果是什么，除了完成既定的目标外，是否还带来了其他影响包括短期影响和长期影响，其中还包括了对外在的处遇带来了怎样的影响。

6. 项目财务支出是否合理。

7. 对项目下一步工作的展望。

为了使项目中期评估达到更好的效果，社会组织也可以先期对服务对象通过定量的分析检测本机构的服务效果，如满意度调查，从非常满意、比较满意、满意、比较不满意、非常不满意分别赋予 5 分到 1 分的值，进而进行统计分析，得到有说服力的支撑材料。

（五）项目结项评估

项目的结项评估，与项目的中期评估类似，但所不同的是它是在工作的最终阶段进行的，结项评估也包括了中期评估的所有方面，但是侧重点不同。其侧重点是该项目结束后达到的目标有哪些，未完成的目标有哪些，项目的完成还达到了哪些没有预料到的结果，包括好的效果和不好的影响，项目财务支出是否合理，项目结果产生的原因分析，在将来的其他项目中得到了怎样的经验和教训等。

下篇——案例展示

第一部分 备案型社区社会组织政府购买服务项目操作指南

案例选取:《朝阳区专业社工人才"培养、评价、使用、激励"机制调研分析》(北京朝阳区管庄惠邻社会工作室承接的 2011 年朝阳区政府购买社会组织服务项目,已结项)

案例展示部分:

一、朝阳区政府购买社会组织服务项目结题报告(结项申请)

编 号 ☐

朝阳区政府购买社会组织服务项目结题报告

项目名称: 朝阳区专业社工人才"培养、评价、使用、激励"情况调研分析
提交机构: 朝阳区管庄惠邻社会工作室
提交日期: 2012 年 6 月 25 日

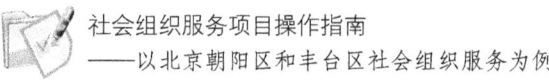

一、基本情况

1. 机构名称：管庄惠邻社会工作室
2. 项目名称：朝阳区专业社工人才"培养、评价、使用、激励"情况调研分析
3. 项目起止时间：2011年9月—2012年5月
4. 项目执行团队及分工

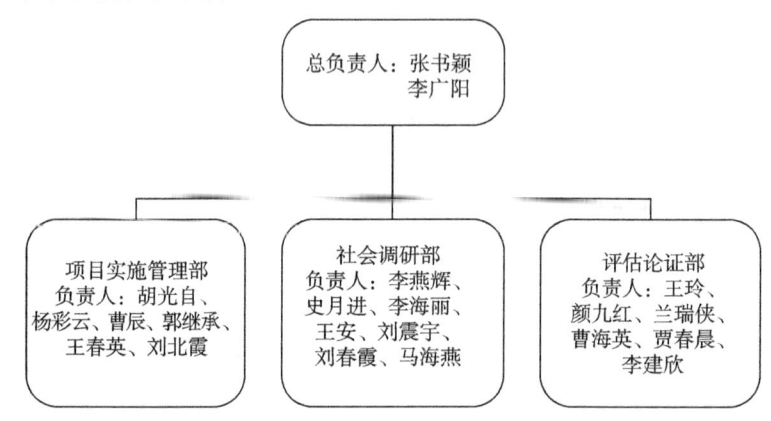

二、项目发展状况

1. 项目启动至今，与项目相关的政治、经济、社会环境（特别是社区环境）等方面是否有改变或是新的发展趋势（例如：相关政府法规政策的改变，项目实施地合作伙伴的改变等）？如果有，那么改变的程度的怎样的？这些改变对于项目所设计的活动、目标有怎样的影响？

项目启动至今，与项目相关的宏观和微观环境都发生了一定的变化。首先在宏观上：（1）党的十七届六中全会公报上进一步加强社会管理创新有了新的举措；（2）中共中央27号文和北京市委的26号文都强调了关于全面加强城乡社区居民委员会的建设，同时也大力强调对社区工作者及社工人才的队伍建设；（3）2011年10月《关于加强社会工作专业人才队伍建设的意见》和2012年4月《社会工作专业人才队伍建设中长期规划（2011—2020）》两个重头文件的出台。其次在微观上：朝阳区政府和朝阳区社工委在社工人才的培养上加大了力度，如仅在2011年下半年就进行了社区正职的短期培训、青年社工拓展训练和与民政部合作的社工人才骨干培训班；朝阳区社会组织培育基地组织进行的系列培训；在社工人才评价方面体现在 2011 年底的考核中较之以前更加系统化、科学化；在激励方面虽然没有大的变化，但是在 2012 年准备筹办社区工作者技能大赛，树立优秀社工的典型，加强专业化、职业化的建设；青年社工协会开展系列活动，增强青年社工队伍的向心力和战斗力……

所有这些改变，对于本项目目标的达成都起到了一定的支撑作用，使我们看到了希望。当然，对于整个项目来说仅有这些改变还是不够的，要真正达成项目目标还需要作系统的研究。

2. 项目启动至今，贵机构发生了怎样的变化？包括人事方面、合法身份、机构治理结构、内部控制等。

项目启动至今，惠邻社会工作室机构本身性质没有发生变化，还属于社区社会组织（非独立法人），但是项目执行团队人员发生了一些微调：原社会调研部负责人周启柏因工作调动离开，吸纳中级社工师马海燕加入；评估论证部因工作需要吸纳了博士曹海英、贾春晨、李建欣加入。通过这些改变，使项目团队结构更加合理化，更利于项目的执行。

三、项目实施情况（除文字描述外，请填写后文附表：项目中期完成目标与活动对照表）

（一）项目目标

1. 项目制定的目标有哪些？

项目的目标包含：

（1）朝阳区现有专业社工人才"培养、评价、使用、激励"状况分析；

（2）朝阳区"十二五"期间专业社工人才的培养路径；

（3）朝阳区"十二五"期间专业社工人才的评价标准；

（4）朝阳区"十二五"期间专业社工人才的使用建议报告；

（5）朝阳区"十二五"期间专业社工人才的激励机制。

预期的成功指标：

（1）朝阳区现有社工人才各种情况分析数据；

（2）朝阳区"十二五"期间专业社工人才的培养路径；

（3）朝阳区"十二五"期间专业社工人才的评价标准；

2. 在项目实施过程中，项目目标是否有调整？

项目在实施过程中，基本按照实施计划进行，目标未作调整。

（二）项目活动

1. 按原计划实施的项目活动数量？项目受益人群（直接受益人、间接受益人）是如何参与活动的？已实施的活动对项目目标的达成有怎样的帮助？

答：本项目的直接受益人为政府；间接受益人为两部分：（1）广大专业的社工人才；（2）全体社会成员。

项目受益人群是如何参与活动的：

项目直接受益人群参与活动方法有三种：一是部分社工主动对整个项目全过程的参与，如惠河西里社区的全体社工，可谓是全员全过程参与；二是一部分社工被动参与部分环节，如被调研或访谈到的社工，涉及到人员 1000 余人；三是社工在指导过程中介入，如恩派组织的一些内部成员在指导这个项目过程中也不断加深对这个问题的了解与思考。

项目间接受益人群参与活动的方法有三种：一是政府组织中的社会工作部门人员也是在指导和协作中主动参与，引发了政府部门对项目内容进行系统思考；二是项目研究人员在做项目的过程中更加深入地了解了这个项目的深远影响；三是参与到项目分析的社工类大学生开始对未来职业的专业化、职业化、科学化、本土化有了一定的了解。

已实施的活动对项目目标的达成有怎样的帮助：奠定了扎实的基础。

2. 与之前的计划有较大变动的活动有哪些（包括地点、形式、规模等内容发生变化的活动及新增或开展的活动）？产生这些变化的原因是什么？这些变化是否导致项目预算变动？

答：（1）与之前项目书中有较大变动的是专家研讨地点没有选择宾馆的会议场所。原因是受政府购买经费等诸多原因的限制。

（2）预计中项目材料费设计不足，主要原因是预期成果文字数量和政府购买结项材料准备没有经验，会在经费中增加成果展示经费。

3. 在项目实施过程中，遇到哪些问题和困难？

答：朝阳区专业社工人才"培养、评价、使用、激励"情况调研分析项目，在发放问卷调查阶段，有些社工不理解，认为这个只是流于形式，对问题的解答特别是开放问题部分回答得并不认真。在发放问卷过程中，我们就此项目的意义以及对今后朝阳区社工的发展对参与答卷的社工作了相应的介绍，使他们了解认真积极地填写问卷对于社工的现实意义。

（三）请填写下表：项目中期完成目标与活动对照表（"受益人数"可更改为"受益人次"）

	计划达成			实际达成
项目目标	（1）朝阳区现有专业社工人才"培养、评价、使用、激励"状况分析； （2）朝阳区"十二五"期间专业社工人才的培养路径； （3）朝阳区"十二五"期间专业社工人才的评价标准； （4）朝阳区"十二五"期间专业社工人才的使用建议报告； （5）朝阳区"十二五"期间专业社工人才的激励机制。			经过项目组一年的工作，目前项目目标已全部按照预定计划完成，成果形式为总报告，报告组成依次按照预计的项目目标分为五个部分。
项目活动	活动名称	活动次数	受益人数	已留存资料
	1. 设计调查问卷	2	12	往来邮件截图、工作照
	2. 研讨调研问卷	1	15	会议照片、问卷定稿、签到薄
	3. 发放调查问卷	3	1000	照片、回收问卷887份
	4. 统计调研问卷	10	45	工作照片、统计结果图表
	5. 个案访谈	20	25	个案访谈记录表20份
	6. 社工人才培养系列活动	4	68	培训照片
	7. 报告撰写	12	5000	总报告
	8. 报告研讨	4	32	研讨会照片、签到簿
	9. 档案材料整理	4	4	项目全部成果集结成册

四、项目取得的成效

（一）项目效果（项目启动至今）

1. 请根据贵机构申请书中列举的成功指标，说明项目已达到哪些成效？

（1）按照原计划开展了如下活动：

①2011年9月中旬至10月中旬项目执行团队成员、项目负责人等就项目问卷的设计进行了探讨，基本确定问卷的设计思路、具体内容，这对下一步具体开展问卷调查以及个案访谈工作奠定了基础；

②2011年11月4日惠邻社会工作室召开了由区社工委领导、惠邻社会工

作室的社工及专家团队部分成员、区社会组织培育基地恩派代表共约 15 人参加的政府购买社会组织服务项目研讨会。由惠邻社会工作室的专家本项目负责人张书颖向与会人员通报了项目实施计划，并就项目调研问卷征求了大家意见，与会领导、专家等纷纷就问卷提出了一些意见、建议，研讨会达了预期的良好效果，有利于项目的顺利开展。

③ 从 2011 年 11 月 15 日至 12 月底完成调查问卷的发放以及回收工作。利用区社工委、农工委组织的社区书记主任培训会、区青年社工协会组织的青年社工拓展训练等相关活动发放调查问卷，达到了项目所提出的计划。

④2011 年 12 月中旬至 2012 年 1 月中旬，惠邻社会工作室利用专业统计软件 SPSS，对调查问卷数据进行了汇总工作及信息统计分析。

⑤2012 年 3 月，项目组成员已经开始有选择地对城市社区、农村社区、社会工作事务所专职社工、居委会成员、服务站成员、正副职、青年社工等不同群体进行深度访谈。

⑥2012 年 4 月至 5 月，项目组专家团队进行写作，对统计数据进行筛选利用，撰写统计报告。

⑦各项分报告形成后项目组主要成员深入到社区和社工事务所进行项目研讨，在项目研讨基础上又进行专家研讨，最后形成调研报告定稿。

（2）项目达到的成效：

形成了项目总报告《朝阳区专业社工人才"培养、评价、使用、激励"情况调研分析》，这个总报告中含有项目申报书中预计的各项指标。

2. 受益群体是如何看待本项目所开展的工作及达到的成效？

直接受益人群对本项目大多持支持态度，通过项目的调查问卷，他们认为可以基本反映目前朝阳区社工的整体现状，包括目前的工作状态、工资待遇及身份定位等问题。其中以工资待遇及身份定位问题为大家关注的焦点，反映很强烈，许多人对该问题提出了自己的观点和未来的要求。通过项目的调查，可以为政府对社工人才的未来规划发展提供一些依据，包括在工作安排、工作待遇、岗位定位、岗位设置以及社工人才的未来培养与发展等方面。

因为是调研报告，其效应会有滞后性。但是通过这些成果，盘点了朝阳区专业社工人才的现有情况，对人员总量、素质、能力、知识结构等有个总体的把握，对"十二五"期间社工人才充分发挥作用、社工队伍的稳定与提高，以及社会建设与管理目标的实施都有切实的推动作用，能够为政府探索社会管理创新模式和进行社会管理的决策提供支撑材料。

另因调研报告需要提交朝阳区社工委，需要政府的认可，政府的满意就是最好的效果，所以，目前还不能提供服务对象满意度的统计结果。

3. 请提供服务对象满意度反馈统计结果

计划发放 1000 份问卷，回收率达到 93.7% 以上，服务对象对问卷的整体设置表示比较满意，反馈的结果基本达到预期效果，基本反映了被查人员的目前基本现状和诉求。

（二）项目产生的其他重要影响

1. 请描述项目实施过程中产生的其他重要影响（正面或是负面；预计或是未预计的）。这些影响可能是政策、经济、社会层面的。

答：在项目实施过程中，主要是问卷填写和个别访谈中，反映出来的主要问题有以下几个方面：一是让社工们可以从人才培养、使用、评价和激励角度系统地思考本职工作，增强对社工岗位的新的认识，从而更加科学和职业化地对待社会工作；二是使社工们了解到政府还是非常重视社会工作的，并通过适当的方式在关注社工群体的各种诉求，使得他们能有一个反映自己心声的平台；三是通过项目实施普遍感觉到社工们工作压力很大，职业发展前景渺茫；四是普遍反映社工待遇较低，与自身工作付出不成正比；五是部分社工专业化水准较低，应该加大系统的培训力度。

另外，通过管庄地区惠邻社会工作室成功申请政府购买社会组织服务项目——朝阳区专业社工人才"培养、评价、使用、激励"情况调研分析，带动了管庄地区社会组织的发展，使得地区社会组织以很大的热情积极参与 2012 年的政府购买社会组织服务项目的申请工作，扩大了社会工作在地区的影响力。同时，通过一年的项目运作，在恩派的培育下，工作室积累了一定的项目运作经验，对今后管庄地区开展社会工作起到了积极的作用。

2. 除项目已设定的项目目标外，项目是否还取得其他长远影响？如果有，是怎样的影响？并说明是怎样产生的？

答：本项目在被调查人群中产生了一些影响，由于被调查人员大多为社区工

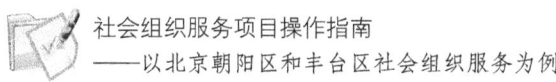

作者，因此在众多社工中产生了共鸣，问卷的一些问题触及到了他们最关心的问题，其中以工资待遇和社会地位为主要两个方面，人们对于以上两个问题有一致的反映，包括工作量大、工资待遇低、社会地位不受重视等等，导致高端人才的流失。

3. 媒体报道（项目启动至今）

关于惠邻社会工作室开展项目服务方面，朝阳有线电视台曾进行过报道。

五、综合评价和展望

本项目历时将近一年，项目组在参阅资料和前期电话访谈的基础上形成了结构完整的调研问卷，项目组又经过严密论证形成了问卷定稿。然后选取了1000位社区工作者和社工事务所的工作人员为调研对象发放了问卷。为了能够全面准确地采集信息，动用了42名志愿者，利用10天时间对问卷数据进行采集与复查，最后汇总了基础数据。在数据科学、统计准确的基础上，专家团队进行分工合作，齐心协力地完成了总报告，使得项目目标全部实现。通过本项目的实施，基本达到了预期效果。通过初步统计分析和讨论研究，发现了一些共性问题，希望通过本次调研分析，让这些问题和数据给政府的未来规划和工作发展提供一些基础性的数据和依据。

在项目实施过程中，适逢《关于加强社会工作专业人才队伍建设的意见》和《社会工作专业人才队伍建设中长期规划（2011—2020）》两个重头文件的出台。通过学习这两个文件，越发感觉到本项目研究的意义所在。通过项目一年来的实施，项目组对社工人才的培养、使用、评价、流动和激励有了比立项初期深刻得多的认识，使得结项报告更具有深意和指导性，对参研人员今后的工作也更具启发性。

六、项目财务报告（请填写财务收支表，详见附件）

财务报告所涉及的内容就是项目的收支情况（见财务报告模板），也就是收支对照表呈现的情况。根据规定，所有的收支对照表必须清晰可信，而且所有的支出必须是项目协议中所认可的事项。

本项目的财务收支情况严格按照政府购买社会组织服务的相关规定，并经管庄乡人民政府财务严格审核后支出，项目组保证所有支出合理合法。

七、提交项目档案（详见提报说明书）

1. 项目结项报告（含购买方要求的格式报告——"结题报告"和项目自

身的调研报告）
2. 项目实施方案
3. 项目调研资料
4. 项目调查问卷分析
5. 项目活动材料
6. 项目财务支出

二、结项报告（项目最终成果）

二〇一一年朝阳区政府购买社会组织服务项目

朝阳区专业社工人才
"培养、评价、使用、激励"情况调研分析

（结项报告）

项目负责人：张书颖　李广阳

朝阳区管庄地区惠邻社会工作室
二〇一二年六月

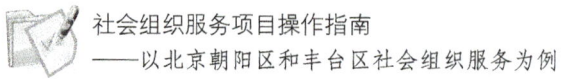

目　录

一、项目实施背景 …………………………………………………… (87)
二、问卷设计的依据 ………………………………………………… (88)
三、调查对象 ………………………………………………………… (90)
四、调查研究方法 …………………………………………………… (91)
五、朝阳区专业社工人才调研数据汇总分析 ……………………… (91)
（一）朝阳区专业社工人才基本情况调研分析 ………………… (91)
1. 性别构成 ………………………………………………………… (92)
2. 年龄情况 ………………………………………………………… (93)
3. 政治面貌 ………………………………………………………… (93)
3. 专业素养情况 …………………………………………………… (93)
5. 学历状况 ………………………………………………………… (94)
6. 职称现状 ………………………………………………………… (95)
7. 工作满意度 ……………………………………………………… (96)
8. 从事社会工作的原因 …………………………………………… (96)
（二）朝阳区专业社工人才培养状况调研分析 ………………… (97)
1. 培训情况 ………………………………………………………… (97)
2. 培训依据 ………………………………………………………… (98)
3. 培训满意度 ……………………………………………………… (98)
4. 费用谁来出 ……………………………………………………… (99)
（三）朝阳区专业社工人才使用状况调研分析 ………………… (99)
1. 专业社工分布领域 ……………………………………………… (99)
2. 环境满意度 ……………………………………………………… (100)
3. 岗位职责明确程度 ……………………………………………… (101)
4. 专长发挥程度 …………………………………………………… (102)

5. 发挥特长机制的建立 ……………………………………………… (103)
6. 对当前工作不满意的原因 ………………………………………… (104)
7. 机构中对专业社工人才的使用情况 ……………………………… (105)
（四）朝阳区专业社工人才评价状况调研分析 ……………………… (107)
1. 社工考核依据 ……………………………………………………… (107)
2. 评估的基础 ………………………………………………………… (108)
3. 评价方式 …………………………………………………………… (109)
4. 评价主体 …………………………………………………………… (109)
5. 专业人才评价标准 ………………………………………………… (110)
（五）朝阳区专业社工人才激励状况调研分析 ……………………… (110)
1. 人员稳定性 ………………………………………………………… (111)
2. 社工积极性 ………………………………………………………… (111)
3. 付出与获得对等性的自我认知 …………………………………… (111)
4. 社工想要的激励措施 ……………………………………………… (112)
5. 参政议政愿望 ……………………………………………………… (112)
6. 本职业发展空间的认知 …………………………………………… (113)
7. 急需解决的问题 …………………………………………………… (113)
8. 遇到的最大问题 …………………………………………………… (114)

六、"十二五"期间朝阳区专业社工人才"培养、使用、评价、激励"
　　建议报告 ……………………………………………………………… (115)
（一）关于朝阳区"十二五"期间专业社工人才培养的建议 ………… (115)
1. 制定"十二五"期间专业社工人才的培养规划 ………………… (115)
2. 实行区、街、社区（事务所）三级培训，建设学习型组织 ………… (115)
3. 制定高层次社会工作服务人才培养计划和实施社会工作教育与研
　　究人才培养引进工程，组织、实施社会工作服务人才职业能力建
　　设工程 ……………………………………………………………… (116)
4. 拓宽专业社工人才的培训渠道 …………………………………… (117)
5. 扩展专业社工人才的培训形式 …………………………………… (117)
6. 丰富专业社工人才的培训内容 …………………………………… (117)

7. 建立区级人才培训基地 …………………………………………… (118)
8. 加强督导队伍建设 ………………………………………………… (118)
(二) 关于朝阳区"十二五"期间专业社工人才使用的建议 ………… (118)
1. 在社会组织中成立党组织，加强党的领导 …………………… (119)
2. 构建合理的用人机制，有效规范使用与引导 ………………… (119)
3. 建立专业社工人才跨界锻炼机制 ……………………………… (120)
4. 推行社会组织服务"以价值记酬"的理念 …………………… (120)
5. 创设"11.8 朝阳社工节" ……………………………………… (120)
6. 定期举行朝阳区社工人才专业技能大赛 ……………………… (121)
(三) 关于朝阳区"十二五"期间专业社工人才评价的建议 ………… (121)
1. 针对专业社工人才整体队伍的评价制度 ……………………… (121)
2. 针对专业社工人才的具体工作评价标准 ……………………… (123)
(四) 关于朝阳区"十二五"期间专业社工人才激励的建议 ………… (126)
1. 物质激励和精神激励结合 ……………………………………… (126)
2. 工作激励和目标激励结合 ……………………………………… (128)
3. 推进社工协会建设 ……………………………………………… (128)
4. 协助社工设计职业生涯规划 …………………………………… (128)
5. 科学的评价体系 ………………………………………………… (129)
6. 跨界流动机制 …………………………………………………… (129)
七、调研过程中需要说明的问题 ……………………………………… (129)
(一) 关于"专业社工人才"概念的界定问题 ………………………… (129)
(二) 关于"调研和访谈对象"的选取问题 …………………………… (130)
附件 ……………………………………………………………………… (130)

第一部分
备案型社区社会组织政府购买服务项目操作指南

在国家日益关注专业社会工作人才的培养、使用、评价、流动、激励的大环境下，在北京市大力推进社会组织购买社会服务的大背景下，朝阳区政府在2011年8月利用专项资金购买了朝阳区管庄地区惠邻社会工作室的社会管理服务类项目，使得本项目得以立项。

一、项目实施背景

专业化水平的社会工作人才是社会服务的专业提供者，是社会矛盾的有效化解者，是社会政策的忠实执行者，是社会管理创新的有力推动者，是社会公平的积极维护者。党的十六届六中全会以及《中共中央关于构建社会主义和谐社会若干重大问题的决定》明确提出，努力造就一支结构合理、素质优良、适应时代发展需要的社会工作人才队伍，是构建社会主义和谐社会的迫切需要。

朝阳区在《北京市朝阳区国民经济和社会发展第十二个五年规划纲要》中提出，社会管理将加快转型。随着人口流动更加活跃，人口结构将更加复杂，社会需求也将更加多元，将推动朝阳区进一步加大统筹改善民生的力度，加快社会管理创新，丰富社会公共服务供给，推动民生改善与社会和谐进入新阶段。

朝阳区"十二五"规划刚刚起步，社会管理模式的创新依然是个紧迫的问题，作为"首善之都"——北京的最大行政区的朝阳区来说更肩负着和谐社会建设的特殊使命，无论就专业社工人才的培养和使用、评价、激励都有很大空间需要不断探讨和完善。

1. 朝阳区经济社会的快速发展也会引发相关社会问题的伴生

在经济社会快速发展期，就业、社会保障、收入分配、教育、医疗、住房、外来人口、群体性事件、社会治安等一些社会问题必然随之相伴。这些问题，事关人民群众的切身利益，如不能及时解决，将会诱发各种社会矛盾，影响朝阳区"三化四区"的实现。要解决这些复杂多样的社会问题，既需要我们综合运用行政、经济、法律手段和思想政治工作，也需要运用社会工作专业方法和专门人才，来协助政府预防和解决问题，最大限度地减少不和谐因素，维护社会稳定，促进社会公平，增进社会和谐。

2. 构建社会主义和谐社会，要求更加突出政府的社会管理和公共服务职能，创新社会管理体制

通过在社会管理和公共服务部门配备社会工作人才，可以进一步体现出人

性化服务的优势，强化政府的服务职能；通过在社区建设中配备社会工作人才，可以不断强化社区的引导、组织和服务功能，进一步推动社区建设；通过在社会服务类组织中引入社会工作人才，将有利于为社会成员提供方便、细微的公共服务，扩大群众对公共服务的选择空间。同时还可以通过社会工作者引领社会志愿者为公众服务，有效地激发和调动广大人民群众参与和谐社会建设的积极性、主动性和创造性。

3. 开展"专业社工人才培养、评价、使用、激励"势在必行

从全区情况看，目前社会工作人才队伍建设还处在起步阶段，尤其是农村地区，工作基础比较薄弱，还存在很多问题。突出表现在：职业化、专业化社会工作人才稀少，现有社会工作人员专业素质和职业水平不高，结构不合理；社会工作的管理体制和运行机制还没有建立，相关配套制度建设还不完善；民间社会服务组织还不够发达；社会工作的舆论宣传还不到位，社会工作职业还未很好地定位并被社会广泛了解和认同，等等。

在此背景下，我们进行了朝阳区专业社会工作人才"培养、评价、使用、激励"现状调研。

二、问卷设计的依据

项目组成员深知一份有深度又能准确反映情况和分析问题的调查报告，可以成为政府或领导制定方针政策、解决问题的有力依据，但如果调查报告中的资料、数据失实，则可能导致做出错误判断，失去其调查意义。在调查中，可以有多种方法，如开调查会、个别访谈、现场察访、统计调查、网络调查等。其中问卷调查作为一种省时省力，又能对事物进行比较全面系统的调查方法，在日常工作中倍受青睐，但调查问卷作为实现调研目的和收集数据的必要手段，在设计中要求也更为严格。调查项目的不同提问形式、提问方法，甚至题目编排顺序都会影响资料的真实性。

1. 根据项目的特点进行问卷整体结构设计

本项目涉及到社会工作人才队伍建设中的培养、使用、评价、激励等系列问题，这四个问题之间既有密切的联系又有区别，相比较2011年10月份中央组织部、中央政法委、民政部等18个部门和组织联合发布的《关于加强社会工作专业人才队伍建设的意见》中提出的当前及今后一个时期加强社会工作

专业人才队伍建设的目标任务：要大规模开展专业培训，大幅度提升现有从事社会服务人员的专业素质和职业能力，逐步扩大社会工作专业人才队伍规模；深化社会工作专业教育改革，完善社会工作专业培训体系，初步形成适合我国国情的社会工作专业人才培养模式；逐步建立社会工作专业人才培养、选拔、使用、流动、评价、激励等方面的政策法规体系；着力加强中国特色社会工作专业人才理论研究和宣传普及，提升社会工作专业人才的认知度和认可度；加大社会工作专业人才使用力度，形成各地各部门共同推进社会工作专业人才队伍建设的总体态势。我们将问卷和项目内容对应，首次将问卷内容相应地分成了几个大的部分，使被调研者一目了然地就理解了所回答的问题的归属，调研者命题的意图所在，所答问题与自身的利害关联等。

这样的调研问卷结构在目前能收集到的各地关于社工人才队伍情况问卷中尚属首例。

2. 根据调查具体目的设计问题的合适题型

本份调查问卷题型共包括封闭性和开放性两大类，在封闭性题型中又分为单选题型和多选题型；在选项设计上又分为两个选项、四个选项、五个选项和多个选项不等等多种复杂情况。这种设计理念就体现了实事求是地尽可能获得客观、真实、有效信息的做事态度，在尽可能减少统计难度的前提下力求真实地获取有效信息。开放性问题主要是了解专业社工对问题的一些深入的看法，以及社工们对自身职业前景与规划的关注程度。

3. 把握用词准确性原则

本份调查问卷在用词上注意做到清楚明了，表达要简洁易懂，尽量回避使用被调查者有可能不熟悉的俗语、缩写或专业术语。当涉及到被调查者有可能不太了解的专业术语时，会对其作出阐释。

4. 兼顾问卷可行性原则

本份调查问卷在设计时充分思考了数据统计分析操作层面，以利于 SPSS 统计软件使用为主导。

5. 问卷问题在排列时需注意其内在逻辑性

本份调查问卷在安排上尽量做到先易后难，从一个引起被调查者兴趣的问题开始，再问一般性的问题、需要思考的问题，而将敏感性问题放在最后。这样可以使被调查者能在前面答题的基础上，更好地理解难一些的题意，从而节省时间，保证调查质量。

三、调查对象：专业社会工作人才

2011年8月，项目组承担了朝阳区政府购买社会服务项目《朝阳区专业社工人才培养、使用、评价、激励情况调研分析》。在项目进行的过程中，即在2011年10月，中央组织部、中央政法委、民政部等18个部门和组织联合发布了《关于加强社会工作专业人才队伍建设的意见》（以下简称《意见》）；2012年4月，中央组织部、中央政法委、民政部、人力资源和劳动社会保障部等19个部门和群团组织联合发布了《社会工作专业人才队伍建设中长期规划（2011—2020年）》（以下简称《社工规划》）。

《意见》和《社工规划》对项目组承担的项目涉猎的主要方面具有指导性。《社工规划》与《意见》一致，不再使用宽泛意义上的社会工作人才概念，而是定位于社会工作专业人才，在外延上从原来社会管理与服务领域缩窄到直接社会服务领域。在《意见》中，首次定义了社会工作专业人才为："具有一定社会工作专业知识和技能，在社会福利、社会救助、慈善事业、社区建设、婚姻家庭、精神卫生、残障康复、教育辅导、就业援助、职工帮扶、犯罪预防、禁毒戒毒、矫治帮教、人口计生、纠纷调解、应急处置等领域直接提供社会服务的专门人员"。

而项目组首次使用了"专业社会工作人才"的概念，旨在和"社会工作专业人才"有所区别，鉴于社会工作专业人才涉及的领域较广，一部分文件中提及的"社会工作专业人才"都在"体制内"工作，他们或在"公务员"系列或在"事业编制内"，享受着国家规定的"社工岗位"以外的工资标准，大部分人从心里并不认可自己是"社工"，也不知道自己从事的是"社工"的工作。而且关于社会工作的上述两个纲领性文件关注的人也仅仅局限在真正认同自己是"社工"和在民政和社会建设领域工作的人群。所以本文中的"朝阳区专业社工人才"（含朝阳区政府购买服务项目中所提及的专业社工人才）特指"在朝阳区具有一定的社会工作专业技能，在社区和社工机构中从事一线社会工作，在社会福利、社会救助、慈善事业、社区建设、婚姻家庭、精神卫生、残障康复、教育辅导、就业援助、职工帮扶、犯罪预防、禁毒戒毒、矫治帮教、人口计生、纠纷调解、应急处置等领域直接提供社会服务的并按照北京市和朝阳区政府规定的享受社工工资标准待遇的（不包括公务员和事业编制内人员）专门人员"。

正是基于这样的概念界定，项目组根据项目方案设计内容，及时与朝阳区社会建设办公室相关人员沟通，确定了以社区工作者和专业社工事务所为主要调研对象开展了项目实施工作。

四、调查研究方法

本次调查采用问卷调查和访谈调查相结合的方式。

问卷调查共发放问卷 1000 份，收回有效问卷 887 份。对于承接政府公共服务的社工机构，由于其人员少，采取全员调查的方式，共发出问卷 70 份，收回有效问卷 54 份。对于社区内工作的社工采取三级抽样调查的方式，发出问卷 850 份，收回有效问卷 771 份。在其他公益组织中（偏向于社会工作机构类别的），发放问卷 80 份。收回有效问卷 62 份。

访谈问卷由 6 道开放题组成，分别涉及培养、使用、评价、激励、目前存在的困难和建议等方面，共进行了 20 人次的深度访谈。

在对朝阳区专业社会工作人才进行调研的基础上，项目组还对朝阳区社工委的部分领导和北京恩派（朝阳基地）负责人进行了访谈，了解和掌握近几年来朝阳区政府在专业社工人才培养、使用、评价、激励等方面所做的大胆的探索与努力，使得整个调研更具全面性。

五、朝阳区专业社工人才调研数据汇总分析

本分析中：

1. 机构社工：在社工事务所工作的社会工作者
2. 社区社工：在社区党委、社区居委会、社区服务站工作的社会工作者

（一）朝阳区专业社工人才基本情况调研分析

问卷从性别、年龄、民族、学历、政治面貌、工作对口度、单位属性、从事社会工作时间、职称类别、工作满意度、选择社会工作的原因等方面入手，通过对这部分信息的分析，可以总体上获得目前朝阳区一线社工从业人员的有关信息。

通过调研，我们看到了朝阳社区建设的成绩，社区专业社工人才整体状况

好于专业机构人才整体状况。

朝阳区专业社工人才呈现出了"一高三低"即学历高、持证率低（相对人员总量而言）、对自身工作满意度低、对未来期望低的趋势。

1. 性别构成

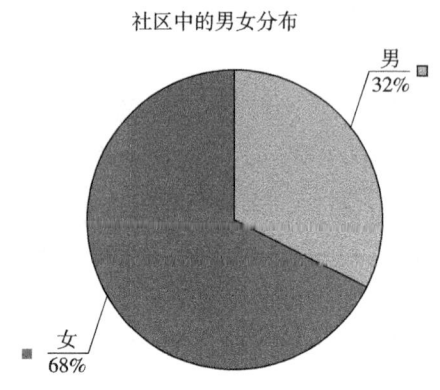

社区中的男女分布

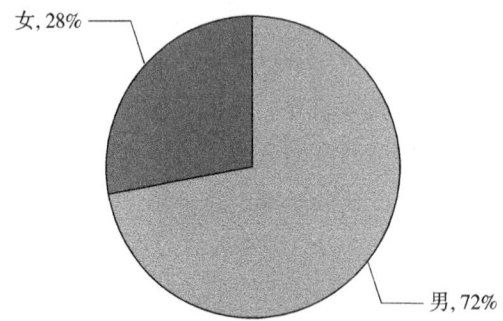

机构中的性别分布

整体上看，女性多于男性。在专业社工机构中，男士比例高于女士比例，而在社区机构中，女士比例明显大于男士。这样体现出了社工机构从业人员的状况。

此种情形基本符合我们的现实感觉。

2. 年龄情况

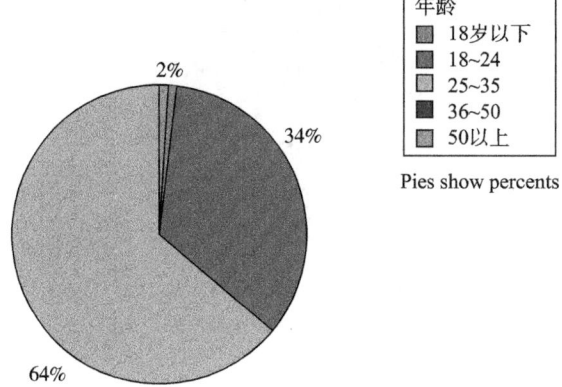

如图所示：朝阳区专业社工人才队伍中年龄结构比较合理，年轻化特点突出，18~24岁占34%；25~35岁的年轻人达到了64%；36~50岁占2%；18岁以下调研中没有。尤其是机构社工中年轻化的趋势更加明显。

3. 政治面貌

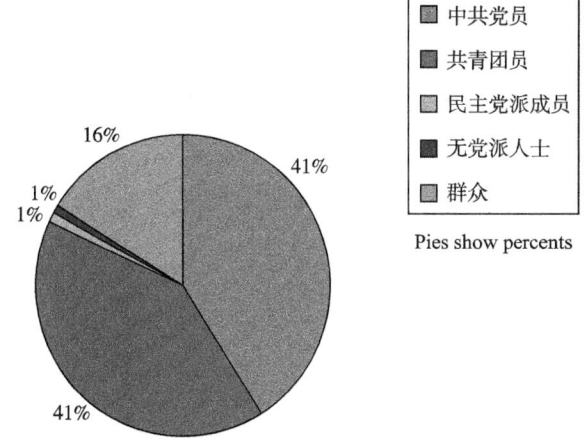

通过调研得知，在目前的专业社工人才队伍中中共党员所占的的比重高达41%，共青团员也达到同等比例，群众占有16%，其他比重仅占4%。总体来说党团员比例相当大，可以反映出这支队伍的政治素质。

4. 专业素养情况

仅11%的调查对象是社工类专业出身，存在着专业基础薄弱的问题。

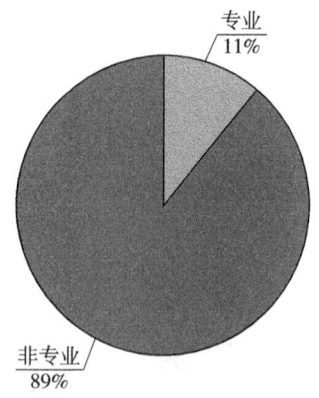

5. 学历状况

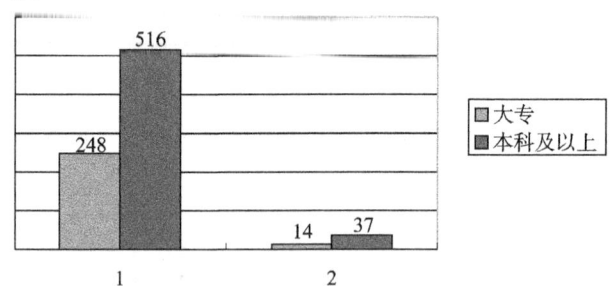

在社区社工中，拥有本科以上学历的人员占到了66.9%，明显地超过了专科层次。

在机构社工中，拥有本科以上学历的人员占到了72.5%，也明显地超过了专科层次。

这说明，社工队伍中，已经呈现出了本科人才占主体的特点。

6. 从事工作的时间

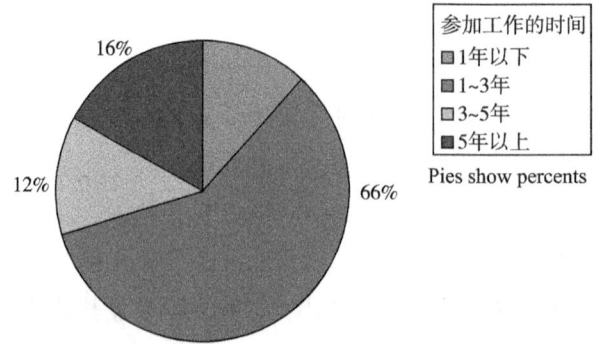

第一部分
备案型社区社会组织政府购买服务项目操作指南

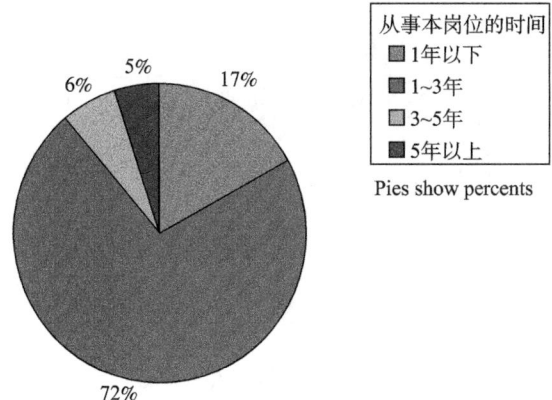

7. 职称现状

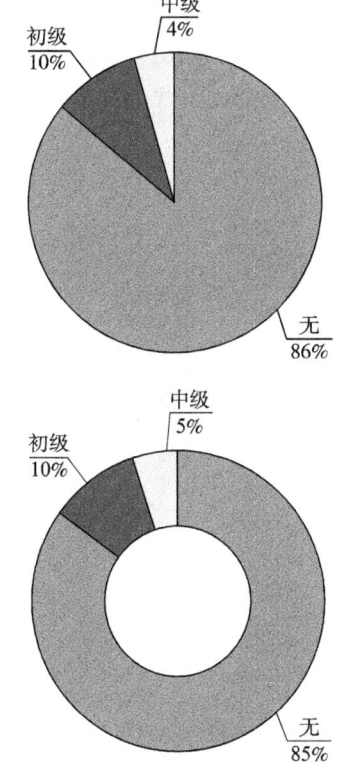

上图为社区中持证人员情况

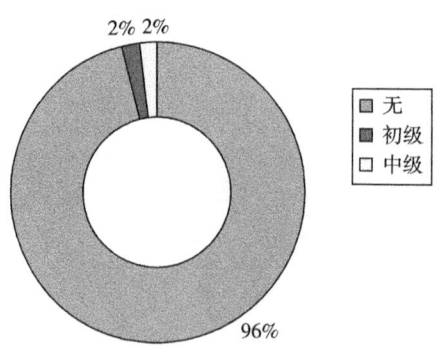

上图为机构中持证人员情况

这组数据表明，从整体上看，朝阳区专业社工人才持证率还较低，86%的受调对象没有职业资格。但被调研的两个群体差别也很明显，社区中的持证人员明显高于机构中的持证人员。这反映出一个严重的问题，专业社工机构中如何鼓励和吸引职业社会工作师的加入，如何才能留得住和用得起专业社会工作人才。

8. 工作满意度

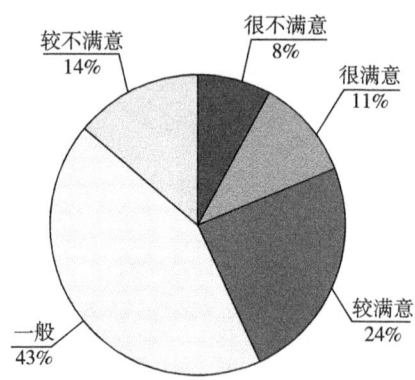

专业社工对现在的社会工作的满意度较低。上图表明朝阳区专业社工人才对工作持满意的仅为33%，觉得一般的占到43%，明显不满意的高达22%。这两组数据加在一起让我们看到了目前专业社工人才从业状况的忧虑状态。

9. 从事社会工作的原因

通过调研得知，目前在从业人群中，对这个专业感兴趣或者是专业所致的

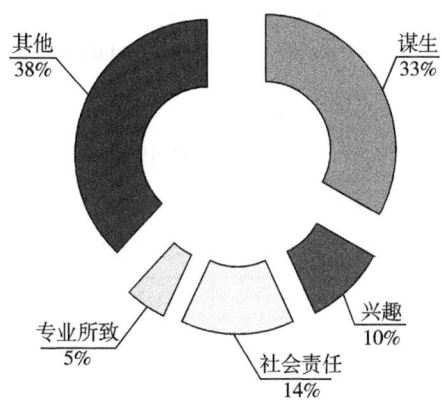

仅有15%,33%的人甚至是71%的人是作为一个谋生的手段来从事这一工作的。这一点显示出专业社工人才存在工作动力不足的隐患。

(二)朝阳区专业社工人才培养状况调研分析

本部分包含了入职前后社工专业知识学习和培训情况、现有知识适应工作岗位能力情况、对继续学习的意愿与态度以及所在组织目前培训状况等等。通过这部分信息的采集,让我们了解到目前朝阳区政府所做的社工人才培训工作与服务对象需求之间的契合度,以及专业社工人才对人才培养工作的自我重视程度与觉醒程度。

1. 培训情况

培训分为在职培训和岗前培训,通过调研我们得知:

一是社区社工中的77.2%都接受过在职培训;机构社工中的85.2%都接受过在职培训;二是有96.2%的社区社工接受过岗前培训,有76.9%的机构社工接受过岗前培训。

这组数据充分说明了两个问题:

一是朝阳区的专业社工在职培训已经达到了很好的水平。区社会建设办每年都组织社区工作者培训,如青年社工培训、社区正职培训、骨干社工培训等多种形式的培训,区社工协会发挥了很好的作用;委托北京恩派(NPI)朝阳基地定期对社工机构的专业社工人才进行培训。二是社会服务机构,作为新的组织形态,在岗前培训方面没有社区做得好。

2. 培训依据

单位 * 培训依据 Crosstabulation

Count

		培训依据					Total
		现任工作中存在差距	个人事业发展要求	组织未来发展需要	没有培训	无法回答	
单位	社区	196	53	326	91	98	764
	机构	13	6	19	8	8	54
	政府事业单位	13	13	21	5	10	62
Total		222	72	366	104	116	880

整体上来看，无论是社区社工所接受的培训，还是机构社工所接受的培训，其培训依据首先都是根据组织未来的发展需要来设计的，其次才是现任工作中存在的差距。

3. 培训满意度

单位 * 工作需要 Crosstabulation

Count

		工作需要					Total
		1	2	3	4	5	
单位	1	56	115	359	214	20	764
	2	1	5	22	16	10	54
	3	0	8	30	21	3	62
Total		57	128	411	251	33	880

社区社工中，69.4%的受调对象认为培训基本满足了工作需要；机构社工中，51.9%的受调对象认为培训基本满足了工作需要。

简单从数字上看，表明目前专业社工们对朝阳区委、区政府对社工们的培训是及时的和有效的，政府的工作得到了认可。

4. 费用谁来出

单位 * 培训费用 Crosstabulation

Count

		培训费用							Total
		政府	个人	第三方	政府+个人	政府+第三方	第三方+个人	政府+个人+第三方	
单位	社区	442	6	12	54	185	8	58	765
	机构	14	0	5	9	18	1	7	54
	政府事业单位	20	0	7	5	21	6	3	62
Total		476	6	24	68	224	15	68	881

认为培训费用应由政府和第三方机构共同支付的，占到了第一位，其次是由政府支付。

小结：整体来看，朝阳区的社工人才培养状况良好。各种培训都是依据工作需要或者机构发展需要所进行的，大部分人对培训的效果持肯定态度。但同时我们也应该看到，普遍认为大家培训费应该由政府来出，这反映出目前专业社工人才的一种基本诉求，也暴露出专业社工人才自身对职业成长或职业发展缺乏内在的需要与动力，这必然会掣肘朝阳区社工队伍总体水平的快速提高。

（三）朝阳区专业社工人才使用状况调研分析

本部分涵盖社工的从业范围、对工作环境满意度、与本人愿望的匹配度、岗位职责明晰度、专业特长发挥度、对其他地区专业社工人才使用情况了解度以及不满现状的原因和建议等等。

1. 专业社工分布领域

从下图可以看出，社工人才遍布了常见的各个领域，尤其是以社会福利、社区建设、社会救助、社区文化为众。这组数据也从另外一个角度反映出朝阳区在各个领域都引进了专业社工人才。

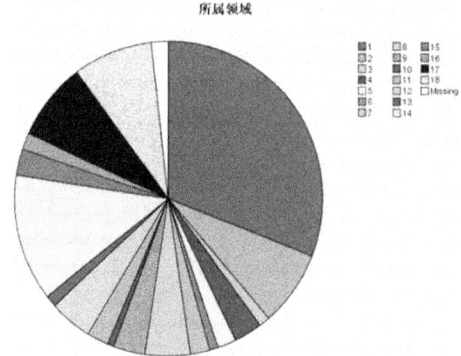

1. 社会福利 2. 社会救助 3. 收养服务 4. 优置安抚 5. 慈善事业 6. 减灾赈灾 7. 家庭生活服务 8. 教育辅导 9. 司法矫正 10. 就业服务 11. 医疗卫生 12. 计划生育 13. 职工权益维护 14. 社区建设 15. 社区治安 16. 社区环境 17. 社区文化 18. 其他 19. 没有填写

2. 环境满意度

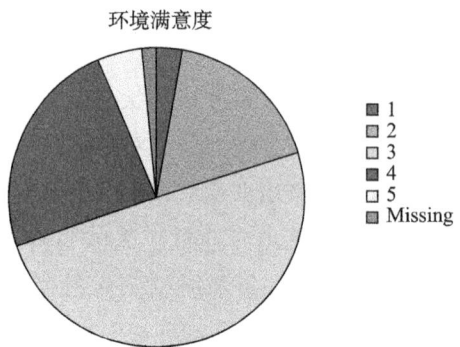

环境满意度

		Frequency	Percent	Valid Percent	Cumulative Percent
Valid	1	25	2.8	2.9	2.9
	2	154	17.4	17.6	20.5
	3	440	49.6	50.4	70.9
	4	211	23.8	24.2	95.1
	5	43	4.8	4.9	100.0
	Total	873	98.4	100.0	
Missing	System		14	1.6	
Total		887	100.0		

总体上看,70.9%的人对环境持基本满意以上的认可态度,29.1%的人持不满意态度。

就社区社工和机构社工来看,51.6%的社区社工对环境持基本满意态度,27.9%的人持不满意态度。

单位 * 环境满意度 Crosstabulation

Count

		环境满意度					Total
		1	2	3	4	5	
单位	1	22	133	391	186	25	757
	2	2	11	23	8	10	54
	3	1	10	26	17	8	62
Total		25	154	440	211	43	873

42.6%的机构社工对环境持基本满意态度,33.3%的人持不满意态度。

这组数据说明,朝阳区社区专业社工人才对工作环境的满意态度高于社工机构专业社工人才对高职环境的满意度,给我们传递出了一个很重要的信息:社区专业社会人才社会认可度高于社工机构。但同时我们看到61.2%的专业社工人才还对工作环境持不满意的态度,这意味着较大比例的专业社工人才处于流动的状态。

3. 岗位职责明确程度

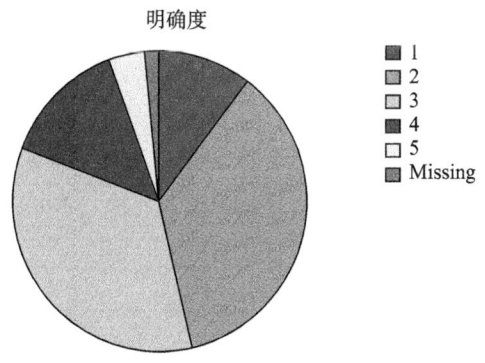

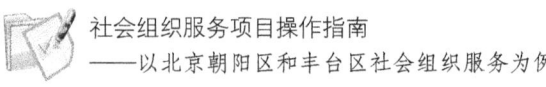

社会组织服务项目操作指南
——以北京朝阳区和丰台区社会组织服务为例

明确度

		Frequency	Percent	Valid Percent	Cumulative Percent
Valid	非常明确	91	10.3	10.4	10.4
	明确	320	36.1	36.7	47.1
	基本明确	305	34.4	34.9	82.0
	不太明确	122	13.8	14.0	96.0
	很不明确	35	3.9	4.0	100.0
	Total	873	98.4	100.0	
Missing	System	14	1.6		
Total		887	100.0		

在被调研对象中，认为岗位职责明确的占46.4%，基本明确的占到34.4%。认为不明确的仅占17.7%。但在对数据细分过程中，我们发现社区社工中有15.1%认为职责不明确，而机构社工中则有37%认为明确。

从这组数据我们看到，机构社工和社区社工中对岗位职责明确程度存在明显差异。认为机构中岗位职责不明确的程度较高，反映出专业社工机构自身建设还有待进一步加强，岗位设置需要进一步完善。

4. 专长发挥程度

吻合度

		Frequency	Percent	Valid Percent	Cumulative Percent
Valid	1	18	2.0	2.1	2.1
	2	85	9.6	9.7	11.8
	3	379	42.7	43.3	55.0
	4	312	35.2	35.6	90.6
	5	82	9.2	9.4	100.0
	Total	876	98.8	100.0	
Missing	System	11	1.2		
Total		887	100.0		

第一部分
备案型社区社会组织政府购买服务项目操作指南

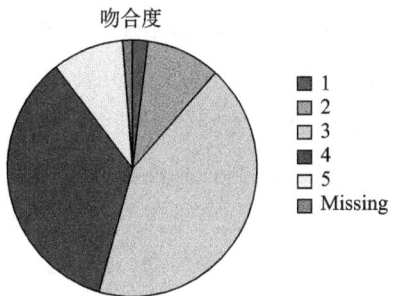

吻合度

数据表明，受调人员认为吻合的11.6%，基本吻合的占42.7%，但是我们也应该看到还有44.4%的人员认为不吻合，这就意味着很多人的专业特长在工作中得不到很好地发挥，是对人力资源的一种浪费，因此必须引起政府的高度注意，并作出相应的整改。

5. 发挥特长机制的建立

机制建立

		Frequency	Percent	Valid Percent	Cumulative Percent
Valid	1	37	4.2	4.3	4.3
	2	126	14.2	14.5	18.8
	3	279	31.5	32.1	50.9
	4	273	30.8	31.4	82.3
	5	154	17.4	17.7	100.0
	Total	869	98.0	100.0	
Missing	System	18	2.0		
Total		887	100.0		

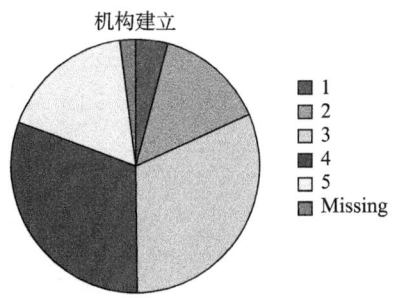

机构建立

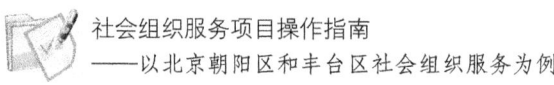

整体上看,49.9%的人认为建立或初步建立了特长发挥机制,也有半数的人认为还没有建立。这表明朝阳区在专业社工人才使用方面已迈出可喜的一步,和其他区县比起来,在社工人才的使用方面已经走在列。区委区政府在政策导向资金支持和人员配备等方面都为其他区县做出了表率。虽然还有半数的人认为发挥特长的机制没有建立,这一点我们应该客观地看,一是专业社工的使用在北京以至于整个中国都还是新生事物,能达到近一半的认同已经取得了相当大的成绩,况且有些社工本人对如何充分发挥作用还不太理解。

6. 对当前工作不满意的原因

不满意原因 1

		Frequency	Percent	Valid Percent	Cumulative Percent
Valid	1	107	12.1	12.8	12.8
	2	111	12.5	13.3	26.1
	3	157	17.7	18.8	44.9
	4	392	44.2	46.9	91.9
	5	48	5.4	5.7	97.6
	6	11	1.2	1.3	98.9
	7	9	1.0	1.1	100.0
	Total	835	94.1	100.0	
Missing	System	52	5.9		
Total		887	100.0		

不满意原因 2

		Frequency	Percent	Valid Percent	Cumulative Percent
Valid	1	85	9.6	10.5	10.5
	2	163	18.4	20.2	30.7
	3	220	24.8	27.3	58.0
	4	223	25.1	27.6	85.6
	5	93	10.5	11.5	97.1
	6	19	2.1	2.4	99.5
	7	4	.5	.5	100.0
	Total	807	91.0	100.0	

续表

		Frequency	Percent	Valid Percent	Cumulative Percent
Missing	System	80	9.0		
Total		887	100.0		

不满意原因3

		Frequency	Percent	Valid Percent	Cumulative Percent
Valid	1	95	10.7	13.0	13.0
	2	102	11.5	13.9	26.9
	3	168	18.9	22.9	49.8
	4	143	16.1	19.5	69.3
	5	175	19.7	23.9	93.2
	6	27	3.0	3.7	96.9
	7	23	2.6	3.1	100.0
	Total	733	82.6	100.0	
Missing	System	154	17.4		
Total		887	100.0		

通过调研，我们得知，当前朝阳区专业社工人才工作不满意的首要原因是工作报酬低，次要原因是社会认可度低。

7. 机构中对专业社工人才的使用情况

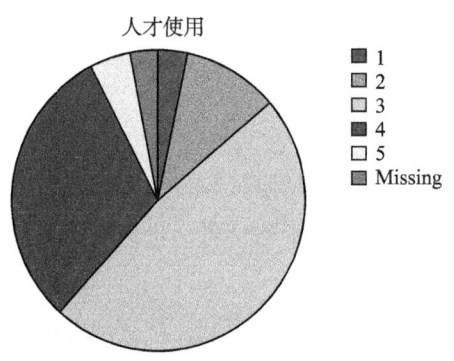

人才使用

		Frequency	Percent	Valid Percent	Cumulative Percent
Valid	非常合理	29	3.3	3.4	3.4
	合理	93	10.5	10.8	14.2
	基本合理	425	47.9	49.4	63.6
	不太合理	273	30.8	31.7	95.3
	很不合理	40	4.5	4.7	100.0
	Total	860	97.0	100.0	
Missing	System	27	3.0		
Total		887	100.0		

调研得知，14.2%的受访对象认为，朝阳区对专业社工人才的使用是合理的，49.4%的人认为人才使用基本合理，只有36.4%，认为人才使用不合理，其中4.7%的受访对象认为很不合理。

另外，调研数据还表明74.18%的受访对象不了解或不关心朝阳区以外的和北京市以外专业社工人才的使用情况（见下图）。

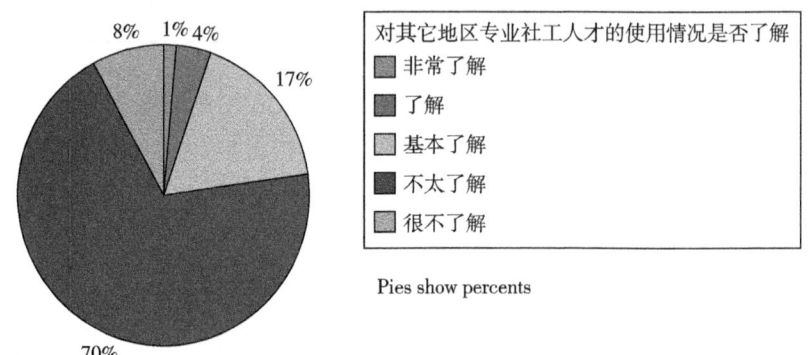

小结：社工人才几乎遍布了朝阳区的各个领域，而且人才使用的合理性和人才发挥作用的机制都得到了初步的认可，机构社工比社区社工更看好自己的职业前途。

但是由于工作报酬低、社会认可度低，严重地造成了社会工作者对当前工作存在着不满情绪。社工的职责需要进一步明确，工作环境需要进一步改善，社工们对职业关注度还有待进一步提高。

（四）朝阳区专业社工人才评价状况调研分析

本部分问题主要是了解各单位对社工考核的依据、社工本人认可的评估基础、评估的方式、评估标准、开展专业评估的意义及自我评估等多方面的问题。通过这些信息的采集，旨在了解朝阳区现有的专业社工评价机制是否得到专业社工的认可，是否真正的发挥了应有的作用。

1. 社工考核依据

社工考核依据

		Frequency	Percent	Valid Percent	Cumulative Percent
Valid	个人业绩	90	10.1	10.5	10.5
	印象	53	6.0	6.2	16.6
	群众舆论	57	6.4	6.6	23.3
	综合考核	604	68.1	70.3	93.6
	其他	55	6.2	6.4	100.0
	Total	859	96.8	100.0	
Missing	System	28	3.2		
Total		887	100.0		

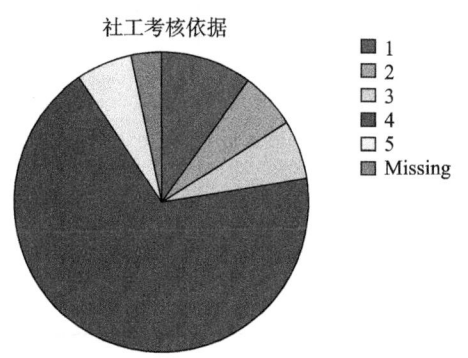

1. 个人业绩 2. 印象 3. 群众舆论 4. 综合考核（德能勤绩廉） 5. 其他

通过调研得知，70.3%的专业社工认为自己所在单位采取的是综合考核。同时也有10.1%的社工认为单位采取了偏重个人业绩的考核标准，还有6%的社工认为单位仅凭印象考核，占6.4%的社工认为单位偏重群众舆论考核。总体来说社工普遍认为目前的考核标准还是比较合理的，能够比较全面的反映专业社工的实际工作效果与能力。

2. 评估的基础

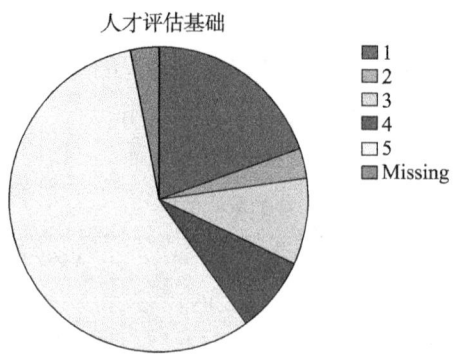

图中数据反映,56.7%的受调对象认为评价应该综合能力和实际效益。19.6%的认为评价应该是实际工作效果为准

单位 * 人才评估基础 Crosstabulation

			人才评估基础					Total
			1	2	3	4	5	
单位	社区社工	Count	159	22	65	54	446	746
		% of Total	18.5%	2.6%	7.6%	6.3%	51.9%	86.8%
	机构社工	Count	6	2	6	14	24	52
		% of Total	.7%	.2%	.7%	1.6%	2.8%	6.1%
	3	Count	9	4	10	5	33	61
		% of Total	1.0%	.5%	1.2%	.6%	3.8%	7.1%
Total		Count	174	28	81	73	503	859
		% of Total	20.3%	3.3%	9.4%	8.5%	58.6%	100.0%

无论是机构社工还是社区社工,都认同把能力与实际效益综合起来考察。

但是还有一部分社区社工认为应该以实际工作效果为准,而机构社工认为应该以工作态度为准。这与机构社工的工作性质有关系,也给社工机构制定考核标准提供了启发。

3. 评价方式

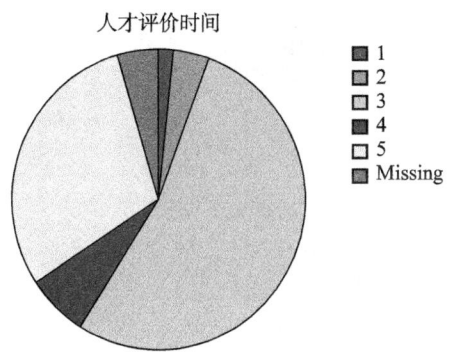

1. 在其表现下降时 2. 在本人提出要求时 3. 定期进行或每年一次 4. 认为有必要时 5. 定期与不定期相结合

从时间上看，55.8%的受调对象赞同定期评价，还有31.2%的赞同定期与不定期相结合。

4. 评价主体

单位 * 人才评价完成 Crosstabulation

			人才评价完成					Total
			1	2	3	4	5	
单位	社区社工	Count	113	127	175	43	276	734
		% of Total	13.3%	15.0%	20.7%	5.1%	32.6%	86.7%
	机构社工	Count	10	3	11	11	17	52
		% of Total	1.2%	.4%	1.3%	1.3%	2.0%	6.1%
	政府事业单位	Count	4	6	14	2	35	61
		% of Total	.5%	.7%	1.7%	.2%	4.1%	7.2%
Total		Count	127	136	200	56	328	847
		% of Total	15.0%	16.1%	23.6%	6.6%	38.7%	100.0%

从评价的执行上，主管部门、第三方、部门领导等共同进行评价这一方式受到受调对象的推崇，有38.7%都表示赞同。31.2%的受调对象支持外部评估的方式。

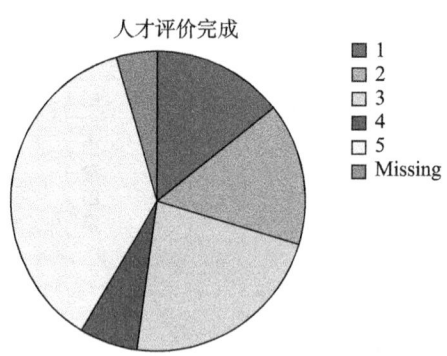

5. 专业人才评价标准

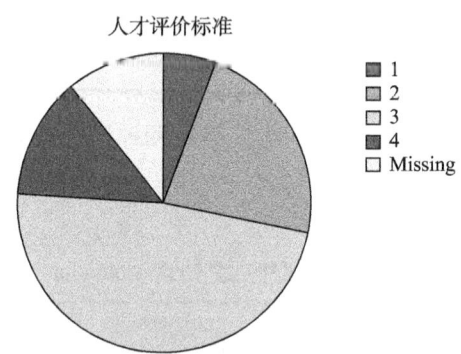

仅有6.4%的人认同朝阳区已经存在一套科学的专业社工人才评价标准，53.6%的人对此不清楚。尤其是社工机构中，有43.1%的人不清楚，27.5%的人认为不存在。

实际上，我区已经开始了专业社工人才评价标准的探索工作。但是有70.6%的人对我区的专业社工人才评价标准表示不存在或不清楚，这表明我们需要加快这项工作。

小结：受调对象普遍认可德能勤绩廉综合考核的方式，并推崇第三方考核。对朝阳区的人才评价标准认知度较低。

（五）朝阳区专业社工人才激励状况调研分析

"社工专业人才激励情况"设计了22个问题，包含社工人才队伍人员稳定性、工作积极性、工作动力、激励手段、职业前景、工资待遇、组织状况的满意度、困惑与流动意向、行业关注、参与程度等多个方面，通过这些信息的采集，旨在了解专业社工人才目前的薪酬待遇情况、职业愿景、动力源泉、流动意愿,掌握破解队伍建设难题的关键所在。

1. 人员稳定性

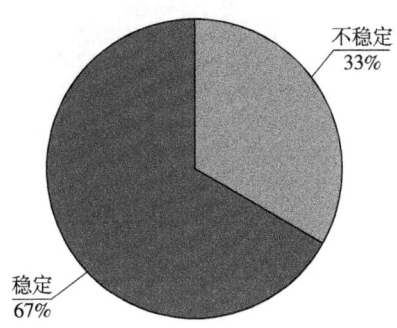

整体上人员保持了稳定的态势。但是社工机构的人才流动相对于社区中的社工流动则显得频繁,44.5%的受访对象都认为本单位人员流动频繁。这和我们访谈时所了解的个别社工机构的人员流动情况是相符的。

2. 社工积极性

社工积极性

		Frequency	Percent	Valid Percent	Cumulative Percent
Valid	上涨	44	5.0	5.2	5.2
	稳定	179	20.2	21.0	26.2
	一般	422	47.6	49.5	75.7
	缓降	177	20.0	20.8	96.5
	猛将	30	3.4	3.5	100.0
	Total	852	96.1	100.0	
Missing	System	35	3.9		
Total		887	100.0		

整体上,约一半的受调对象认为社工积极性表现一般,五分之一的人认为稳定,五分之一的人认为缓慢下降。因此,如何激发社工的积极性必须列到议事日程上来。

3. 付出与获得对等性的自我认知

96%的受调对象认为付出和获得是不对等,这容易导致社工的心理失衡,也影响积极性。

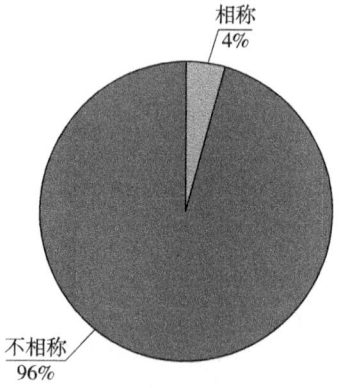

4. 社工想要的激励措施

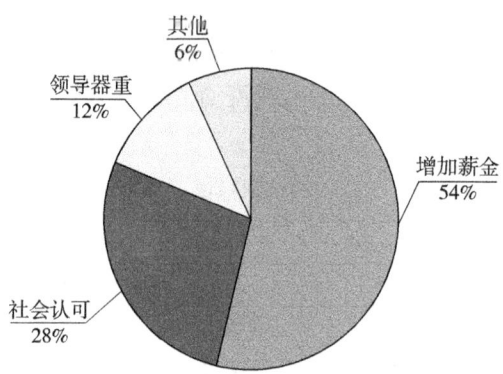

关于社工想要的激励,位于首位的是增加薪金,其次是社会认可,再次是领导器重。实际上增加薪金这一要求正好是对付出与获得不对等的解决方案。而社会认可和领导器重实际还是得到外部认可。

我们可以从增加待遇和外部认可两个维度来激励社会工作者。

5. 参政议政愿望

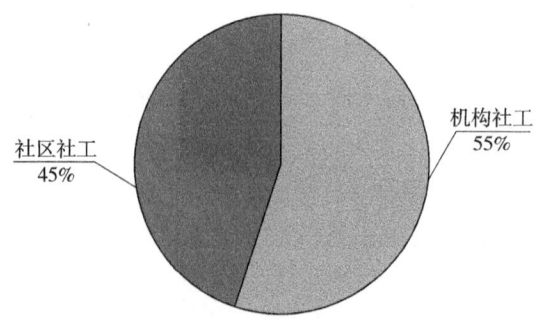

单位 * 参政议政 Crosstabulation

			参政议政			Total
			1	2	3	
单位	社区社工	Count	416	249	71	736
		% of Total	49.1%	29.4%	8.4%	86.9%
	机构社工	Count	36	14	2	52
		% of Total	4.3%	1.7%	.2%	6.1%
	3	Count	29	21	9	59
		% of Total	3.4%	2.5%	1.1%	7.0%
Total		Count	481	284	82	847
		% of Total	56.8%	33.5%	9.7%	100.0%

整体上 56.8% 的受调对象都有参政议政的愿望，而机构社工的参政意愿比社区社工的参政医院要强烈得多。

6. 本职业发展空间的认知

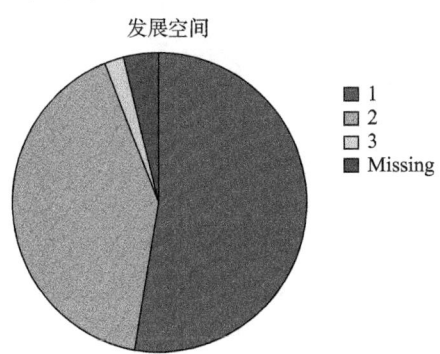

超过一半的人认为本职业没有发展空间，而只有 43.2% 的人认为存在一定的发展空间。这和我们在访谈中得到的观点是一致的，据机构负责人讲，很大一部分社工离开是因为不知道这个职业的将来会怎样。这种认知会严重影响队伍的稳定性。

7. 急需解决的问题

提高待遇占到 55%，创造发展空间占到 22%。这里可以看出社工最关心的是切身利益。

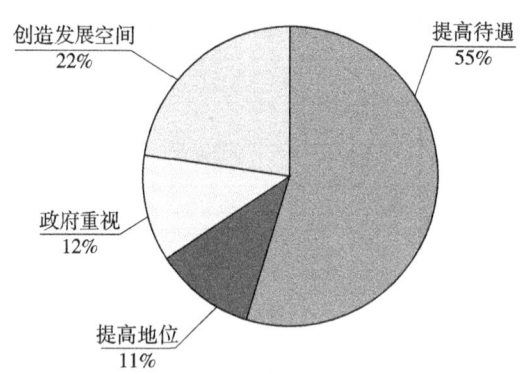

8. 遇到的最大问题

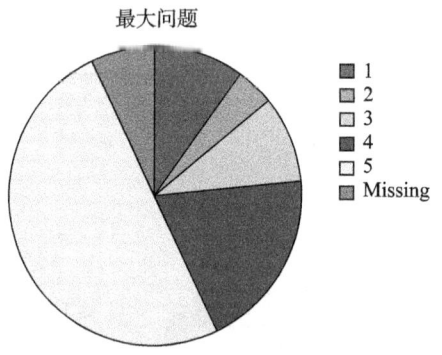

1. 自己的能力有限 2. 与同事的关系 3. 与领导的关系 4. 服务对象不配合工作 5. 国家是否真正重视社工的待遇

从受调对象的感受来看，国家是否真正重视社工待遇是遇到的最大问题，占到了53.8%。这实际涉及到了社工的发展前景和薪酬待遇问题。

服务对象不配合工作，位居第二位，达到21.0%。很大程度说明了社会对社工还不了解，因此配合度低。这也反映出了社会认同的问题。

小结：根据社会学理论，职业评价主要从三个方面进行，一是工作带来的收入，即付出和收获的对等。二是工作带来的权力。三是社会声望，即社会评价。社会工作这一职业，在中国是纯服务的职业，对于社区工作的社工来讲，有一定的权力，但是对于在社工机构工作的社工来讲，还没有赋予管理权力。这使得两类人对自己的评价是不同的。从数据来看，由于薪酬低、社会认可度低，使得专业社工人才的自我认知度也很低，因此稳定性和积极性都受影响。

这就要求我们必须在薪酬待遇和社会认可度方面直接给予激励。

六、"十二五"期间朝阳区专业社工人才"培养、使用、评价、激励"建议报告

社会工作人才是社会建设和管理领域的"社会工程师"。建设一支结构合理、素质优良的社会工作人才队伍，对于创新社会管理体制和公共服务体系，巩固和扩大党执政的群众基础和社会基础，维护社会稳定与促进社会发展具有十分重要的意义。

朝阳区是北京市最大的行政区，面积470.8平方公里。它是城市功能拓展区，CBD、奥运、电子城三大功能区聚集在朝阳，第三产业比重达到89%。朝阳区设有24个街道办事处，19个地区办事处。据朝阳区社会建设办公室的数据统计，截至2011年9月底，朝阳区社区工作者共计4653人，其中，城市地区社区工作者3019人，农村地区社区工作者1634人。再加上在朝阳区登记和备案的社会组织中的员工，朝阳区的社会工作者队伍约达到5000人左右。在"十二五"期间为更好地发挥好这支队伍的作用，建议区委、区政府在社工人才培养、使用、评价、激励方面做好以下几个方面的工作：

（一）关于朝阳区"十二五"期间专业社工人才培养的建议

1. 制定"十二五"期间专业社工人才的培养规划

区政府要根据中央19部门联合颁布的《社工规划》、《北京市社会工作者继续教育实施办法》（试行）和北京市今年开始实施社区工作者三年培训计划，结合区里社工队伍的年龄、文化水平、专业技能、培训需求和培训目标等，尤其是针对目前朝阳区专业社工队伍中很多都是非社工专业出身，社工师持证率还很低的特点，制定本区社会工作者培训中长期规划。这个规划要面向本区社区工作者和在本区登记注册的社会组织的员工；还要明确各个阶段的教材师资、课程设置、培训重点、学习进度、考核标准等，使社区工作者的培训更加专业化、规范化、系统化。

2. 实行区、街、社区（事务所）三级培训，建设学习型组织

本区是北京市最大的行政区，设有24个街道办事处，19个地区办事处。区内社区之间差异明显，既有城市社区、农村社区还有城乡结合的社区；既有

高档社区、国际化社区，也有普通社区。要做好这些不同层次的社区服务工作，就要求社区工作者具有不尽相同的专业知识和专业技能。因此，区社会办可通过专业资源与行政资源相结合的方式，委托本区内或区外设有社会工作专业、社区管理与服务专业的高校，对本区的社会工作者进行通用知识和能力的培训、入职前培训和国家社会工作者职业水平资格证书的培训和继续教育；每年定期组织针对全区各社区党组织书记、社区居委会主任、社区服务站站长进行的集中脱产层级的培训。街道、地区办事处结合管辖地区的特点和社区工作者的综合素质状况，根据他们的学习需求，按照"干什么学什么，缺什么补什么"的原则，可聘请社区建设领域的专家进行培训；各个社区根据自身情况聘请专家就本社区工作的热点、难点有针对性地组织特色培训。区社会办定期督促、检查各级培训的效果，积极推进街道、社区的特色培训，建设学习型组织并大力表彰和宣传，形成良好的学习氛围，调动社区工作者自主学习的积极性。

3. 制定高层次社会工作服务人才培养计划，实施社会工作教育与研究人才培养引进工程，组织、实施社会工作服务人才职业能力建设工程

区委、区政府结合自身社会建设的需要，制定高层次社会工作服务人才培养计划，将社会工作专业人才纳入青年英才开发计划，组织实施社会工作服务人才职业能力建设工程，重点对城乡基层党组织、群团组织、居（村）民自治组织、社区服务组织、从事公益服务的事业单位、公益慈善类社会组织、基层公共服务和社会管理部门中直接从事社会服务的人员进行大规模、系统化的社会工作专业知识培训。通过社会工作硕士、博士学位教育，社会工作科研和服务项目带动，国外进修深造等方式，重点培养一批愿意从事社会工作、学历高、年轻有为、具有丰富的社会工作实务的人才。同时也要制定一些优惠政策，积极引进一批研究能力强、学术成果丰富、有良好国际沟通能力的社会工作教育教学人才和政策实务研究人才。这些优秀人才的使用是带动全区社会工作者整体素质提高的重要力量。

可探索实施朝阳区专业社会工作人才"百人计划"，引进和培养高层次的社会工作服务人才。重点培养一批理论功底扎实、实务经验丰富、有良好国际沟通能力的实务管理、研究、督导人才。

4. 拓宽专业社工人才的培训渠道

本区在"十二五"期间的对专业社工人才的培训渠道上，继续加强专家定期讲座，鼓励社会工作者参加在职进修社会专业的学历教育，参加社会工作职业资格培训、考试。还要完善网络学习平台建设，采取网络学习方式进行培训。同时，与高校合作创建社工教育实践基地，选派社会工作骨干到高校学习和接受培训。通过知名公益类服务组织、公共服务机构和其他社会工作培训机构加强实训基地建设，依托基础较好的社会工作服务机构，建立一批覆盖各领域的社会工作实训基地。

依托国内外高水平大学、示范性职业院校、知名公益类服务组织和其他社会工作培训机构，实施社会工作信息系统建设工程，研究开发社会工作人才培训课程，推行社会工作教育和社会工作实务培训。

5. 扩展专业社工人才的培训形式

本区在"十二五"期间的对专业社工人才的培训形式上，按照专业化发展的要求，采取多种培训形式。如采用专家授课，基层先进人物授课，典型经验介绍，菜单式选修，组织优秀社工去本市、上海、深圳和香港的模范社区和社会参观学习，定期开展社区管理与社会建设工作的研讨会等形式，主要采取互动式、体验式的教学方法，强调学习者的主体性，提高社工参与培训的积极性，着重培养社区工作者的岗位知识和专业技能，提升培训效果，使社区工作者队伍素质不断提高。还可以采取社工督导，即富有工作经验的资深社工对机构内新进入的社会工作者、一线初级社工、实习学生及志愿者，通过一种定期和持续的监督、指导，传授专业服务的知识和技术，以增进其专业技巧，进而促进他们成长并确保服务质量的活动。社工督导的教育功能，体现在督导对被督导者完成任务时所需的知识与技能给予指导，协助被督导者达成专业上的发展。

6. 丰富专业社工人才的培训内容

在专业社工人才的培训内容上要注重强化他们的职业道德教育，帮助他们牢固树立社会工作"助人自助"的职业价值观，让他们在对人民群众特别是困难人群和特殊群体的直接服务和管理中体现出以人为本意识和深厚的人文关怀。在社会工作技能的培训中重点进行有效解决社会问题、化解社会矛盾和促进社会和谐方面的基本理论、主要途径和技术性措施等教育。社工的工作琐碎、繁重，而且责任重大，他们与服务对象交往时会遇到各种复杂的问题，因此对社工进行人际沟通、礼仪交往、心理疏导等方面的培训非常必要。为了提升社工的服务品质，结合他们的兴趣爱好，对他们进行一些音乐、美术、体育等方面的培训，这有利于他们组织一些文体活动。

可实施"一所一专家一督导"的模式，鼓励已有的社会服务机构或即将建立的社会服务机构与大学建立关系，以课题合作、项目合作等方式建立合作关系，发挥大学老师、专家学者的作用，为做好项目、培养人才提供支撑。

7. 建立区级社工人才培训基地

可依托高校和通过知名公益类服务组织、公共服务机构和其他社会工作培训机构挂牌建立区级专业社工人才继续教育基地，重点对基层党组织、群团组织、居（村）民自治组织、社区服务组织、从事公益服务的事业单位、公益慈善类社会组织、基层公共服务和社会管理部门中直接从事社会服务的人员进行大规模、系统化的社会工作专业知识培训。

8. 加强督导队伍建设

社工督导，这是社会工作人才队伍建设中的一个鲜明特色，督导不仅是项目完成的保障，更是人才培养机制完善的一个标志。要在区级层面加快督导队伍的建设，以联合督导、巡回督导、一对一督导等方式加强对社会工作专业人才的技术指导和情绪支持，在社区、村委会和社工事务所建立健全督导体制，陪伴年轻的专业社工人才成长，势在必行，这将有利于朝阳区专业社工人才队伍的稳定。

总之，专业社工人才培养是一项复杂的系统工程，涉及面广，工作任务重。区政府要高度重视，统筹安排，合理划分和明确各相关部门在社会工作人才队伍建设中的职责、权限和任务，定期监督检查。加大政府的资金投入，积极营造适合社会工作开展、适应社会工作人才成长的良好社会氛围，使全社会理解、尊重、支持社会工作者开展工作，发挥出社工的社会服务、有效化解社会矛盾、推动社会管理创新和积极维护社会公平的作用。推动专业化、职业化，建立健全社会工作专业人才培养体系。

（二）关于朝阳区"十二五"期间专业社工人才使用的建议

专业社工人才队伍的使用是指专业社会工作人才在什么岗位发挥作用的问

题，是加强社工人才队伍建设，发展社会工作的目的。人才资源的价值在使用，人才培养、引进与配置、激励与保障的目的也是使用，因此，要把真正激发社工人才的活力，充分发挥社工人才作用，有效用好社工人才，放在突出位置，并以此为支点，撬动社工人才培养、评价、流动配置、激励保障等机制的创新，形成多点聚焦、合力突围的机制建设格局。为此，对"十二五"期间朝阳区专业社工人才使用建议如下：

1. 在社会组织中成立党组织，加强党的领导

朝阳区社会工作人才的使用要坚持"党管人才"的原则，在各个领域中对社会工作人才的使用都要遵循建立组织部门牵头抓总，民政部门具体负责，其他部门密切配合，社会力量积极参与的格局。为了确保党的领导地位，增强社工事务所（因社区都有党组织）中党员的归属感，倡导在各社工事务所中有条件的（党员三名以上）允许成立党支部，不具备条件的可以要求其党员参加到主管单位的支部活动和党员评优活动，同时建议相应主管部门担当起这类组织中党的建设的责任，占领社会服务主阵地，发挥共产党员先锋堡垒的作用。

2. 构建合理的用人机制，有效规范使用与引导

由于目前朝阳区以至于北京市的整个社区工作者和机构社工中，也就是本报告所认定的专业社工人才中，不包括体制内设岗（社会管理和公共服务的职能部门的某些岗位和社会服务事业单位的某些岗位），所有岗位均为体制外设岗，"一街一社工"主要是制定政策，促进民办社工机构健康发展；社区工作者的全市公开招考规范了城市和农村社区建设中人才引进。前者使得机构社工的基本待遇有了保障，同时也使得刚刚兴起的社工机构得以正常运行；后者使得社区社工有了正常的录用渠道，公开、透明的用人机制正在形成。但仅有这样的用人机制还是不够健全的，还不能够发挥专业社工人才的积极性，不能真正满足专业社工人才对环境、专长、待遇等多方需求，构建合理的社工人才岗位设置、专业匹配、专场发挥、待遇与责任和付出相匹配的用人机制事在必行。如："一街一社工"根本无法满足社会对专业社工人员的需求，即使"一个社区一个社工"也不一定满足得了日益被开发出来的弱势人群的社工需求。按照精简效能、按需设置、循序渐进的原则，研究社会工作专业岗位设置范

围、数量结构、配备比例、职责任务和任职条件,建立健全社会工作专业岗位开发设置的政策措施和标准体系。

3. 建立专业社工人才跨界锻炼机制

政府应该在调研的基础上专门出台文件,对于新招聘的机构社工和专业社区工作者,可组织他们到社会福利、社会救助等领域和一些社会工作先进社区、单位锻炼,促使他们尽快进入角色。对于已有一定工作经验的机构社工和专业社区工作者可规定他们必须交叉挂职,尽可能熟悉跨领域的工作,使他们成长为多面手,为社工组织在社区里更好地为居民服务架构桥梁,奠定基础。对于有丰富经验,具备领导潜质的社会工作专业人才,要创造机会让他们到政府部门、社区党委等机构挂职交流,开拓视野,进一步提升工作能力和扩大职业发展空间。

4. 推行社会组织服务"以价值计酬"的理念

在目前朝阳区和北京市"政府购购买社会组织服务"中关于资金使用都明确规定"不得有人员劳务费和设备购买费用",这一规定的理念在于社会组织服务的"成本计价"理念,它使得社工事务所在开展社会服务时社工的服务付出得不到体现,作为机构运行必备的电脑、打印机、照相机、录像机、投影仪等基本办公所都不能够满足,这不利于社工类大学生创业和社工事务所的发展。社工的服务和其他第三产业的服务一样也应该得到社会的认可,在公益组织中服务的人员也应该有必备的生活资料来源和获取岗位所需要的专业技能所进行的必要支出。社工开展社会服务时要接受购买方、服务对象以及第三方的评估,所以留作评估资料的的必要设备及费用支出应该允许"以折旧费"的方式得以补偿。代之的应是推行社会组织服务"以价值计酬"的理念,它更能反映出社会服务创造出的实际社会效益,更有利于激发从业人员的巨大工作热情和创新社会服务方式与领域。

5. 创设"11.8朝阳社工节"

2011年11月8日是中央组织部、中央政法委、民政部等18个部门和组织联合发布的《关于加强社会工作专业人才队伍建设的意见》公开见诸于媒体的时间。依此为依托,设立"北京朝阳区社会工作者节日"。这个时间的选择,一是让广大社工学习和了解党和国家关于社工人才建设的第一个重头文件，看到党和国家对社工人才的重视，建构自己的职业愿景；二是从谐音上预示朝阳区社会工作事业的蓬勃发展。这个节日设立的重要意义在于让广大朝阳区的社工率先有个归宿感和荣誉感，每年借此之机可以对区里有突出贡献的一线社工进行区级评奖，起到对人才激励和队伍稳定的作用。

6. 定期举行朝阳区社工人才专业技能大赛

朝阳区专业社工人才数量议程规模，为了利于专业社工人才技能的交流，提升专业社工人才队伍的总体水平和技能，同时也利于使分散在各社区、各机构中的社工达成专业共识和具备专业通用能力，提升用专业方法进行服务的技巧，同时打造出朝阳区专业社工的品牌，建议组建朝阳区专业技能大赛筹委会，邀请北京各高校社会工作专家、社区管理专家和实务领域专家共同设计大赛具体事宜，为下一步承办全国首届社工技能大赛打下基础。

围绕人才有效使用，加强体制机制建设，健全、完善、优化人才发展体制机制，形成人才发展的动力体系。只有做到以上几点才能切实地贯彻《关于加强社会工作专业人才队伍建设的意见》，更好地促进社会工作和社会工作人才的发展。

（三）关于朝阳区"十二五"期间专业社工人才评价的建议

中央组织部等19个部委和群团组织联合发布了《社会工作专业人才队伍建设中长期规划（2011—2020年）》，规划要求建立健全科学合理的社会工作专业人才评价政策，实施分类管理，研究制定适合不同类型、不同层次社会工作专业人才的能力素质标准以及评价、鉴定办法。

建立科学合理的专业社工人才评价标准，既是对专业社工人才工作与价值的肯定，能有效缓解当前我国专业社工人才流失的现状，同时，也有利于推进我国社工人才的专业化与职业化进程，为我国的社会建设培育和存储社会工作专业人才。

1. 针对专业社工人才整体队伍的评价制度

（1）建立严格的执业（职业）准入制度

社会工作在我国作为一种职业而存在，评价和考量这一职业或者说行业领域内的从业人员是否合格、能否胜任，首先必须有严格的执业（职业）准入制度。

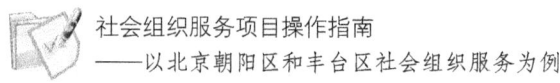

专业社工人员的执业准入制度也即社会工作者职业水平评价制度。稳步推进助理社会工作师、社会工作师职业水平考试制度，加快制定高级社会工作师职业水平和社会工作员评价办法，建立完整的社会工作者职业水平评价体系。

社会工作者职业水平评价制度，是通过考核社工人员的理论掌握程度与实践操作技能应用程度，来初步界定不同层次社工人员的评价制度。目前，主要有助理社会工作师与中级社会工作师两个层次。

本次调查结果显示，只有6%的受访者具有社会工作师的职业资格，10%的受访者具有助理社会工作师的职业资格，综合来看，只有16%的少数受访者具有社会工作的职业资格。更为严重的是，在社区工作者和机构社工中有近90%是非社会工作专业人员，尤其是机构社工中更是鱼龙混杂。由此可见，目前我国专业社工人才资源极其短缺。

由于我国社工人才职业化才刚刚起步，目前，社会工作者职业水平评价制度主要作为专业社工人员的激励与职位晋升的重要依据，尚未真正成为专业社工人员的执业（职业）准入制度。在今后的专业社工人员引进过程中，应该将是否获得社会工作员、助理社会工作师、中级社会工作师作为不同层次社工人才引进、聘任的评价标准。

同时实行社会工作者登记管理制度。取得社会工作者职业水平等级证书的人员，须到国家专门机构登记，建立社会工作人才数据管理系统，加强对社会工作人才宏观管理。这样能够有效保障新引入社工人员具备从事社会工作职业的基本职业素养与技能，从而保障社工人才队伍的职业化。

（2）建立完善的专业技术职务晋升制度

专业化与社工人员的专业知识、劳动熟练程度及劳动技能相关，它的水平、等级应该由人力资源与社会保障部门来统一认证。

将社会工作者纳入国家专业技术职称制度统一管理，明确相应职务的等级、适用范围、结构比例、岗位职责、任职条件、任职期限及聘任办法，一方面能够为单位提供用人依据，同时也便于对专业社工人员进行考核评价。

本次调查结果综合分析可知，目前仍有近半数的专业社工认为自己工作的岗位职责不是十分明确。然而，科学、明确、具体的岗位职责是评价专业社工工作效果的重要依据，在依据尚不明确的前提之下，对专业社工的评价效果可想而知。因此，将社会工作者纳入国家专业技术职称制度统一管理，明确相应职务的等级、适用范围、结构比例、岗位职责、任职条件、任职期限及聘任办法，是推进当前社工专业化的重要条件。

2. 针对专业社工人才的具体工作评价标准

当前，我国在选用与评价工作人员时着重强调德才兼备的原则，不同的职位、工种，对德与才的衡量权重各不相同。针对专业社工人才的具体工作评价标准可以从以下几方面开展：

（1）是否具有专业社工应具备的职业操守与职业道德

社会工作以帮助他人自立自强，服务社会，解决社会问题为己任，强调助人自助的价值理念。社会工作的主要对象是社会上的贫困者、老弱者、身心残障者或者其他不幸者，他们往往在社会群体中处于弱势地位，社会资源贫乏，需要专业社工人员帮助。因此，在评价一名专业社工人员时，"德"显得更为重要，或者换句话说专业社工人员对社会工作本身的兴趣，对国家、社会的责任感、使命感更为重要。

本次调查结果显示，只有13%的受访者是出于对社会工作本身的兴趣而从事社工这一行业的，也只有17%的受访者是出于对社会的责任感而选择社工这一行业的。可见，目前只有不足30%的专业社工是发自内心愿意以帮助他人、服务他人为己任的。在这种背景之下，专业社工人员在工作遇到困难、挫折时，内心没有助人自助的信念支撑很容易产生职业倦怠，甚至是改行，导致社工人才的流失现象频发。有近38%的专业社工是出于谋生的考虑而选择社工这一行业，可见，薪酬待遇对他们来说很重要，是生活所需，因此，制定一套科学合理的专业社工评价标准能够有效评价社工人员工作效果，并能作为给予社工薪酬待遇的重要依据，显得尤为重要。

当前，由于社会工作在国内还是一个新的领域，大众对社工的认识不深，社工的待遇也较其他职位偏低，社工本身也对自己的职业缺乏归属感和认同感，许多科班出身的专业社工也只把做社工当作寻求更好职位的"垫脚石"，于是"跳板社工"现象频发，社会工作的开展受到影响，更重要的是影响到大众对社工这一职业的认识，陷入了一种恶性循环。因此，评价专业社工的第一位要素应是是否具备一名专业社工应有的职业操守与职业道德。

具体来看，专业社工的职业操守与职业道德可以从人、社会、工作三个维度进行衡量；

第一，对人。一是尊重：每个人无论贫富贵贱都有其与生俱来的尊严，要求专业社工在实践中尊重每一个案主，而不因年龄、外貌、性别、贫富、社会地位、种族等差异而歧视案主；二是接纳：接纳并不等于赞同，而是专业社工对案主容忍地理解，即相信案主的表现总有其理由，对案主抱以一种非批判的态度，并在此基础上积极地追求理解，即相信人的独特性；三是个别化：要求专业社工对每一个案主都要根据其独特的特征灵活地运用方法和技巧为其提供服务，而不能用刻板的方法为其提供服务；四是保密：要求专业社工对涉及案主的相关资料给予保密，这是对案主的尊严和隐私权尊重；五是案主自决：要尊重案主对其生活方式和生活方向的决定权和决定能力，协助案主自己决定其生活方向和生活方式；六是协助提升案主潜能：协助案主发掘和发挥其潜能，使其走向自助之路；七是每个人除了对自己负责之外，还要想到社会上其他的人，专业社工应协助案主与他人建立良好的社会关系。

第二，对社会。一是遵守社会秩序中的规范，促进社会稳定；二是及时了解和反映社会需求，为社会提供和调整相应资源与服务来满足成员的需求；三是协助解决社会问题，尽大可能地消除饥寒、贫穷、不平等等社会现象，实现社会工作对社会的价值观，维护和促进社会公平。

第三，对工作。一是积极主动为案主服务，帮助案主走出困境；二是按时上下班，不迟到早退；三是注意工作礼仪，礼貌回应服务对象。

（2）一定考核周期内的结案数量与服务质量的综合评定

第一，社会工作由于其服务对象也即案主的特殊性，每个个案的持续时间无法准确计算，专业社工人员本身往往无法单方面决定何时结案，因此，针对专业社工的考核与评价周期应该比较灵活，不能单纯照搬一般行业的考核周期。

本次调查结果显示，有90%的受访者认为应该定期与不定期相结合对专业社工人员进行考核、评价，不能单纯以固定的时间为准进行考核，应该结合专业社工的具体工作情况开展考核与评估。

第二，对专业社工人员进行考核与评估时，特别是对受理案件的数量进行评估时，要综合考量专业社工人员使用的社会工作方法。因为，社会工作的工作方法主要有个案工作、小组工作与社区工作三种，专业社工人员主要根据案主的具体情况来决定采用以上三种方法中的哪种开展工作。个案工作方法与其他方法相比，在相同的时间内，处理案件、服务对象的数量都较其他两种方法少，但不能据此认定该社工人员的工作效率不高。因为社工人员在接案时是根据案件的性质来确定采用何种工作方法更有利于开展工作的，倘若单纯以案件数量为标准来评估，就会导致部分社工回避个案工作方法，本该是个案工作服务对象的案主得不到优质的服务，进而导致专业社工的工作效率虽然提高了但工作的效果欠佳。由此可知，对专业社工人员进行考核与评估时应结合该名社工采用的具体工作方法来综合评定其工作效果。

第三，考核与评估专业社工人员的服务质量时，可以采用多维度的考核方式，实现考核主体多元化，全面反映被考核对象的工作情况。

本次调查结果显示，只有14%的受访者认为专业社工的评价应该由上级主管部门领导进行，也只有16%的受访者认为专业社工的评价应该由本部门领导进行，综合来看，只有30%的受访者认为专业社工的评价应该单纯由领导来进行，也即只有少数受访者认为专业社工的评价应该单纯由领导来进行。本次调查同时还显示，25%的受访者认为专业社工的评价应该由第三方评估机构来进行，6%的受访者认为专业社工的评价应该由行业协会来进行，39%的受访者认为专业社工的评价应该由领导、第三方评估机构、行业协会共同来进行，也即绝大多数受访者认为应该结合多方意见综合评定社工的工作。由此可见，针对专业社工的评价主体应该多元化，应该增加其他评价主体，如第三方机构、行业协会、服务对象等，由多方评价主体共同来对专业社工的工作进行综合评估，最终确定被考核对象的工作质量。

（3）专业社工人员对社会工作专业知识的掌握情况

王思斌教授曾经对社会工作有一个明确的界定，即社会工作是以利他主义为指导，以科学的知识为基础，运用科学的方法进行的助人服务活动。这说明社会工作不能单纯依靠一腔热忱来完成，还需要科学的知识为基础，科学的方法为媒介来实现帮助他人、服务社会的目的。

本次调查结果显示，只有11%的受访者所学专业是社会工作和社会工作类专业，这意味着目前绝大多数从事社会工作职业的社工人员并不具有社会工作的专业背景，这对于社会工作领域来说是一个非常严峻的问题。

同时，此次调查也显示出了受访者在入职后接受社工专业知识培训的情况，除不到10%的受访者表示没有参加任何专业学习之外，其余受访者都不同程度参加过社工岗位的培训，但是接受过专业学历教育的受访者只有7%。由此可见，当前专业社工人员的专业知识掌握程度还远远不够，这都直接影响到他们的工作效率与效果。

建立和健全朝阳区专业社工人员的考核评价体系应将对专业社工知识的掌握情况作为考核与评估专业社工人员的标准之一。这样，一方面可以督促当前专业社工人员认真学习社工专业知识与技能，提升自己的专业知识与技能，为工作打好基础，另一方面也有助于从整体上推进朝阳区社会工作的步伐，为建设美好、和谐新朝阳做贡献。

（四）关于朝阳区"十二五"期间专业社工人才激励的建议

激励就是调动人们积极性的过程。它含有激发动机、鼓动行为、形成动力的意义。激励的目的在于激发人的正确行为动机，调动人的积极性和创造性，以充分发挥人的智力效应，做出最大成绩。激励又是一个过程，即在各种管理手段与环境因素的刺激下，人产生某种未被满足的需要，从而造成心理与生理紧张，寻找能满足需要的目标，并产生实现这种目标的动机；由动机驱使，人会努力实现上述目标的行为；目标实现，满足需要，紧张心理消除，激励过程完成。当这一种需求得到满足后，人们会随之产生新的需要，作为未被满足的需要，又开始了新的激励过程。

激励机制，是指组织系统中，管理者通过激励因素或激励手段与被管理者之间相互作用的关系总和，也就是说，为了组织人力资源的最优配置，达到组织目标与员工需要的协调一致，在充分了解员工的个人需要的基础上，制定适当的行为规范和分配制度，并建立起有效的实施程序。

在社会组织的管理中管理者应该在激励理论的指导下，在"复杂人"的人性假设的前提下，设计合理的激励形式，才能使社会工作者热情高涨地去为组织的目标而努力工作。

1. 物质激励和精神激励结合

根据马斯洛的理论，人的需要影响人的行为，只有未满足的需要才能影响人的行为。而追求生活需要是人生存的本能，每个人都有自己的物质追求和经济利益，这是管理者永远不能忽视的重要方面。物质激励指工资、奖金、福利等基本待遇。精神激励指信任关怀、榜样激励、形象与荣誉激励、兴趣激励等。在物质激励与精神激励的结合上要做到以下几点。

第一，要注意以物质激励为基础，这就是说要为社会工作者提供与其能力和贡献相符的体面的薪酬和福利。但是从调查的结果看，目前社会工作者的薪金还大大地低于北京市的平均工资，而且1/3的被调查者认为从事社会工作是为了谋生。60%的受访者还认为要做好现在的工作最需要的激励措施是增加薪金。虽然现在政府提出了社区工作者的工资将纳入区县政府年度财政预算管理，社区工作者待遇有一个"底线"是不能低于本区县全额拨款事业单位的平均水平。但是政府还应该建立社区工作者工资待遇自然增长机制，与本市职工的平均工资相当。同时社区工作者的薪酬的层次也应适当拉开，不要太大，否则会影响公平性。本区的社会组织也应该根据自身的经费情况，比照社区工作者的薪酬和福利发放给社会工作者。只有这样才能对社区工作者的能力进行肯定，也为他们满足基本生存需求提供了物质条件。所以，一是要健全薪酬保障机制，可参照社区专职工作者薪酬和上年度北京市人均收入情况合理确定社会工作专业人才的薪酬待遇。二是社会保障待遇。督导用人机构，按照北京市有关规定为社会工作专业人才办理社会保险事宜，确保把社会福利政策落到实处，解决他们的后顾之忧。

第二，营造有归属感的社会组织文化，这主要对社工进行精神激励。主要包括扩大表彰的范围，增加奖励层次，设立多种表彰方式，让更多的社会工作者获得荣誉奖励，肯定他们的工作成绩。还可以建立典型引路机制，大力宣传优秀社工、优秀志愿者的事迹，发挥示范带头作用。建立优秀社会工作者人才库，依据年度考核和平时表现，将优秀人员纳入人才库，进行重点培养，发挥他们的引领作用，并为各类评优进行推荐，为社会工作者立足岗位、敬业奉献营造良好氛围。同时各级领导要关心社会工作者的成长，通过调查、走访、谈心，了解他们的思想动态，尽可能满足其生活的需求，用感情留人，稳定社会工作者队伍。实践证明有良好文化的组织，人才流失明显低于那些不重视组织文化塑造的组织。

2. 工作激励和目标激励结合

根据激励理论，对人最有效的激励因素来自工作本身，即满意于自己的工作就是最大的激励。社会工作激励一般有以下几个方面：一是设计工作岗位和任职条件要充分考虑社工的技能特点、性格特点和爱好；二是社工的工作目标设定应具有一定的难度和挑战性；三是工作内容要丰富，岗位多样化，让社工参与一些决策的工作，使社工获得一种成就感，使其被尊重的需要得到满足；四是为社工提供良好的工作环境，包括有序的工作场所、必要的工作设施、完整的工作信息以及非常愉快的组织相关部门的协调配合等；五是表彰奖励机制，依据人才评价体系，每年对优秀社会工作专业人才进行表彰和奖励，可以设立"朝阳区社会工作人才奖"，对专业基础扎实、服务能力强、群众评价高、成效影响面大的社会工作专业人才进行专项奖励，同时也引导社会工作服务机构建立内部的奖励机制，并给与一定的资金支持。

工作激励与目标激励结合主要表现为给社工在工作中设定具体的、具有一定难度的目标，以目标为诱因驱使社工去努力工作，提升他们的自我效能，让他们在工作中能充分利用自身的技能，发挥潜能，同时也可实现社工自己的目标。管理者在制定目标时要注意：一是确立目标要适宜；二是要让社工参与目标的制定；三是要处理好成绩与奖励的关系。

3. 推进社工协会建设

完善社工协会组织机构，建立交流机制，搭建社会工作者之间的学习交流平台。在区级、街道和社区三个层次，开展多种形式的座谈会、团队拓展、公益活动、休闲娱乐，还可建立社会工作者 QQ 群，丰富社工的业余生活，陶冶情操，畅通日常交流的渠道，提升他们的整体素质。

4. 协助社工设计职业生涯规划

高学历的社工非常注重自己的职业发展前途。管理者要把社工的工作前途告诉他们，帮助社工制定自身的职业生涯规划，让社工认识到自己在组织中的发展机会。对于业绩突出、能力卓越的社区工作者，可以通过公务员破格录用、事业单位优先选拔等职业身份转换，推动社区工作人才的良性流动，让基层优秀的社区工作者能够发挥更重要的作用。还要建立职务晋升机制，为社会工作人才提供成长发展的空间，打通社区工作者上升通道，让优秀的社区工作者通过职务晋升施展他们的才能，提升社区服务品质。

同时为了提高社工的素质，增强社工的进取精神，管理者要根据组织的发展目标，结合社工的教育背景、发展需要，设计科学的培训计划。培训内容包括知识培训、技能培训和素质培训等。培训方式的选择也要考虑社工的学习需求，只有这样才能调动社工的学习积极性。目前一些社会组织已把培训作为一种正式的奖励。

5. 科学的评价体系

有效的激励还必须以科学的评价体系为保证。这里所指的评价体系包括绩效评估体系和对激励手段有效性的评价。客观、公正的绩效评价是对社工努力工作的肯定，是对社工进行奖惩的依据。以社工的绩效为依据，对社工进行奖励，才能起到激励社工的目的。而激励的根本目的就是为了让社工创造出高的绩效水平。随着社会工作组织的发展，社工的需要也会随之变化，通过对激励手段的评价，可以随时把握激励手段的有效性和社工需要的变化，调整激励政策，达到激励员工的最好效果。

6. 跨界流动机制

引导有关部门在招聘社会服务相关职位工作人员和选拔干部时，在同等条件下要优先录用具有丰富基层实践经验的社会工作专业人才。注重把政治素质好、熟悉社会服务与管理的社会工作专业人才吸纳进基层党员干部队伍，选拔进基层党组织领导班子，支持有突出贡献的社会工作专业人才进入地方基层人大、政协参政议政。

总之，激励是一个不断创新的过程，在这个过程要不断了解社工的需求，重视他们的价值，要注意激励手段随着社工的需求的变换经常进行变换，同时还要加强管理者与社工在激励过程中的沟通。建立设计合理、行之有效的激励机制，才能最大限度地挖掘社工的潜力，充分实现社工的自身价值，实现组织的目标，推动组织的发展。

七、调研过程中需要说明的问题

（一）关于"专业社工人才"概念的界定问题

在项目进行过程中，发现不可回避的问题就是关于"社会工作人才"、"社会工作专业人才"和"专业社会工作人才"几个概念之间容易混淆。比较

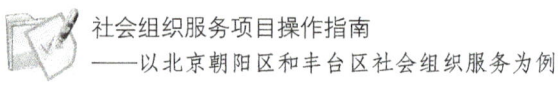

常见和有固定内涵的就是社会工作人才和社会工作专门人才。一般认为：

社会工作人才是以助人为宗旨，运用专业知识和方法，进行困难救助、矛盾调处、权益维护、心理辅导、行为矫治等社会服务工作的专门人才，是现代社会管理与服务的重要力量，在协调社会关系、预防和解决社会问题、促进社会公正等方面发挥着独特作用。

社会工作专业人才是具有一定社会工作专业知识和技能，在社会福利、社会救助、慈善事业、社区建设、婚姻家庭、精神卫生、残障康复、教育辅导、就业援助、职工帮扶、犯罪预防、禁毒戒毒、矫治帮教、人口计生、纠纷调解、应急处置等领域直接提供社会服务的专门人员。充分发挥他们在困难救助、矛盾调处、人文关怀、心理疏导、行为矫治、关系调适等个性化、多样化服务方面的专业优势，对解决社会问题、应对社会风险、促进社会和谐、推动社会发展具有重要基础性作用。

而关于专业社工人才目前没有明确的定义，项目组根据形式逻辑学中下定义的方法和立项的初衷，将专业社会工作人才定义为："以社会工作的价值观为指导，在一线社会工作领域中运用社会工作的专业方法，进行困难救助、矛盾调处、权益维护、心理辅导、行为矫治等社会服务工作，以解决社会问题的专门人才。"本报告特指在社会工作机构即社工事务所和社区中的以社会工作为职业的一线社会工作专门人员。

（二）"关于调研和访谈对象"的选取问题

因时间关系，本次调研和访谈对象大多集中在朝阳区的一线社区工作者和专业机构社工中。通过这样的调研得到了我们想要的数据，对项目完成起到了支撑作用。但如果能够跳出朝阳区之外，放在全市更大范围内的相同人群去调研，那样就会得到横向的比较数字，更利于让朝阳区政府在决策时有个比较和参考，利于明确今后的工作目标和努力方向。

附件（略）

三、实施方案

（一）项目申请书

项目申请书及填写指南

编　号	

朝阳区政府购买社会组织服务项目申请书

申请机构：<u>管庄地区惠邻社会工作室</u>

申请日期：<u>2011 年 7 月 12 日</u>

填写说明

（一）填写申请书前，请认真阅读《朝阳区政府购买社会组织服务项目征集评选指标》。

（二）对于申请书各项内容，请逐条、认真和实事求是地填写。

（三）首页"编号"栏由朝阳区政府购买社会组织服务项目承办方填写，其余部分由申请者填写。

（四）在填写的过程中，如申请书空间不足，可扩大表格填写。

（五）如有疑问，请和承办方取得联系。

朝阳区政府购买社会组织服务项目申请书

申请组织信息	
组织名称	管庄地区惠邻社会工作室
登记号码	
组织负责人姓名职务	胡光自 惠邻社会工作室主任
组织类别	☐ 社团 ☐ 民办非企业单位 ☐ 大学、研究所 ☐ 工商注册的非营利公益组织 ☑ 其他
服务领域	☑ 社区发展　　　　☑ 家庭及儿童服务 ☑ 老人服务　　　　☑ 残障帮扶服务 ☑ 妇女服务　　　　☐ 外来务工人员服务 ☑ 青少年服务　　　☐ 其他（请说明：　　　）
联系人	胡光自
地址	朝阳区双柳北街一号院14号楼305室
邮政编码	100024
电话	
手机	
电子邮件	
组织网站	
成立日期	2011年2月

组织简介（300字以内）

惠邻社会工作室是经北京市朝阳区管庄地区民政部门批准注册成立的社区社会组织，由惠河西里社区居委会和北京政法职业学院社会法律工作系社区管理与服务教研室共建。

惠邻社会工作室秉承助人自助的社会工作理念，旨在通过专业化、人性化的社工服务，运用个案、小组、社区、社会工作行政、社会工作研究等社会工作方法，协调社区资源，引领社区居民进行自治，并尝试在社区层面解决社会问题；同时作为高校社工类大学生实践教学的基地，为其提供社会实践和社会服务的平台。工作室现有中级专业社工师3人，心理咨询师2人，创新能力培训师1人，律师1人，由教授、副教授等组成的高校教师8人，社区居民领袖人物30人，居民骨干200人，大学生志愿者400人，其他各类志愿者300人。

挂靠机构信息（如申请机构没有法人资格，请填写）	
挂靠机构名称	管庄地区办事处社区建设办公室
登 记 号 码	
挂靠机构负责人	
挂靠机构类型	☑ 政府部门 ☐ 基金会 ☐ 已正式注册的民办非企业单位 ☐ 已正式注册的社团 ☐ 其他法人单位
联 系 人	
地 址	
邮 政 编 码	
电 话	
传 真	
电 子 邮 件	
网 站	
合 作 时 间	

与挂靠机构的合作方式（200字以内）

　　管庄地区办事处社区建设办公室是惠邻社会工作室的行政督导，对工作室的日常的行政方面的工作进行督导，同时作为主管社区业务的部门，可以发挥整合资源，协调关系的作用。为惠邻社会工作室的更好发展提供有利的环境。

社会组织服务项目操作指南
——以北京朝阳区和丰台区社会组织服务为例

主要合作机构❶信息（如有需要请填写）	
合作机构名称和登记号码	北京政法职业学院社会法律工作系社区管理与服务教研室
合作机构负责人	张书颖
合作机构类型	☐ 政府部门 ☐ 基金会 ☐ 其他社会组织 ☐ 研究机构 ☑ 大学 ☐ 企业 ☐ 国际组织 ☐ 其他
联 系 人	张书颖
地 址	
邮 政 编 码	100024
电 话	
传 真	
电 子 邮 件	
网 站	
合 作 时 间	☑ 过去已有合作（3 年） ☐ 新开展合作
合作机构的作用（200字以内）	
北京政法职业学院八名具有高级职称或国家职业资格证书的专业教师组成专家团队，他们秉承社会工作的"助人自助"的价值理念，运用自己专业理论方面的优势，为惠邻社会工作室提供理论指导，并通过惠邻社会工作室这个平台，与社区社会工作者紧密合作，将自己的专业理论知识应用于社会工作实践当中，同时作为该校社工类大学生实践教学的基地，与社区社会工作者共同探讨专业社会工作方法与本土实际相结合的新模式。	

---

❶ 如有一个以上合作机构可复制或复印此页。

第一部分
备案型社区社会组织政府购买服务项目操作指南

申请项目介绍

项目名称：朝阳区专业社工人才"培养、评价、使用、激励"情况调研分析

项目设计的背景及对社区需求的把握：包括本项目希望解决的问题、问题背景、项目实施地、受益人群（直接受益人、间接受益人等）分析。（1000字以内）

希望解决的问题：目前社会工作人才队伍建设还处在起步阶段，尤其是广大农村，工作基础比较薄弱，还存在很多问题。突出表现在：职业化、专业化社会工作人才稀少，现有社会工作人员专业素质和职业水平不高，结构不合理；社会工作的管理体制和运行机制还没有建立，相关配套制度建设还不完善；民间社会服务组织还不够发达；社会工作的舆论宣传还不到位，社会工作职业还未很好地定位并被社会广泛了解和认同等等。可以说，开展社会工作人才队伍建设试点工作，我们既面临着良好机遇，也面临着实际困难和问题。

问题背景：随着经济的快速发展与社会结构的不断变迁，我国对专业社会工作人才的需求日益突出。党的十六届六中全会提出了关于建设宏大社会工作人才队伍的重大决策。会议指出，造就一支结构合理、素质优良的社会工作人才队伍，是构建社会主义和谐社会的迫切需要。因此"专业社工人才培养、评价、使用、激励试点"项目的设立与实施，主要着眼于党的十六届六中全会围绕构建社会主义和谐社会这个总体目标，认清"十二五"期间北京市委、市政府要建设"中国特色的世界城市"和"三个北京"（人文北京、科技北京、绿色北京）的紧迫形势，进一步提高对加强社会工作人才队伍建设重要性、紧迫性的认识。

加强社工人才的培养是解决社会问题，促进社会和谐发展的迫切要求；健全社工人才的评价机制是转变政府职能，创新社会管理体制的客观需要；探索社工人才的使用模式，充分发挥社会工作人才的作用；建立社工人才的激励机制是创新群众工作，夯实党的执政基础的重要举措。

和谐社会建设的重点在基层，群众工作的重点也在基层，广大的社会工作者们就活跃在基层。因此，通过吸纳专业社会工作人才进入基层干部队伍，在群众工作中引入社会工作的专业理念和方法，充分发挥他们专业从事困难救助、矛盾调处、权益维护、心理疏导、行为矫正等方面的优势，有助于把各种社会问题化解在基层，解决在萌芽状态，有助于更好地把党和政府的温暖送进千家万户，从而不断增进党同人民群众的深厚感情和血肉联系，巩固党的执政基础。

项目实施地：管庄地区惠河西里社区惠邻社会工作室

受益人群：

直接受益人：政府

间接受益人：（1）广大的专业社工人才；（2）全体社会成员。

项目目标：请用简洁、清晰的语言阐述项目要实现的目标，即做这个项目的原因。项目目标要和项目产出及项目活动达成的社会效益直接相关。（150字以内）

通过对朝阳区专业社工人才的来源渠道、培养路径、不同类型社工的使用与评价标准、现有的激励机制等情况进行调查与研究，形成对区委、区政府决策有重要参考价值的调研报告，为朝阳区以至于北京市"十二五"期间专业社工人才的培养、评价、使用与激励试点提供决策依据。

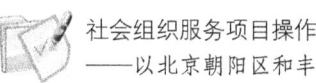

项目产出：即项目的预期成效，项目产出必须足以达成项目目标。（500字以内）	
本项目预计要形成以下几个成果：1. 朝阳区现有专业社工人才"培养、评价、使用、激励"状况分析；2. 朝阳区"十二五"期间专业社工人才的培养路径；3. 朝阳区"十二五"期间专业社工人才的评价标准；4. 朝阳区"十二五"期间专业社工人才的使用建议报告；5. 朝阳区"十二五"期间专业社工人才的激励机制。通过这些成果，盘点朝阳区专业社工人才的现有情况，如人员总量、素质、能力、知识结构等有个总体的把握，对人才供需结构有明确的分析，对"十二五"期间社工人才充分的发挥作用、社工队伍的稳定与提高，以及社会建设与管理目标的实施都有切实的推动作用。为政府探索社会管理创新模式提供和进行社会管理的决策提供支撑材料。	
项目周期：1年	实施地点：管庄地区惠邻社会工作室
项目的成功指标：（从哪些方面考察项目目标得以实现？主要为可量化的、具体的指标）	信息/资料来源：（什么样的信息或资料能证明该指标得以实现？从哪里获得这些信息/资料？）
1. 朝阳区现有社工人才各种情况分析数据； 2. 朝阳区"十二五"期间专业社工人才的培养路径； 3. 朝阳区"十二五"期间专业社工人才的评价标准。	1. 信息来源有两个大的方面： （1）基础性调研、摸底； （2）政府相关部门提供的统计数据。 2. 通过实证分析和横向区域间情况比对来证明指标的实现
项目活动（为了实现目标，将要开展哪些具体活动，何时何地、如何实施以及为此进行的人员准备等）	（1）前期基础性调查研究，获取真实数据； （2）社工专业人才培养与使用等系列专家论证会； （3）社工专业人才培养综合试点探索； （4）项目内容研讨与项目分报告初步论证； （5）总报告研讨与论证。
项目创新性：（项目创新性体现在哪里？您的做法与别人有什么不同之处？为什么您认为您的做法会更有效？）（500字以内）	
本项目不同于一般的实务性的政府购买项目，它的创新性体现在以下几个方面：一是它不是着眼于某个微观的受益人群，而是以"服务政府"为直接目的，以"专业社工人才"和社会成员的整体为受益人；二是本项目集调研报告和理论研究于一体，既具有资料性的价值又有前瞻性的学术价值。 惠邻社会工作室整个项目团队，依托自身的高校与社区社工共建的优势，拥有教授、副教授等研究人员8人，国家资格认证的专业社会工作师2名，助力社会工作师1名，同时拥有社区青年社工5名，居民骨干力量和志愿者队伍已经成型并趋于稳定，既利于实地调研又利于理论分析，对社区社工的情况比较了解，对事务所类的社工有交叉性的接触欲了解，同时自身又有高校社工人才培养者的双重身份，有给予社会工作专业大学生提供实习平台的经验。	

第一部分
备案型社区社会组织政府购买服务项目操作指南

整个项目采取实证研究与理论研究相结合的研究方式,将朝阳区应届社工类大学毕业生(可分为高职、本科、研究生不同层次)和非社工类大学毕业生(可分为高职、本科、研究生不同层次)对比研究,同时也把社工公招渠道和公开竞聘而来的往届毕业生和其他社会人员(可分类)进行对比研究,充分运用调查、统计、分析、对比等研究方法,主要通过社会调研,按照不同类高校人才培养方案的制定,培养模式的选择,教学环节的实施,就业岗位的融入,用人单位的使用、评价、激励机制的建立情况和人才队伍稳定情况的逻辑线条,逐层递进。最终形成"一条龙"的试点项目评估方案,同时结合相关法律法规,探索适应社会和谐的用人机制,促进良好社会建设与管理环境的形成,提升首都的信誉度。

困难或风险对策:(可能面临的困难或风险分析,包括政策、技术、人力等方面,以及应对解决的方法。500 字以内)

面临的最主要困难就是申报时间和立项批复比较晚,现在距离年底不到半年的时间,给调研带来很大的困境。可能存在的风险就是在调研过程中遇到阻碍,调研对象因时间或其他原因不太配合;还有我们提出的措施或标准能否得到认可和政策支持等问题。时间问题团队自身必须要有紧迫感,通过全力以赴和全员投入来解决,风险性问题通过行业优势和依托各种资源来破解难题。

社会工作方法起源于欧美,如何将西方的社会工作方法与我们中国本土文化相结合,如何把理论运用到实际工作中,解决中国特色的社会问题,是我们所面临的一项重任。对于专业社会工作者,国家是否能够给予更多的关注和政策扶持。目前,从事社会工作的人群中,除部分政府公务人员外,社区社会工作者和依赖政府购买服务的狭义的专职社工们以及志愿者,他们的待遇和职业的坚守问题亟待引起社会的关注,由此引出专业社工岗位的设置问题。目前,民政部还未出台具体专业社会工作岗位的相关设置的细则,诸如此类的问题等等。针对这些问题我们力争在报告中进行严密的逻辑论证,给出合理的建议以引起相关部门的足够重视。

可持续性:(项目如何能够持续运作?是否具有清晰的收入模式?是否具备其他已有或者潜在的资助方?项目实施是否可以对社区和目标群体产生持久影响?500 字以内)

本项目结项后依然具有持续运作的价值。"十二五"计划刚刚起步,社会管理模式的创新依然是个紧迫的问题,作为"首善之都"——北京的最大行政区的朝阳区来说更肩负着和谐社会建设的特殊使命,无论就专业社工人才的培养和是使用、评价、激励都大有空间需要不断探讨和完善。项目实施后对所有需要社工存在的领域和地方(当然也包括社区)都会产生持续的影响:1. 北京的经济社会发展进入了快速发展时期,"大城北京"带也隐藏着繁荣之下的一系列社会问题,如就业、社会保障、收入分配、教育、医疗、住房、外来人口、群体性事件、社会治安等一些社会问题。这些问题,事关人民群众的切身利益,如不能及时解决,将会诱发各种社会矛盾,影响经济社会又好又快发展,影响北京"首善之都"的美誉。要解决这些各种复杂多样的社会问题,既需要我们综合运用行政、经济、法律手段和思想政治工作,也需要运用社会工作专业方法和专门人才,来协助政府预防和解决问题,最大限度地减少不和谐因素,维护社会稳定,促进社会公平,增进社会和谐。

2. 构建社会主义和谐社会,要求更加突出政府的社会管理和公共服务职能,创新社会管理体制,健全通过在社会管理和公共服务部门配备社会工作人才,可以进一步体现出人性化服务的优势,强化政府的服务职能;通过在社区建设中配备社会工作人才,可以不断强化社区的引导、组织和服务功能,进一步推动社区建设;通过在社会服务类组织中引入社会工作人才,将有利于为社会成员提供方便、细微的公共服务,扩大群众对公共服务的选择空间;同时,还可以通过社会工作者引领社会志愿者为公众服务,有效地激发和调动广大人民群众参与和谐社会建设的积极性、主动性和创造性。

3. 开展"专业社工人才培养、评价、使用、激励试点"势在必行。从全区情况看,目前社会工作人才队伍建设还处在起步阶段,尤其是广大农村,工作基础比较薄弱,还存在很多问题。突出表现在:职业化、专业化社会工作人才稀少,现有社会工作人员专业素质和职业水平不高,结构不合理;社会工作的管理体制和运行机制还没有建立,相关配套制度建设还不完善;民间社会服务组织还不够发达;社会工作的舆论宣传还不到位,社会工作职业还未很好的定位并被社会广泛了解和认同,等等。可以说,开展社会工作人才队伍建设试点工作,我们既面临着良好机遇,也面临着实际困难和问题。希望各级各单位要迅速把思想认识统一到深入贯彻党的十六届六中全会精神上来,从构建和谐社会的高度,进一步提高思想认识,切实增强搞好社会工作人才队伍建设试点工作的责任感和自觉性。

组织架构及项目团队核心成员
组织架构描述: **项目执行团队分为三个部分:**专职人员、专家顾问、志愿者。 **专职人员:**项目工作人员都经过了严格挑选,从知识、能力到素质都有严格的要求。工作人员具有丰富的公益项目管理经验、完善的法律知识体系、社会工作知识(取得全国社会工作相关证书)和财务、行政管理经验,是一支知识实务复合型的工作团队。 **专家顾问:**心理咨询师、教育专家、培训专家。 **志愿者:**具有丰富服务社会的专业志愿者、项目受益人参与项目实施过程中形成的志愿者、高校志愿者以及具有爱心的社会志愿者。
组织领导人介绍:(组织领导人的年龄、学历背景、专业技能、主要工作经历、从事公益的动机等等)  张书颖:国家创新能力培训师,教授、教学督导。从事社会工作、现代礼仪、创新思维等课程的教学与研究。长期从事高校教育工作,作为社会工做人才的培养者,秉承"助人自助"的价值观,乐于社会实践,积极探索理论与实践相结合路径。

李广阳：国家三级心理咨询师，副教授。从事社会心理学、罪犯心理学和心理健康教育等课程的教学。
项目团队核心成员介绍：（本项目操作团队主要成员的年龄、学历背景、专业技能、主要工作经历等等） 略

朝阳区政府购买社会组织服务项目申请项目预算表（单位：人民币元）

序号	类 别	具体预算说明			
		单价	数量	总额（单价＊数量）	备注
1	**项目活动费用**（请根据您填写的"项目活动"中所列的活动写明各项活动的预算）				
活动1	**开展前期社会调查**				
1	调查问卷印制费				
2	调查车马餐费				
3	个案访谈礼品				
4	个案访谈车马餐费费用				
5	综合分析费用				
活动2	**社工专业人才培养系列专家论证会**				
6	会议场地费	略		略	
7	论证专家劳务费				
8	会议所需材料设备费用				
9	车马餐费费用				
活动3~5	**社工专业人才培养综合试点探索费用及论证费用**				
10	"十二五"期间社工人才培养方案试点考察费及论证费				
11	北京市"十二五"期间社工人才评价机制试点考察费及论证费				

续表

序号	类别	具体预算说明			
		单价	数量	总额（单价*数量）	备注
12	北京市"十二五"期间社工人才激励机制试点考察费及论证费				
活动4	成果转化及资料费用				
13	总报告及分报告打印装订费用				
	项目活动费用小计				
2	管理费用				
	管理费用小计			0	
3	其他费用（无法归入上述活动费用和管理费用中发生的费用）				
	其他费用小计			0	
	项目费用合计				

（二）项目实施计划

《朝阳区专业社工人才"培养、评价、使用、激励"试点情况调研分析》政府购买项目实施计划

一、朝阳区专业社工人才"培养、评价、使用、激励"基本情况调查问卷

1. 2011年9月底前项目核心组成员独自按照项目书内容设计调研问卷并提交项目负责人；

2. 2011年10月中、下旬项目负责人对问卷进行综合分析汇总后召开项目问卷设计研讨会，确定问卷内容并上报朝阳区社工委征求意见；

3. 2011年11月上、中旬与朝阳区社工委联合确定问卷发放范围并下发及回收问卷；

4. 2011年11月底完成问卷信息统计分析及汇总工作。

二、个案访谈

1. 2011年11月中旬与朝阳区社工委及社会组织培育基地协商访谈对象；

2. 2011年11月中旬至2012年2月底完成全部个案的访谈。

三、社工专业人才培养综合试点探索

2012年4月底前完成朝阳区专业社工人才培养试点单位案例分析

四、专家论证会

2011年10月至2012年4月中旬完成社工专业人才培养与使用等系列专家论证会。

五、中期报告

2012年1月底完成项目中期报告。

六、项目产出报告：2012年5月20日前

1. 朝阳区现有社工人才各种情况分析数据（2011－11）；

2. 朝阳区"十二五"期间专业社工人才的培养路径（2012－01）；

3. 朝阳区"十二五"期间专业社工人才的评价标准（2012－03）；

4. 总报告研讨与论证（2010－05）。

管庄惠邻社会工作室
2011年9月

例：各月工作计划表（节选）

朝阳区政府购买社会组织服务项目工作计划表

项目名称	朝阳区专业社工人才"培养、评价、使用、激励"情况调研分析		项目周期	2011年9月14日
项目实施机构	管庄惠邻社会工作室			2012年5月30日
项目实施社区	朝阳区所属社区以及在朝阳区备案的社会组织			项目启动至今已半个月
填表人	李惠辉		填表日期	2011-09-26

九、十月份工作计划

序号	活动名称	工作内容	工作团队	团队负责人	第一周	第二周	第三周	第四周	第五周	如果是具体活动，请说明时间	是否与项目申请中活动设计一致，如果有不同，请说明清楚的原因，是否会有10%以上的变动
1	调研准备1	调查问卷搜集资料及设计	惠邻社会工作室	张书颖、李广阳、胡光自	顺利进行						一致
2	调研准备2	调查问卷撰写	惠邻社会工作室	张书颖、李广阳、胡光自	顺利进行	顺利进行					一致

续表

序号	活动名称	工作内容	工作团队	团队负责人	第一周	第二周	第三周	第四周	第五周	如果是具体活动，请说明时间	是否与项目申请中活动设计一致，如果有不同，请说明清楚的原因，反对项目预算是否会有10%以上的变动
5	调研准备3	调查问卷分析研讨会及征求意见	惠邻社会工作室	张书颖、李广阴、胡光自			顺利进行				一致
6	问卷调查实施	确定范围并下发及回收	朝阳区社工委、惠邻社会	马楷、张书颖、李广阴、胡光自				顺利进行	顺利进行		一致

朝阳区政府购买社会组织服务项目工作计划表

项目名称	朝阳区专业社工人才"培养、使用、鼓励"情况调研分析		
项目实施机构	管庄惠邻社会工作室		
项目实施社区	朝阳区所属社区以及在朝阳区备案的社会组织	项目周期	2011年9月14日 2012年5月30日 项目启动至今已两个月
填表人	李惠辉　史月进	填表日期	2011-11-14

十一月份工作计划

序号	活动名称	工作内容	工作团队	团队负责人	第六周	第七周	第八周	第九周	第十周	如果是具体活动，请说明时间	是否与项目申请中活动设计一致，如果有不同，请说明清楚的原因，及对项目预算是否会有10%以上的变动
1	调研准备1	调查问卷综合分析	惠邻社会工作室	张书颖、李广阳、胡光自	顺利进行						一致
2	研讨会	调查问卷探讨会	惠邻社会工作室	张书颖、李广阳、胡光自		顺利进行					一致
3	征求区社工委意见	确定问卷内容上报区社工委征求意见	惠邻社会工作室	张书颖、李广阳、胡光自			顺利进行				
4	问卷发放	确定问卷发放范围及发放回收	惠邻社会工作室	张书颖、李广阳、胡光自			顺利进行	顺利进行			一致
5	问卷回收、分析	确定问卷回收、范围及发放、回收	朝阳区社工委，惠邻社会工作室	张书颖、李广阳、胡光自			顺利进行	顺利进行	顺利进行		一致

第一部分
备案型社区社会组织政府购买服务项目操作指南

朝阳区政府购买社会组织服务项目工作计划表

项目名称	朝阳区专业社工人才"培养、使用、鼓励"情况调研分析	项目周期	2011年9月14日
项目实施机构	管庄惠邻社工工作室		2012年5月30日
项目实施社区	朝阳区所属社区以及在朝阳区备案的社会组织		项目启动至今已两个月
填表人	李惠辉	填表日期	2011-12-7

十二月份工作计划

序号	活动名称	工作内容	工作团队	团队负责人	第十周	第十一周	第十二周	第十三周	如果是具体活动,请说明时间	是否与项目申请中活动设计一致,如果有不同,请说明清楚的原因,及对项目预算是否会有10%以上的变动
1	发放问卷及回收	发放问卷回收	惠邻社会工作室	张书颖、李广阳、胡光自	顺利进行					一致
2	发放问卷及回收	发放问卷回收	惠邻社会工作室	张书颖、李广阳、胡光自		顺利进行	顺利进行			一致
3	个案访谈	确定访谈对象,进行个案访谈工作	惠邻社会工作室	张书颖、李广阳、胡光自						

朝阳区政府购买社会组织服务项目工作计划表

项目名称	朝阳区专业社工人才"培养、评价、使用、鼓励"情况调研分析		项目周期	2011年9月14日
项目实施机构	管庄惠邻社会工作室			2012年5月30日
项目实施社区	朝阳区所属社区以及在朝阳区备案的社会组织			项目启动至今已5个月
填表人	李惠辉	史月进	填表日期	2012-2-8

二月份工作计划

序号	活动名称	工作内容	工作团队	团队负责人	第八周	第九周	第十周	第二十周	第二十一周	如果是具体活动，请说明时间	是否与项目申请中活动设计一致，如果有不同，请说明清楚的原因，及对项目预算是否会有10%以上的变动
1	个案访谈	确定访谈对象，进行个案访谈	惠邻社会工作室	张书颖、李广阳、胡光白	顺利进行						一致
2	个案访谈	确定访谈对象，进行个案访谈	惠邻社会工作室	张书颖、李广阳、胡光白		顺利进行					一致

续表

序号	活动名称	工作内容	工作团队	团队负责人	第八周	第九周	第二十周	第二十一周	如果是具体活动，请说明时间	是否与项目申请中活动设计一致，如果有不同，请说明清楚的原因，及审项目预算是否会有10%以上的变动
3	个案访谈	确定访谈对象，进行个案访谈	惠邻社会工作室	张书颖、李广阳、胡光自			顺利进行			
4	个案访谈	确定访谈对象，进行个案访谈	惠邻社会工作室	张书颖、李广阳、胡光自			顺利进行	顺利进行		一致

朝阳区政府购买社会组织服务项目工作计划表

项目名称	朝阳区专业社工人才"培养、使用、激励"情况调研分析	项目周期	2011年9月14日
项目实施机构	管庄惠邻社会工作室		2012年5月30日
项目实施社区	朝阳区所属社区以及在朝阳区备案的社会组织		项目启动至今已6个月
填表人	李惠辉 史月进	填表日期	2012-2-28

三月份工作计划

序号	活动名称	工作内容	工作团队	团队负责人	第二十二周	第二十三周	第二十四周	第二十五周	如果是具体活动，请说明时间	是否与项目申请中活动设计一致，如果有不同，请说明清楚的原因，反对项目预算是否合合有10%以上的变动
1	个案访谈	确定访谈对象，进行个案访谈	惠邻社会工作室	张书颖、李广阳、胡光自	■					一致
2	个案访谈	确定访谈对象，进行个案访谈	惠邻社会工作室	张书颖、李广阳、胡光自						一致
3	个案访谈	确定访谈对象，进行个案访谈	惠邻社会工作室	张书颖、李广阳、胡光自		■				
4	个案访谈	确定访谈对象，进行个案访谈	惠邻社会工作室	张书颖、李广阳、胡光自				■		一致
5	朝阳区"十二五"期间专业社工人才的培养路径	初步形成培养路径报告	惠邻社会工作室	张书颖、李广阳、胡光自				■		

第一部分 备案型社区社会组织政府购买服务项目操作指南

二月份工作完成情况

序号	活动名称	工作内容	工作团队	团队负责人	完成实施情况（如果没有完成，请说明原因，即后续解决方式）
1	个案访谈	确定访谈对象，进行个案访谈	惠邻社会工作室	张书颖、李广阳、胡光自	由于项目具体负责人出国等原因，因此个案访谈延期至三月份完成
2	个案访谈	个案访谈	惠邻社会工作室	张书颖、李广阳、胡光自	由于项目具体负责人出国等原因，因此个案访谈延期至三月份完成
3	个案访谈	个案访谈	惠邻社会工作室	张书颖、李广阳、胡光自	由于项目具体负责人出国等原因，因此个案访谈延期至三月份完成
4	项目中期节点报告	朝阳区"十二五"期间专业社工人才的培养路径项目报告	惠邻社会工作室	张书颖、李广阳、胡光自	项目中期节点报告已经完成，总工作已经于1月中旬基本全部完成，另外问卷信息统计分析及汇总工作已经于1月中旬基本全部完成

朝阳区政府购买社会组织服务项目工作计划表

项目名称	朝阳区专业社工人才"培养、使用、鼓励"情况调研分析		
项目实施机构	管庄惠邻工作室		
项目实施社区	朝阳区所属社区以及在朝阳区备案的社会组织		
填表人	李惠辉 史月进	填表日期	2012-04-10

5月份工作计划

序号	活动名称	活动时间	活动类别（写序号1.大型户外活动2.户内活动）	活动预算	目标产出	受益人数	第一周	第二周	第三周	第四周	备注
1	项目产出报告	2012年5月			朝阳区现有社工人才各种情况分析数据	朝阳区社工	■				
2	项目产出报告	2012年5月		7000	朝阳区"十二五"期间专业社工人才的培养路径	朝阳区社工		■			
3	项目产出报告	2012年5月			朝阳区"十二五"期间专业社工人才的培养路径	朝阳区社工			■		
4	项目产出报告	2012年5月			总报告研讨与论证	朝阳区社工				■	

备注：预计产出可填写活动是否有文字性资料、影响人群、预计能改变人群的观念等。

第一部分
备案型社区社会组织政府购买服务项目操作指南

（三）项目节点报告（项目中期验收报告）

编　号	

朝阳区政府购买社会组织服务
项目节点报告

项目名称： 朝阳区专业社工人才
"培养、评价、使用、激励"情况调研分析

提交机构： 朝阳区管庄惠邻社会工作室

提交日期： 2012 年 2 月 25 日

一、基本情况

1. 机构名称：管庄惠邻社会工作室
2. 项目名称：朝阳区专业社工人才"培养、评价、使用、激励"情况调研分析
3. 项目起止时间：2011年9月—2012年5月
4. 项目执行团队及分工

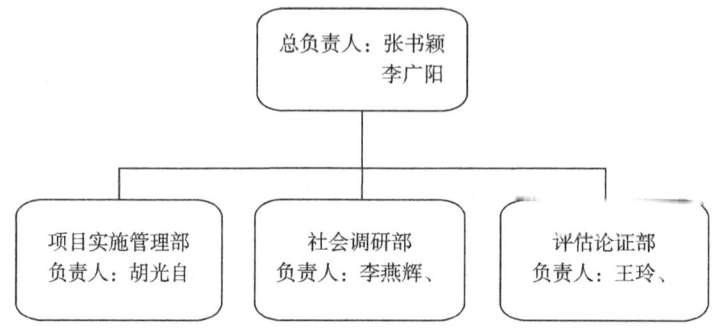

二、项目发展状况

1. 项目启动至今，与项目相关的政治、经济、社会环境（特别是社区环境）等方面是否有改变或是新的发展趋势（例如：相关政府法规政策的改变，项目实施地合作伙伴的改变等）？如果有，那么改变的程度的怎样的？这些改变对于项目所设计的活动、目标和的达成有怎样的影响？

项目启动至今，与项目相关的宏观和微观环境都发生了一定的变化。首先在宏观上党的十七届六中全会公报上进一步加强社会管理创新有了新的举措；中共中央27号文和北京市委的26号文都强调了关于全面加强城乡社区居民委员会的建设，同时也大力强调对社区工作者及社工人才的队伍建设；其次在微观上朝阳区政府和朝阳区社工委在社工人才的培养上加大了力度，如仅在2011年下半年就进行了社区正职的短期培训、青年社工拓展训练和与民政部合作的社工人才骨干培训班；朝阳区社会组织培育基地组织进行的系列培训；在社工人才评价方面体现在2011年底的考核中较之以前更加系统化、科学化；在激励方面虽然没有大的变化，但是在2012年准备筹办社区工作者技能大赛，树立优秀社工的典型，加强专业化、职业化的建设；青年社工协会开展系列活动，增强青年社工队伍的向心力和战斗力。

所有这些改变,对于本项目目标的达成都起到了一定的支撑作用,使我们看到了希望。当然,对于整个项目来说仅有这些改变还是不够的,要真正达成项目目标还需要做系统的研究。

2. 项目启动至今,贵机构发生了怎样的变化?包括人事方面、合法身份、机构治理结构、内部控制等。

项目启动至今,惠邻社会工作室机构本身性质没有发生变化,还属于社区社会组织(非独立法人);但是项目执行团队人员发生了一些微调:原社会调研部负责人周启柏因工作调动离开,吸纳中级社工师马海燕加入;评估论证部因工作需要吸纳了博士曹海英、贾春晨、李建欣加入。通过这些改变,使项目团队结构更加合理化,更利于项目的执行。

三、项目实施情况(除文字描述外,请填写后文附表:项目中期完成目标与活动对照表)

(一)项目目标

1. 项目制定的目标有哪些?

(1)朝阳区现有专业社工人才"培养、评价、使用、激励"状况分析;

(2)朝阳区"十二五"期间专业社工人才的培养路径;

(3)朝阳区"十二五"期间专业社工人才的评价标准;

(4)朝阳区"十二五"期间专业社工人才的使用建议报告;

(5)朝阳区"十二五"期间专业社工人才的激励机制。

通过这些成果,盘点朝阳区专业社工人才的现有情况,对人员总量、素质、能力、知识结构等有个总体的把握,对人才供需结构有明确的分析,对"十二五"期间社工人才充分的发挥作用、社工队伍的稳定与提高,以及社会建设与管理目标的实施都有切实的推动作用。为政府探索社会管理创新模式提供和进行社会管理的决策提供支撑材料。

2. 在项目实施过程中,项目目标是否有调整?

项目在实施过程中,基本按照实施计划进行,目标未作调整。

(二)项目活动(项目启动至今)

1. 项目计划开展的活动有哪些?

项目计划在实施过程中开展了以下活动:

（1）2011年9月至10月中旬设计调查问卷；

（2）2011年11月4日召开项目研讨会，就调查问卷征求意见、建议，同时规划下一步的工作；

（3）从2011年11月15日至12月发放朝阳区专业社工人才"培养、评价、使用、激励"基本情况调查问卷；

（4）2011年12月中旬至2012年1月中旬进行问卷调查信息统计分析及汇总工作；

（5）进行个案访谈；

（6）总报告研讨与论证。

2. 按原计划实施的项目活动有哪些？项目的受益人群（直接受益人、间接受益人）是如何参与的？已实施的活动对项目目标的达成有怎样的帮助？

（1）按照原计划开展了如下活动：

①2011年9月中旬至10月中旬项目执行团队成员、项目负责人等就项目问卷的设计进行了探讨，基本确定问卷的设计思路、具体内容，这对下一步具体开展问卷调查以及个案访谈工作奠定了基础；

②2011年11月4日惠邻社会工作室召开了由区社工委领导、惠邻社会工作室的社工及专家团队部分成员、区社会组织培育基地恩派代表共约15人参加的政府购买社会组织服务项目研讨会。由惠邻社会工作室的专家本项目负责人张书颖向与会人员通报了项目实施计划，并就项目调研问卷征求了大家意见，与会领导、专家等纷纷就问卷提出了一些意见、建议，研讨会达了预期的良好效果，有利于项目的顺利开展。

③从2011年11月15日至12月底完成调查问卷的发放以及回收工作。利用区社工委、农工委组织的社区书记主任培训会、区青年社工协会组织的青年社工拓展训练等相关活动发放调查问卷，达到了项目所提出的计划。

④2011年12月中旬至2012年1月中旬，惠邻社会工作室利用专业统计软件SPSS，对调查问卷数据进行了汇总工作及信息统计分析。

⑤2012年3月，项目组成员已经开始有选择地对城市社区、农村社区、社会工作事务所专职社工、居委会成员、服务站成员、正副职、青年社工等不同群体进行深度访谈。

(2) 项目受益人群是如何参与活动的：

项目直接受益人群参与活动方法有三种：一是部分社工主动对整个项目全过程的参与，如惠河西里社区的全体社工，可谓是全员全过程参与；二是一部分社工被动参与部分环节，如被调研好让访谈到的社工，涉及到人员1000余人；三是社工在指导过程中介入，如恩派组织的一些内部成员在指导这个项目过程中也不断加深对这个问题的了解与思考。

项目间接受益人群参与活动的方法有三种：一是政府组织中的社会工作部门人员也在指导和协作中主动参与，引发了政府部门对项目内容进行系统思考；二是项目研究人员在做项目的过程中更加深入地了解了这个项目的深远影响意义；三是参与到项目分析的社工类大学生开始对未来职业的专业化、职业化、科学化、本土化有了一定的了解。

(3) 已实施的活动对项目目标的达成有怎样的帮助：奠定了扎实的基础。

3. 与之前的计划有较大变化的项目活动有哪些（包括地点、形式、规模等内容发生变化的活动，及新增活动或没有开展的活动）？产生这些变化的原因是什么？这些变化是否导致项目预算变动？

原计划2011年11月中旬—2012年2月底之前完成全部个案访谈工作。由于春节、项目负责人出国等原因，个案访谈工作推迟。计划2012年3月底之前完成全部个案访谈工作。

4. 在项目实施过程中，遇到哪些问题和困难？这些困难是怎样解决的？

朝阳区专业社工人才"培养、评价、使用、激励"情况调研分析项目，在发放问卷调查阶段，有些社工不理解，认为这个只是流于形式，对问题的解答特别是开放问题部分回答得并不认真。在发放问卷过程中，我们就此项目的意义以及对今后朝阳区社工的发展对参与答卷的社工作了相应的介绍，使他们了解认真积极地填写问卷对于社工的现实意义。

（三）请填写下表：项目中期完成目标与活动对照表（"受益人数"可更改为"受益人次"）

	计划达成			（截至中期）实际已达成			
项目目标	（1）朝阳区现有专业社工人才"培养、评价、使用、激励"状况分析； （2）朝阳区"十二五"期间专业社工人才的培养路径； （3）朝阳区"十二五"期间专业社工人才的评价标准； （4）朝阳区"十二五"期间专业社工人才的使用建议报告； （5）朝阳区"十二五"期间专业社工人才的激励机制。 　　通过这些成果，盘点朝阳区专业社工人才的现有情况，对人员总量、素质、能力、知识结构等有个总体的把握，对人才供需结构有明确的分析，对"十二五"期间社工人才充分的发挥作用、社工队伍的稳定与提高，以及社会建设与管理目标的实施都有切实的推动作用。为政府探索社会管理创新模式提供和进行社会管理的决策提供支撑材料。			（1）探讨设计调查问卷； （2）召开项目研讨会，就调查问卷征求意见、建议，同时规划下一步的工作； （3）发放朝阳区专业社工人才"培养、评价、使用、激励"基本情况调查问卷； （4）进行问卷调查信息统计分析及汇总工作。			
项目活动	活动名称	活动次数	受益人数	活动名称	活动次数	受益人数	已留存资料
	设计调查问卷	2		探讨设计调查问卷	2		问卷草稿电子版
	召开项目研讨会	1	15	召开项目研讨会	1		签订表、照片、问卷
	发放调查问卷	3	1000	发放调查问卷	5	1000	照片、回收问卷
	进行问卷调查信息统计分析及汇总	1		进行问卷调查信息统计分析及汇总	1	40	统计数据结果、照片、统计日志

四、项目取得的成效

（一）项目效果（项目启动至今）

1. 请根据贵机构申请书中列举的成功指标，说明项目已达到哪些成效？与项目启动前相比，有哪些改变？（包括：具体的成效，目标群体获得的提

升,其他相关群体获得的提升,对项目目的的合理性调整,等等)

本项目启动至今通过调查问卷的设计、发放以及统计分析,我们对朝阳区现有专业社工人才"培养、评价、使用、激励"状况情况有了初步的了解,对形成朝阳区"十二五"期间专业社工人才的培养路径、评价标准、使用建议、激励机制等报告奠定了初步的基础。并进而对朝阳区专业社工人才人员总量、素质、能力、知识结构等有个总体的把握,对人才供需结构有明确的认识。

2. 受益群体是如何看待本项目所开展的工作及达到的成效?

受益人群对本项目大多持支持态度,通过项目的调查问卷,他们认为可以基本反映目前朝阳区社工的整体现状,目前的工作状态,工资待遇及身份定位等问题。其中以工资待遇及身份定位问题为大家关注的焦点,反映很强烈,许多人对该问题提出了自己的观点和未来的要求。通过项目的调查,可以为政府对社工人才的未来规划发展提供一些依据,包括在工作安排、工作待遇、岗位定位、岗位设置以及社工人才的未来培养与发展等方面。

3. 请提供服务对象满意度反馈统计结果

计划发放1000份问卷,回收率达到93.7%以上,服务对象对问卷的整体设置表示比较满意,反馈的结果基本达到预期效果,基本反映了被查人员的目前基本现状和诉求。

(二)项目产生的其他重要影响

1. 请描述项目实施过程中产生的其他重要影响(正面或是负面;预计或是未预计的)。这些影响可能是政策、经济、社会层面的。

在项目实施过程中,主要是问卷填写和个别访谈中,反映出来的主要问题有以下几个方面:一是让社工们可以从人才培养、使用、评价和激励角度系统地思考本职工作,增强对社工岗位的新的认识,从而更加科学和职业化地对待社会工作;二是使社工们了解到政府还是非常重视社会工作的,并通过适当的方式在关注社工群体的各种诉求,使得他们能有一个反映自己心声的平台;三是通过项目实施普遍感觉到社工们工作压力很大,职业发展前景渺茫;四是社工普遍反映待遇较低,与自身工作付出不成正比;五是部分社工专业化水准较低,应该加大系统的培训力度。

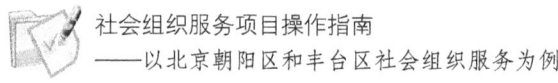

另外,通过管庄地区惠邻社会工作室成功申请政府购买社会组织购买服务项目——朝阳区专业社工人才"培养、评价、使用、激励"情况调研分析,带动了管庄地区社区社会组织的发展,使得地区社区社会组织以很大的热情积极参与今年的政府购买社会组织服务项目的申请工作,扩大了社会工作在地区的影响力。同时,通过一年的项目运作,在恩派的培育下,工作室积累了一定的项目运作经验,对今后管庄地区开展社会工作起到了积极的作用。

2. 除项目已设定的项目目标外,项目是否还取得其他长远影响?如果有,是怎样的影响?并说明是怎样产生的?

本项目在被调查人群中产生了一些影响,由于被调查人员大多为社区工作者,因此在众多社工中产生了共鸣,问卷的一些问题涉及到他们最关心的问题,其中以工资待遇和社会地位为两个主要方面,人们对于以上两个问题有一致的反映,包括工作量大、工资待遇低、社会地位不受重视等等,导致高端人才的流失。

3. 媒体报道(项目启动至今)

关于惠邻社会工作室开展项目服务方面,朝阳有线电视台曾进行过报道。

五、综合评价和展望

(一)在实施项目的过程中所遇到的挑战、问题和潜力方面,你们对项目的进展有怎么的评价?(项目启动至今)

1. 所遇到的挑战、问题和潜力

所遇到的挑战表现为选择调查群体的代表性、规模性比较难,同时发放问卷者身份的权威性也遭到了一定的挑战。

所遇到的问题一是在填写问卷时,部分社工对这个问题重视不够,认为是走过场,流于形式,特别是在开放问题部分,回答得很不理想;二是个案访谈样本数量的选择和时间确定上,比预计的难度要大,有很多变数在里边,导致工作在进程上受到了一定的影响;三是由于机构本身的特殊性,再加上资金到账比较晚,使得项目在实施过程中不太流畅,使得财务报表不能及时规范地提交。

调查中发现了一些潜在的、有益于社工发展的因素。一是在调查者中有部分社区正职,他们对于此次调研,都表示出支持和认同的态度,社工本身具有很强的敬业精神；二是部分社工对社工专业的认可，这些都有益于今后工作的推进。

2. 项目进展的评价

在项目实施中，我们严格按照项目书要求，开展项目工作。前期在制作调查问卷的过程中，我们经过反复论证反复研究，经过多次整合和修改，将调查问卷按照实际情况和理论框架设计完成。发放问卷，我们利用会议或者走访的形式，将调查问卷发放给相关社工，统一要求我们的工作人员现场解答疑问，现场收回问卷，提高工作效率。在调查问卷的统计阶段，我们利用专业软件，投入大量人力和时间，在工作人员的共同努力下，将问卷的基本情况统计出来。同时，召开了多次的社工专业人才培养与使用等系列专家论证会，由专业团队的成员在一起对项目的实施进行论证和讨论。

（二）下一阶段项目实施计划

1. 在接下来的项目执行过程中，项目将要达成到的成效有哪些？

通过问卷分析及个案访谈，我们将形成系统分析报告，为朝阳区以至于北京市"十二五"期间专业社工人才的培养、评价、使用与激励试点提供决策依据。

2. 对前面所提及的问题和困难，你们将有怎么样的解决方法？你们会继续按照最先的项目设计开展下期项目，还是会有调整？如有调整，是怎样的调整？

我们将提高团队的效率和工作进展速度，在保质保量的基础上，发挥团队优势，集中力量解决要紧的问题和困难，逐一攻破，严格落实项目设计，但是也要按照实际情况，根据自身条件，改良我们的项目计划和执行，最终保证项目整体的实施。

3. 请说明最新的项目计划和预算。

本项目严格以项目计划书为准，不改变预算。

六、总体评语及观点

通过本项目的实施，基本达到了预期的效果和预想的情况。通过初步统计分析和讨论研究，分析出了一些有共性的问题，希望本次的调研分析能给政府的未来规划和工作发展提供一些基础性的数据和依据。

七、项目财务报告（略）

(四) 项目评估汇报 PPT 展示内容

项目汇报 PPT：朝阳区专业社工人才"培养、评价、使用、激励"情况调研分析

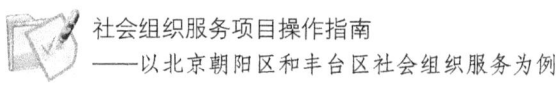

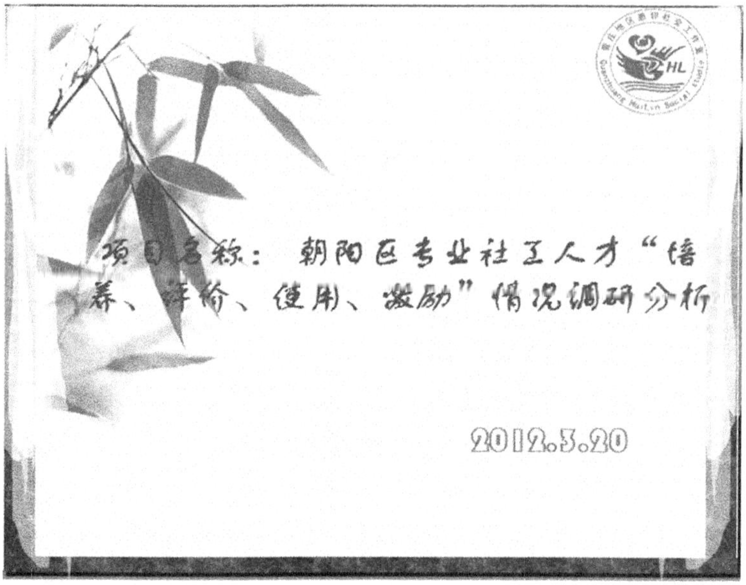

第一部分
备案型社区社会组织政府购买服务项目操作指南

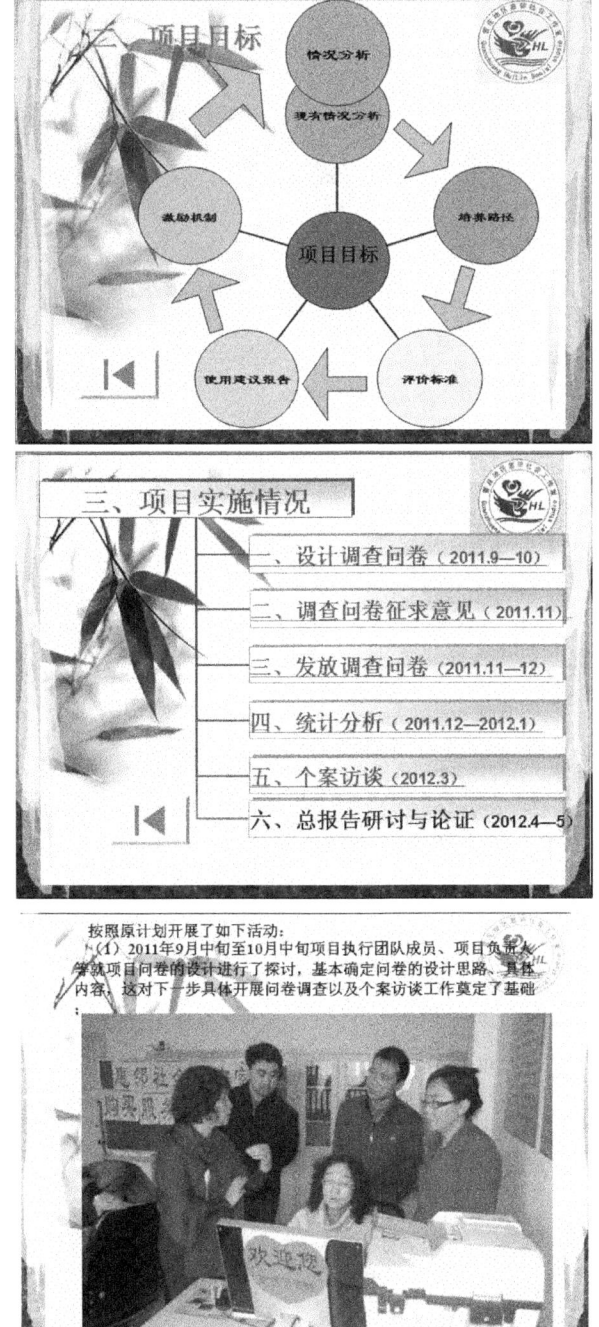

161

社会组织服务项目操作指南
——以北京朝阳区和丰台区社会组织服务为例

(2) 2011年11月4日恩邻社会工作室召开了由区社工委领导、恩邻社会工作室的社工及专家团队部分成员、区社会组织培育基地恩邻代表共约15人参加的政府购买社会组织服务项目研讨会。

第一部分
备案型社区社会组织政府购买服务项目操作指南

项目调查问卷论证会后部分团队成员合影

（3） 从2011年11月15日至12月底完成调查问卷的发放以及回收工作。利用区社工委、农工委组织的社区书记主任培训会、区青年社工协会组织的青年社工拓展训练等相关活动发放调查问卷，达到了项目所提出的计划。
（回收上来的数量：普通586+青年260+正职91=937份，回收率93.7%）

社工正在紧锣密鼓地开展调查问卷信息统计工作

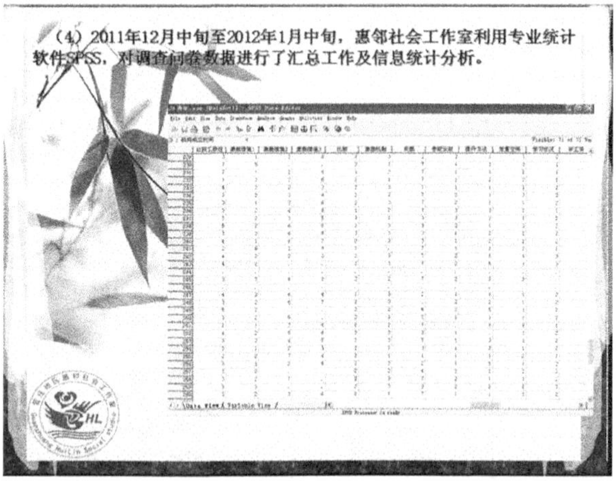

社会组织服务项目操作指南
——以北京朝阳区和丰台区社会组织服务为例

（4）2011年12月中旬至2012年1月中旬，惠邻社会工作室利用专业统计软件SPSS，对调查问卷数据进行了汇总工作及信息统计分析。

运用专业SPSS软件分析调查问卷数据

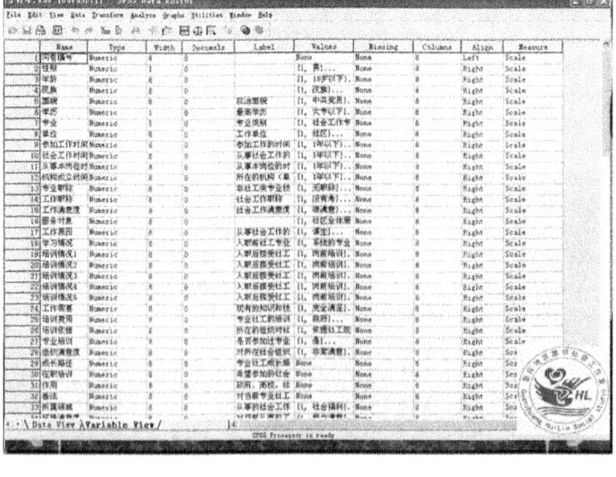

第一部分
备案型社区社会组织政府购买服务项目操作指南

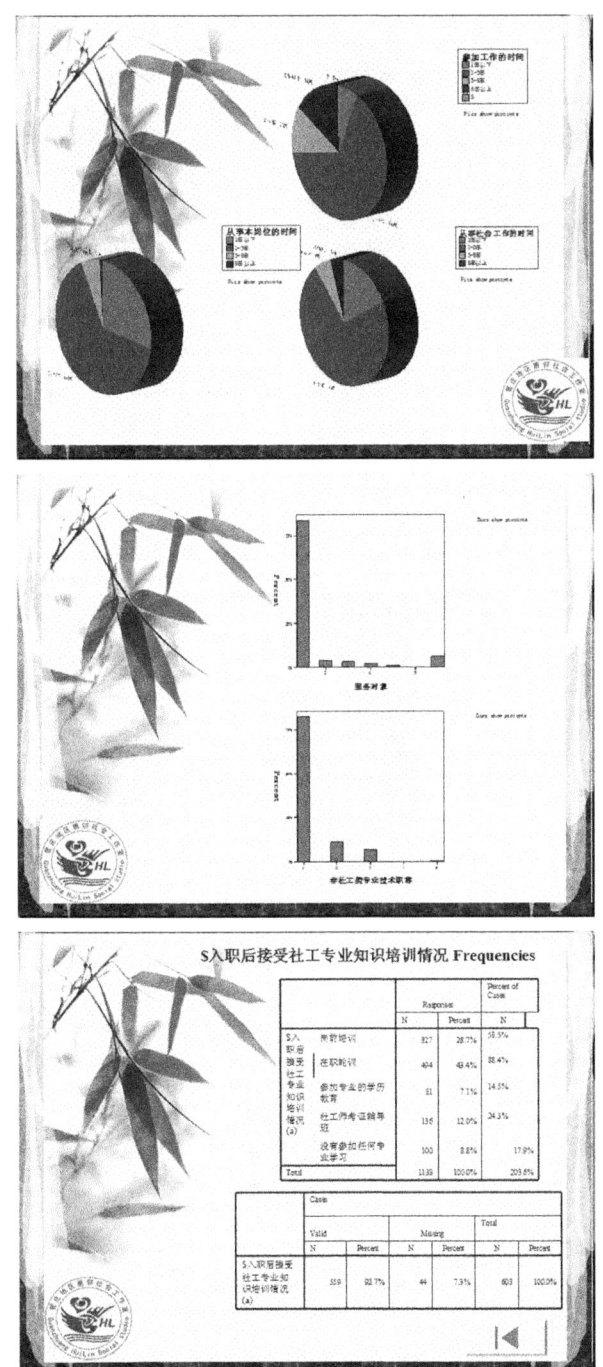

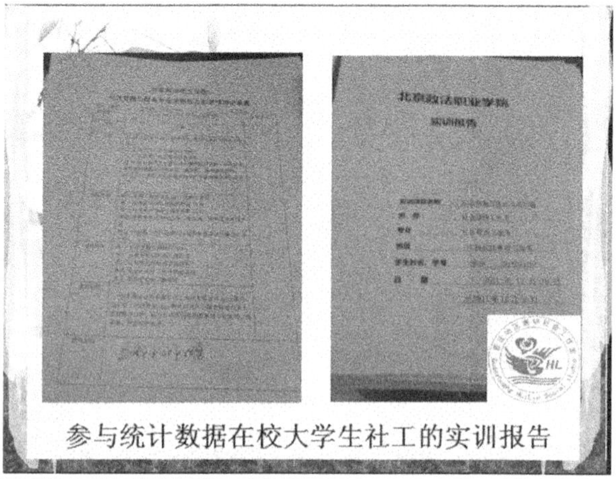
北京政法职业学院
实训报告
参与统计数据在校大学生社工的实训报告

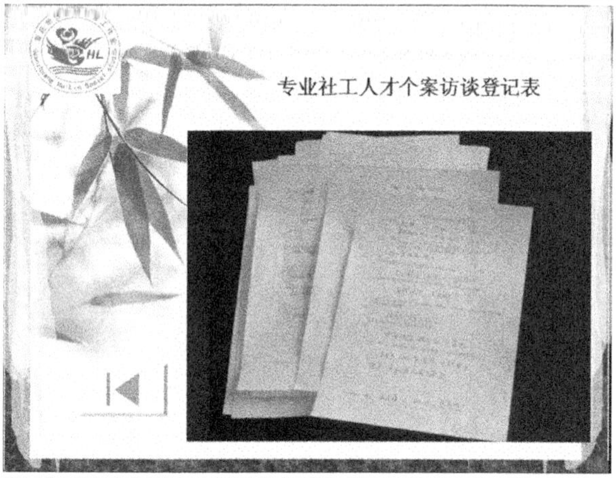
专业社工人才个案访谈登记表

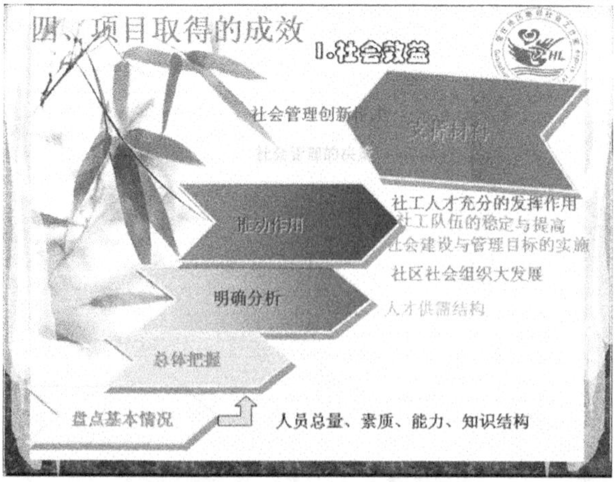
四、项目取得的成效
1.社会效益
社会管理创新
社工人才充分的发挥作用
社工队伍的稳定与提高
社会建设与管理目标的实施
社区社会组织大发展
明确分析
人才供需结构
总体把握
盘点基本情况
人员总量、素质、能力、知识结构

第一部分
备案型社区社会组织政府购买服务项目操作指南

社会组织服务项目操作指南
——以北京朝阳区和丰台区社会组织服务为例

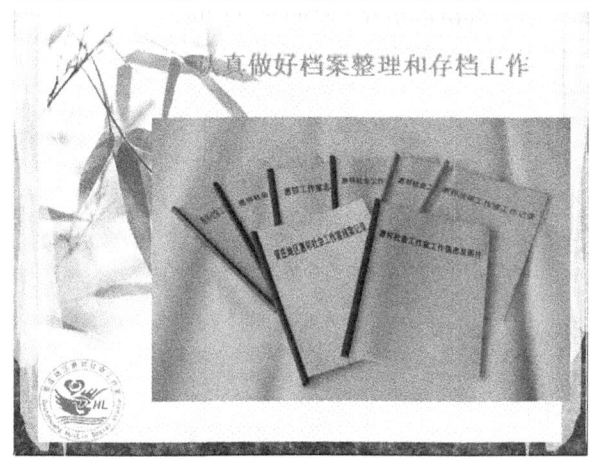

第一部分
备案型社区社会组织政府购买服务项目操作指南

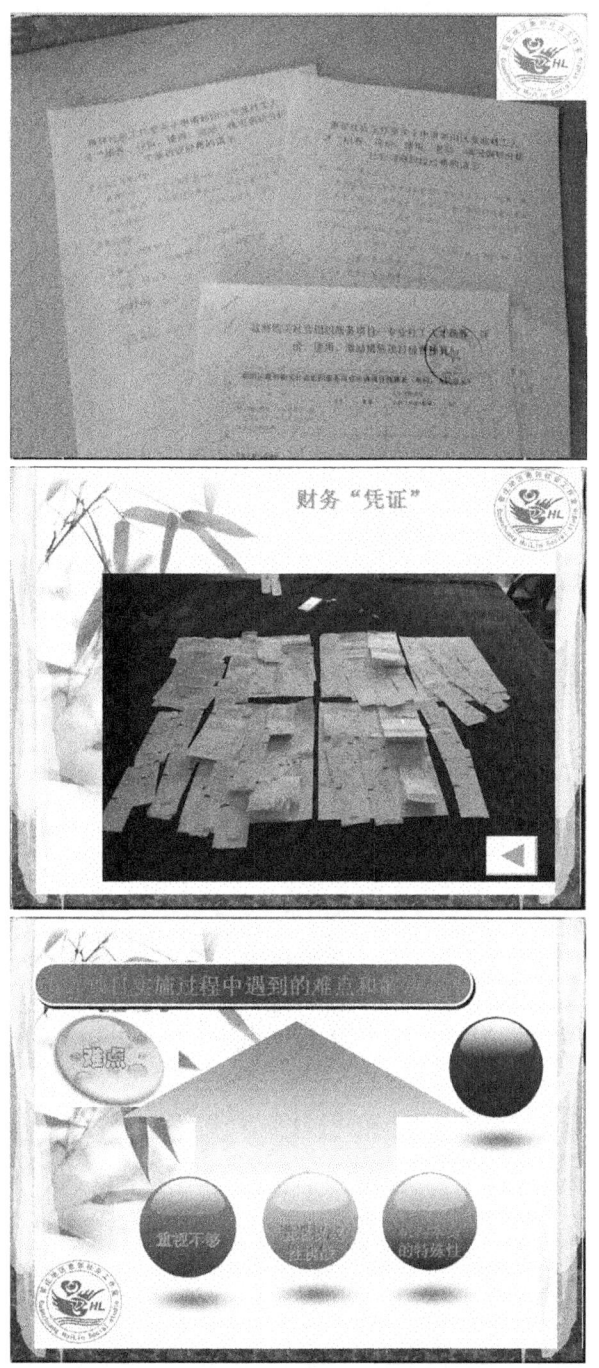

169

社会组织服务项目操作指南
——以北京朝阳区和丰台区社会组织服务为例

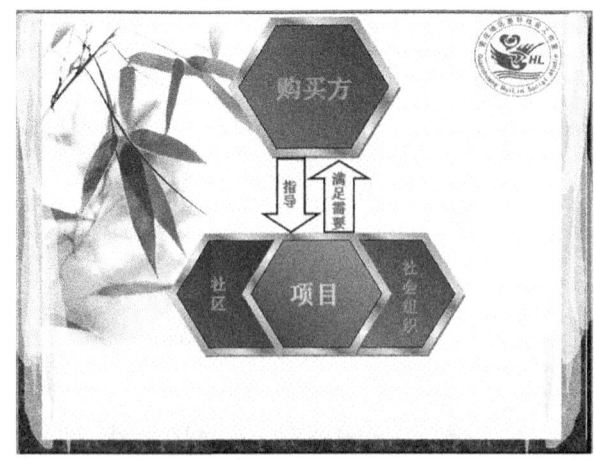

第一部分
备案型社区社会组织政府购买服务项目操作指南

（五）朝阳区政府购买社会组织服务项目合同书

合同编号：

朝阳区政府购买社会组织服务项目合同书

项目名称：朝阳区专业社会工作人才"培养、使用、评价、激励"情况调研分析

委托方（甲方）：北京市朝阳区社会建设办公室

受托方（乙方）：北京市朝阳区管庄惠邻社会工作室

签订时间：2011 年 8 月 23 日

填写说明

1. 本合同书甲方为北京市朝阳区社会建设工作办公室，乙方为项目承接单位。

2. 本合同书一式三份，由北京市朝阳区社会建设工作办公室与项目承担单位签订，甲方、乙方各一份，另一份由区财政局备案。

3. 本合同书文本需打印（A4 纸），若手写需用钢笔或签字笔填写，字迹要工整清楚。

4. 合同编号应与项目申报书中的项目编号一致。

5. 本合同书填写时双方约定无需填写的条款，应在该条款处注明"无"等字样。

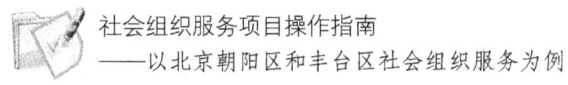

社会组织服务项目操作指南
——以北京朝阳区和丰台区社会组织服务为例

合 同 书

甲方：北京市朝阳区社会建设办公室

乙方：北京预防跨国犯罪研究会

甲乙双方依据《中华人民共和国合同法》，在平等自愿的基础上，就甲方委托乙方开展的<u>朝阳区专业社会工作人才"培养、使用、评价、激励"情况调研分析服务</u>项目，签署本合同，同意按照以下条款和条件具体执行。

第一条　乙方应按照项目申报书（见附件）中所列内容组织项目实施，周期为 2012 年 <u>9</u> 月 <u>14</u> 日至<u>2012</u> 年 <u>5</u> 月 <u>31</u> 日。

第二条　乙方项目经费管理使用应遵守相关财会制度，专款专用，保障项目顺利实施，并接受甲方、甲方委托的第三方以及财政、审计部门对项目实施过程的监督检查，按时提交项目进展报告和项目完成报告。

第三条　乙方应按照项目要求制定周密的实施计划，在项目实施过程中主动征求服务对象意见并持续改进，保证项目取得预期的社会效益。

第四条　乙方应按照甲方安排，自觉接受第三方项目中期评估和终期评估，并按照评估意见改进工作。

第五条　合同履行过程中，如需变更合同条款，应由甲、乙两方共同协商，签订补充文件。

第六条　项目所取得的成果归甲、乙双方共有。

第七条　本项目涉及到的经费开支应严格按照项目申报书（见附件）预算执行。

第八条　甲方按以下方式支付项目经费：

1. 项目申请金额<u>xxxxx</u> 元，经双方协商核定项目经费总额为<u>xxxxx</u> 元（人民币 <u>xxxxx</u> 元整）。

2. 项目经费由甲方分两次支付给乙方。合同签订后 10 个工作日内，甲方支付给乙方项目经费的 60%，即人民币<u>xxxxx</u> 元；中期评估合格后 10 个工作日内，甲方支付剩余 40% 项目经费，即人民币<u>xxxxx</u> 元。

第九条 本合同的项目经费由乙方使用。甲方以及其委托的第三方在不妨碍乙方正常工作的前提下，有权检查乙方开展项目情况和项目经费的使用情况。

第十条 甲、乙中任何一方因不可抗力无法履行本合同时，应出具证明并采取相应的补救措施。乙方因不可抗力无法履行合同时，应将未使用完的经费退还甲方。

第十一条 乙方不能按合同规定期限完成项目，而又未办理延期手续，按违约处理，乙方必须在合同规定的项目终止期限后的两个月内归还甲方支付的全部经费。未经甲方同意，乙方不得将本合同项目部分或全部工作转让第三方承担。

第十二条 双方确定，在本合同有效期内，甲方指定xxx为甲方项目联系人（电话：xxxxxxxxxxxx），乙方指定张书颖为乙方项目联系人（电话：xxxxxxxx；手机：xxxxxxxxxxxx）。一方变更项目联系人的，应当及时以书面形式通知另一方。未及时通知并影响本合同履行或造成损失的，应承担相应的责任。

第十三条 双方因履行本合同而发生的争议，应协商、调解解决。协商、调解答不成一致的，可通过仲裁、诉讼方式解决。

第十四条 项目申报书作为本合同的附件与合同具有同等效力。

第十五条 本合同一式三份，具有同等法律效力。

第十六条 本合同经双方代表签字盖章后后生效。

附件：项目申报书

甲方：<u>北京朝阳区社会建设办公室</u> 乙方：<u>北京市朝阳区管庄社会工作室</u>
　　（印章）　　　　　　　　　　　　　（印章）
代表（签字）：_____　　　　　代表（签字）：<u>张书颖</u>
　2011 年 8 月 23 日　　　　　　　　2011 年 8 月 23 日

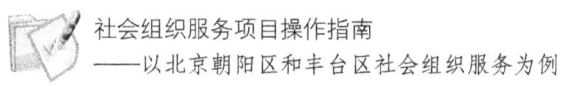

社会组织服务项目操作指南
——以北京朝阳区和丰台区社会组织服务为例

四、调研资料

（一）调研问卷展示

朝阳区专业社工人才培养、使用、评价、激励情况调查问卷

表　　号：

制表机构：

批准机构：

批准文号：

有效期至：2012年5月底

亲爱的朝阳区社会工作者们：

自2006年，党的十六届六中全会通过了《中共中央关于构建社会主义和谐社会若干重大问题的决定》，提出"建设宏大社会工作人才队伍"，到2010年6月《国家中长期人才发展规划纲要》（2010—2020）中一个引人关注之处是提出要"培养造就一支职业化、专业化的社会工作人才队伍"，这充分说明了中央对专业社会工作人才的高度重视，使社会工作人才队伍建设的目标任务更加明确。为了切实实现《纲要》目标，造就一支职业化、专业化和本土化社工人才队伍，在"协调社会关系，预防和解决社会问题，提高社会管理服务水平，维护社会和谐稳定"等诸多方面发挥"减压阀"、"减震器"和"挡风墙"作用，成为建设和谐社会的重要力量。在社会转型期政府迫切需要探索专业社工人才的培养、使用、评价、激励情况，以利于更好地加强社会管理及社工人才队伍的建设。但对于政府而言"社工人才队伍建设问题"还是一个全新的课题。因此，我们希望广大社工们能认真填写下列问卷，为朝阳区政府决策提供依据，使朝阳区社工人才队伍建设在关注一线社工需求与现状的基础上迈上新的台阶。

温馨提示

1. 此问卷只作为课题研究资料使用，保证不会泄露您的个人隐私
2. 请在每一个问题后适合自己情况的答案号码上划勾或者写上您的答案

3. 无特殊说明每一道选择题只能选择一个答案

4. 开放性问题根据自己了解的情况如实回答

5. 问卷要求社工本人认真填写

非常感谢您的合作与支持！

第一部分：现有社工人才基本情况

1. 您的性别：男（ ）   女（ ）

2. 您的年龄：

A. 18 以下　　　B. 18~24　　　C. 25~35　　　D. 36~50

E. 50 以上

3. 民族：_____。

4. 政治面貌：

A. 中共党员　　B. 共青团员　　C. 民主党派成员

D. 无党派人士　E. 群众

5. 最高学历：

A. 大专以下　　B. 大专　　　C. 大学本科　　D. 研究生

E. 研究生及以上

6. 您所学的专业类别：

A. 社会工作专业　B. 社会工作类专业　C. 管理类专业

D. 其他专业　　　E. 无专业

7. 您所在的工作单位是：

A. 社区（包括社区党组织、居委会和服务站）

B. 专业社工机构

C. 政府机关

D. 事业单位

E. 企业

8. 您参加工作时间：

A. 1 年以下　　B. 1~3 年　　　C. 3~5 年　　　D. 5 年以上

9. 您从事社会工作的时间：

A. 1 年以下　　　B. 1~3 年　　　C. 3~5 年　　　D. 5 年以上

10. 您从事本岗位的时间：

A. 1 年以下　　　B. 1~3 年　　　C. 3~5 年　　　D. 5 年以上

11. 您所在的机构（单位）成立的时间：

A. 1 年以下　　　B. 1~3 年　　　C. 3~5 年　　　D. 5 年以上

12. 您的非社工类专业技术职称是：

A. 无职称　　　B. 初级　　　C. 中级　　　D. 副高

E. 正高

13. 您的社会工作职称是：

A. 没有考　　　　　　　　　　　　　B. 尚未通过

C. 部分科目通过（请注明初级还是中级）　　D. 助理社会工作师

E. 社会工作师

14. 您的服务对象：

A. 社区全体居民　B. 老年　　C. 妇女　　D. 儿童及青少年

E. 残疾人　　　F. 农民工　　G. 其他

15. 您对现在的社会工作的满意度

A. 很满意　　　B. 较满意　　　C. 一般　　　D. 较不满意

E. 很不满意

16. 您从事社会工作的主要原因在于：

A. 谋生　　　B. 兴趣　　　C. 社会责任　　　D. 专业所致

E. 其他

第二部分：社工专业人才培养情况

17. 入职前社工专业知识学习情况：

A. 系统的专业学习　　　B. 自学　　　C. 一般了解

D. 不太学习　　　　　　E. 从不学习

18. 入职后接受社工专业知识培训情况（可多选）

A. 岗前培训　　　B. 在职轮训　　　C. 参加专业的学历教育

D. 社工师考证辅导班　　　　E. 没有参加任何专业学习

19. 您感觉现有的知识和技能能否满足现在所从事的社会工作的需要？

A. 完全满足　　B. 满足　　C. 基本满足

D. 不太满足　　E. 很不满足

20. 您认为专业社工的培训费用应该由谁来承担？

A. 政府　　B. 个人　　C. 第三方机构

D. 政府、个人共同支付　　E. 政府、第三方机构共同支付

F. 第三方机构、个人共同支付

G. 政府、个人、第三方机构共同支付

21. 您所在的组织对社工进行的培训依据是什么？

A. 依据社工现任工作存在的差距

B. 依据个人事业发展的要求来确定的培训

C. 依据组织未来的长期发展要求来对社工进行培训

D. 没有培训

G. 无法回答

22. 您是否参加过专业培训？（如回答 B 请跳到 24 题）

A. 是　　　　　　　　B. 否

23. 您对你所在社会组织提供的培训满意吗？

A. 非常满意　　B. 满意　　C. 基本满意　　D. 不太满意

E. 很不满意　　F. 没有培训　　G. 无法回答

24. 您所知道的专业社工成长路径有哪些？

_____

25. 您希望参加什么形式的社会工作在职培训？

_____

26. 您认为政府、高校、社区学院和非营利组织在专业社工人才的培养中应该发挥怎样的作用？

_____

27. 您对当前专业社工人才的培养问题是怎样看的（从评价的角度来谈）？

_____

第三部分：社工专业人才使用情况

28. 您所从事的社会工作属于那一领域？（可多选）

 A. 社会福利 B. 社会救助 C. 收养服务 D. 优置安抚

 E. 慈善事业 F. 减灾赈灾 G. 家庭生活服务 H. 教育辅导

 I. 司法矫正 J. 就业服务 K. 医疗卫生 L. 计划生育

 M. 职工权益维护 N. 社区建设 O. 社区治安 P. 社区环境

 Q. 社区文化 R. 其他

29. 您对目前从事的工作环境是否满意？

 A. 相当满意 B. 满意 C. 基本满意 D. 不太满意

 E. 很不满意

30. 您认为现在的工作和本人的愿望是否吻合？

 A. 非常吻合 B. 吻合 C. 基本吻合 D. 不太吻合

 E. 很不吻合

31. 您所在的岗位职责是否明确？

 A. 非常明确 B. 明确 C. 基本明确 D. 不太明确

 E. 很不明确

32. 您的专长是否得到发挥？

 A. 非常充分 B. 充分 C. 一般 D. 不太充分

 E. 很不充分

33. 您认为朝阳区是否建立起了让多数社工展示才能发挥特长的机制呢？

 A. 已经建立 B. 基本建立 C. 初步建立 D. 尚未建立

 E. 不清楚

34. 如果您对当前工作不满意的话，主要源于哪些方面？（请选取1～3项，将选项前的字母依次填入下面的括号中）：第一（　），第二（　），第三（　）。

 A. 工作要求高，责任重   B. 工作强度大

 C. 社会认可度差   D. 工资报酬低

 E. 工作没前途   F. 工作风险大

 G. 其他_____（根据自己的实际情况写）

35. 在您的机构里，专业社工人才的使用是否合理？

A. 非常合理　　　B. 合理　　　C. 基本合理　　　D. 不太合理

E. 很不合理

36. 您了解其他地区专业社工人才的使用情况吗？

A. 非常了解　　　B. 了解　　　C. 基本了解　　　D. 不太了解

E. 很不了解

37. 您对朝阳区专业社工人才使用（发展）方面的建议有哪些？

第四部分：社工专业人才评价情况

38. 您所在的组织对社工考核主要采取的依据

A. 个人业绩　　　　　　　　B. 印象（如服务态度）

C. 群众舆论　　　　　　　　D. 综合考核（德、能、勤、绩、廉）

E. 其他

39. 您认为对专业社工人才的评估应该以什么为基础？

A. 以实际工作效果为准　　　B. 以他的知识水平

C. 工作能力　　　　　　　　D. 工作态度

E. 综合考察他的能力与实际效益

40. 您认为对专业社工人才的评价工作应该在什么时候进行？

A. 在其表现下降时　　　　　B. 在本人提出要求时

C. 定期进行或每年一次　　　D. 认为有必要时

E. 定期与不定期相结合

41. 您认为对专业社工人才的评价应该由谁来完成？

A. 上级主管部门领导　　　　B. 本部门领导

C. 第三方评估机构　　　　　D. 行业协会

E. 以上几方联合起来共同完成

42. 您认为在评价工作结束时：

A. 让社工阅读鉴定并写下本人意见

B. 不让社工阅读鉴定但征求他的意见

C. 让社工阅读鉴定但不征求社工的意见

D. 既不让社工阅读鉴定也不征求社工的意见

43. 您认为朝阳区现在是否存在一套科学的专业社工人才评价标准？

   A. 存在　　　　B. 存在但不全面　C. 不清楚　　　D. 不存在

44. 您认为现在社会工作者的社会地位如何？

_____

45. 您对自己现在从事的社会工作如何评价？

_____

46. 您认为开展专业社工人才评价的目的是什么？

_____

47. 在现阶段您认为专业的社工人才评价标准应该由哪几个方面构成？

_____

第五部分：社工专业人才激励情况

48. 本单位人员流动是否频繁？

   A. 非常频繁　　B. 频繁　　　　C. 一般　　　　D. 不太频繁

   E. 稳定

49. 本单位社会工作者积极性发展趋势是

   A. 上涨　　　　B. 稳定　　　　C. 一般　　　　D. 缓降

   E. 猛降

50. 您认为要做好现在的工作需要的激励措施是（按迫切程度排序，可选3项），

   A. 教育培训　　　　　　　　B. 增加薪金

   C. 领导器重　　　　　　　　D. 与同事相处和睦

   E. 能有效地帮助服务对象　　F. 社会认可

   G. 领导的水平高　　　　　　H. 服务对象能积极配合工作

51. 您觉得您的工资、报酬与您的能力、付出的比较

   A. 相称

   B. 不相称，工资、报酬太低

C. 不相称，工作付出太多

52. 您所在的单位有激励机制吗？

A. 有　　　　　B. 不了解　　　　C. 没有

53. 您从事社会工作受过何种奖励？（多选）

A. 本单位　　　B. 街道办事处　　C. 区级　　　　D. 市级

E. 行业协会　　F. 其他　　　　　G. 没有

54. 您是否希望参政议政？

A. 希望　　　　B. 无所谓　　　　C. 不希望

55. 根据现实状况您认为社会工作者怎样才能获得提升？

A. 业务发展、岗位发展　　　　B. 社会工作者确有真才实学

C. 干了几年自然地提升　　　　D. 依靠人际关系

E. 其他

56. 您认为当前的工作能否给你提供职业发展空间：

A. 几乎没有往上发展的空间

B. 有一定的发展空间

C. 发展空间相当大

57. 下列描述适合您组织的学习状况吗？

A. 组织有明确的学习与培训计划

B. 业务太忙而无法安排专门的学习时间；

C. 有激励社工能力提升的学习机制

58. 您认为维持您目前正常消费水平每年需要多少工资？

A. 1~3万　　　B. 3~6万　　　C. 6~8万　　　D. 8万以上

59. 如果预计您在未来几年内会得到很高薪水，您目前能够接受的每月最低工资是多少？

A. 1000元　　　B. 1500元　　　C. 2000元　　　D. 2500元

60. 如果您的工资暂时不能提高，而同时您又遇到一些不如意的事情，如果要改善这些状况，您认为应该首先解决哪个问题：

A. 提高福利待遇　　　　　　　B. 社会地位低不被人尊重

C. 政府不重视　　　　　　　　D. 提升个人发展的空间

61. 您现在考虑换个工作吗?

   A. 正在考虑　　　　　　　　　B. 没有考虑

   C. 现在工作不好找，凑合干吧　　D. 现在的工作很满意，没有这个打算

62. 您计划在多长时间里更换其他职业?

   A. 半年内　　　B. 一年内　　　C. 一年以后　　　D. 两年以后

   E. 目前还没考虑

63. 如果让您重新选择职业，您还会考虑做社工吗?

   A. 愿意　　　　B. 不愿意　　　C. 不好说

64. 如果有其他机构希望您跳槽过去，您会如何考虑：

   _____

   _____

65. 当您帮助服务对象解决了问题后，您会感到：

   A. 自豪　　　　B. 有成就感　　　C. 兴奋　　　D. 平常心

   E. 没有什么感觉

66. 您认为在社会工作中遇到的最大的问题是：

   A. 自己的能力有限　　　　　B. 与同事的关系

   C. 与领导的关系　　　　　　D. 服务对象不配合工作

   E. 国家是否真正重视社工的待遇

67. 您是否希望所从事的社会工作有行业协会?

   A. 非常希望有　　　　　　　B. 希望有

   C. 无所谓　　　　　　　　　D. 不希望有

   E. 非常不希望有

68. 如果已有行业协会，是否真正发挥了应有的作用？如果发挥得不够，应该在哪些方面改进?

   _____

   _____

69. 请您结合实际工作岗位，谈谈本单位、本行业、本地区社工专业人才队伍建设过程中存在的困难和问题，及对专业社工人才在培养、使用、评价和

激励方面的合理建议。（可加附页）

_____
_____
_____
_____。

（二）个案访谈登记表展示

专业社工人才个案访谈登记表

访谈对象姓名		性　别		联系方式	
工作单位		岗　位		从业时间	
访谈人		日　期		访谈时间	

访谈内容	1. 您对当前专业社工人才的培养问题是怎样看的？ 2. 您对朝阳区专业社工人才使用方面的建议有哪些？ 3. 在现阶段您认为专业的社工人才评价标准应该有哪几个方面构成？ 4. 请您结合实际工作岗位，谈谈本单位、本行业、本地区社工专业人才队伍建设过程中存在的困难和问题。 5. 政府的哪些措施可以改变你的工作状态？ 6. 您对专业社工人才在培养、使用、评价和激励方面有哪些合理的建议？

访谈对象（签名）：_____　　访谈人（签名）：_____

备注：个案访谈内容选取的是问卷调研中的一些开放性问题。这类问题一般在问卷中会有一部人因为感觉麻烦而不太认真作答，因此，项目组将其选取出来通过个案访谈的方式弥补其不足。

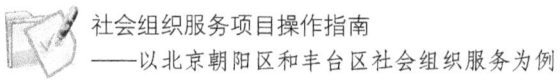

五、调研问卷分析——原始数据图表分析

1. 普通问卷部分数据——这里选取的是 586 份社区工作者的调研分析资料

1.

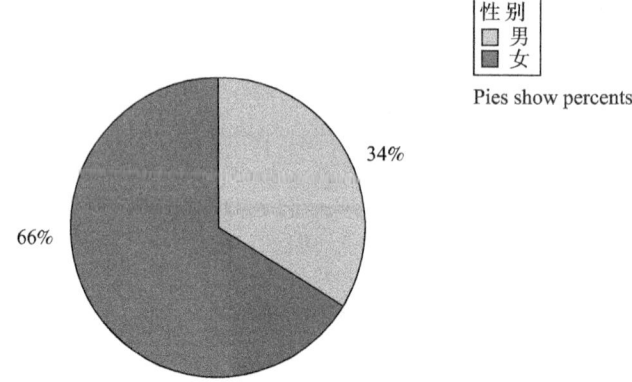

2

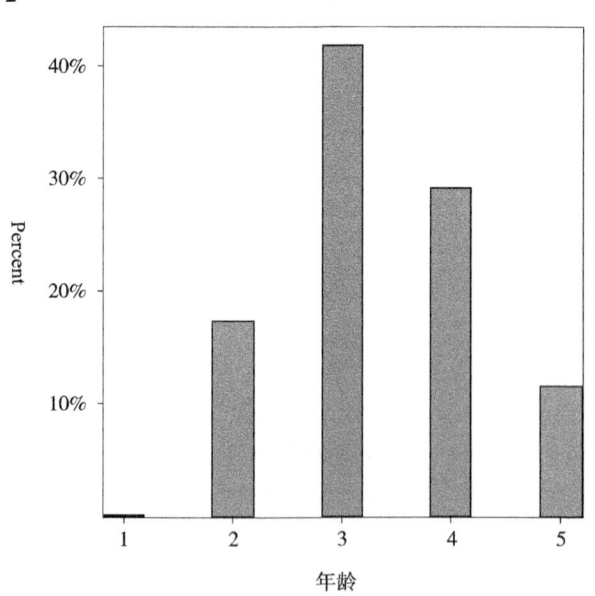

3

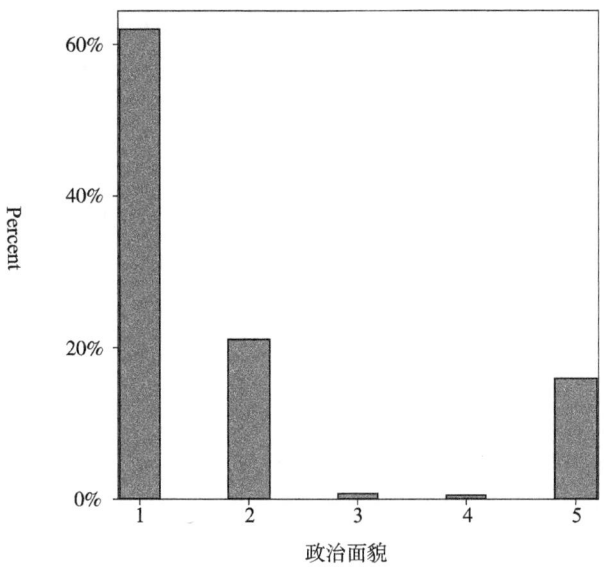

4

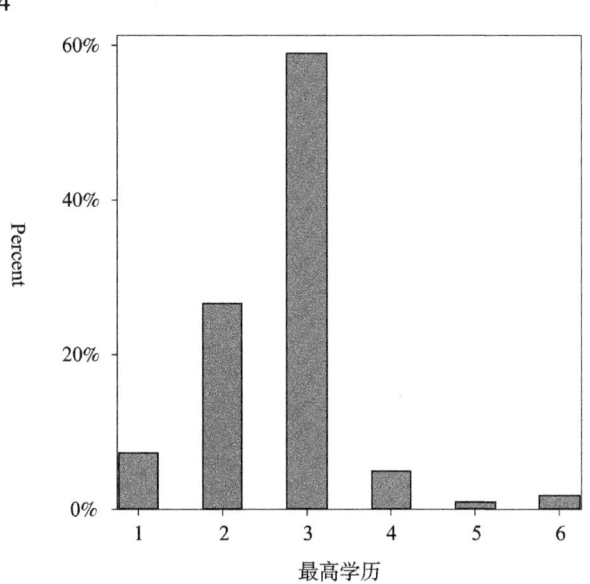

5

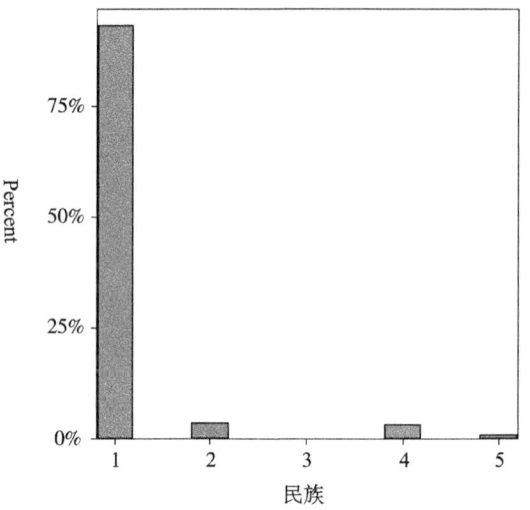

6

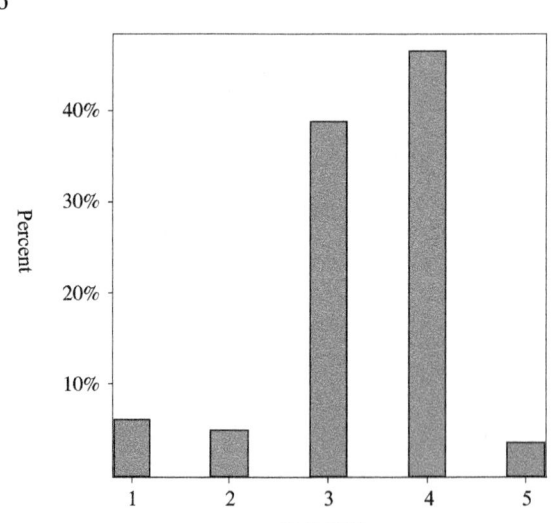

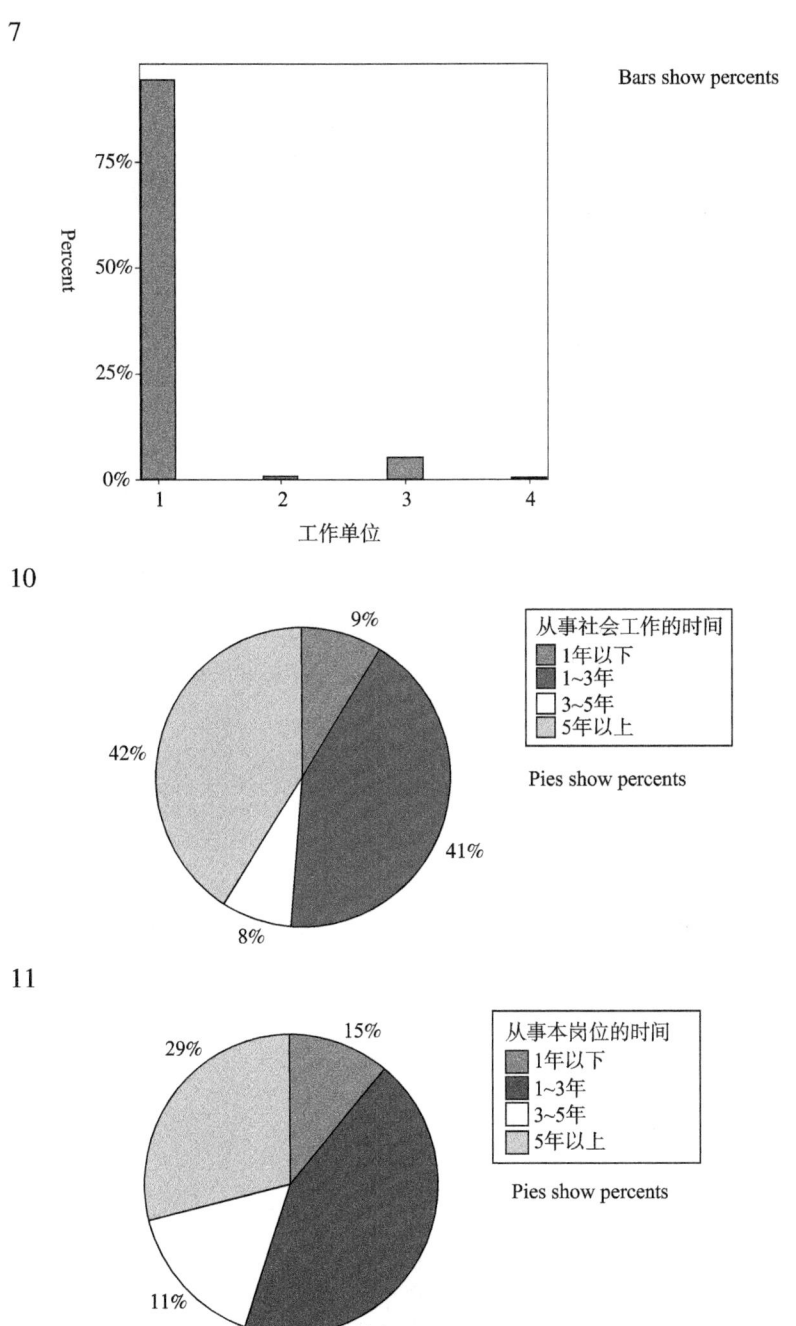

12

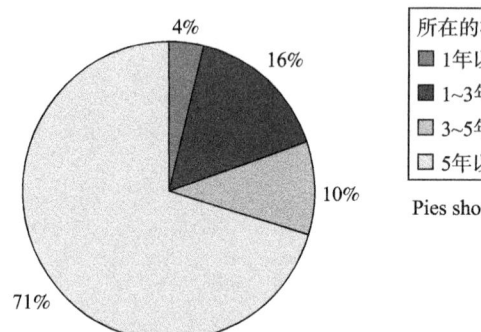

13

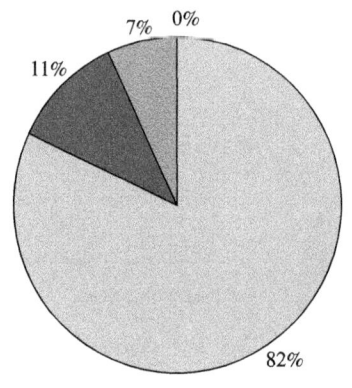

14

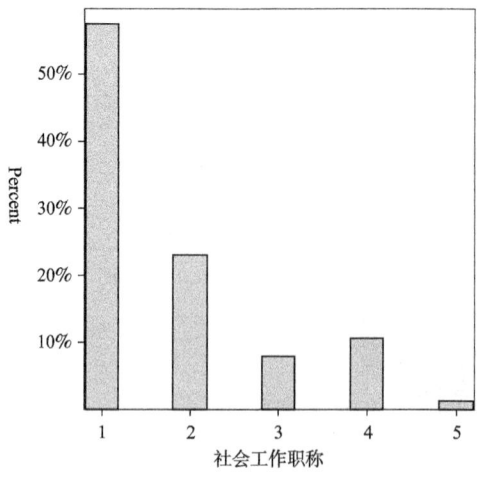

15

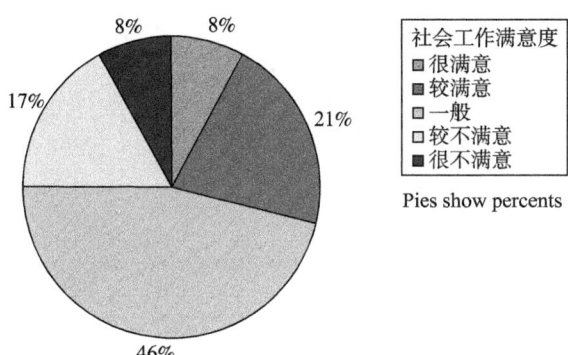

16

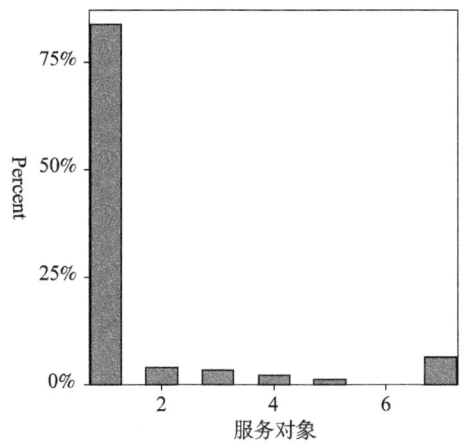

17

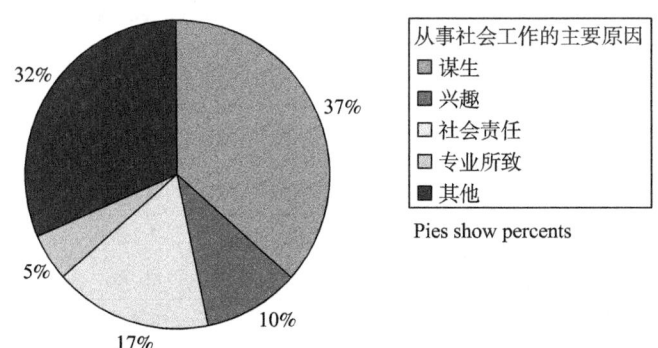

18

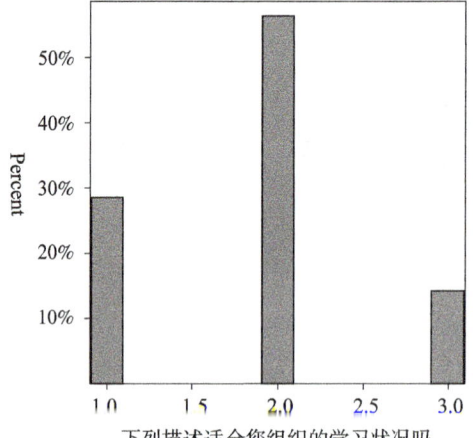

下列描述适合您组织的学习状况吗

19~23

入职后接受社工专业知识培训情况

Case Summary

	Cases					
	Valid		Missing		Total	
	N	Percent	N	Percent	N	Percent
$ 入职后接受社工专业知识培训情况（a）	559	92.7%	44	7.3%	603	100.0%

a Group

入职后接受社工专业知识培训情况 Frequencies

		Responses		Percent of Cases
		N	Percent	N
入职后接受社工专业知识培训情况（a）	岗前培训	327	28.7%	58.5%
	在职轮训	494	43.4%	88.4%
	参加专业的学历教育	81	7.1%	14.5%
	社工师考证辅导班	136	12.0%	24.3%
	没有参加任何专业学习	100	8.8%	17.9%
	Total	1138	100.0%	203.6%

a Group

24
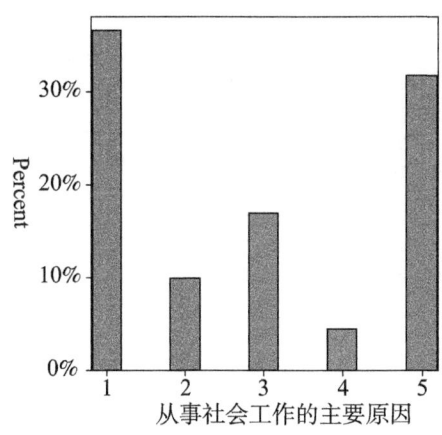
从事社会工作的主要原因

25
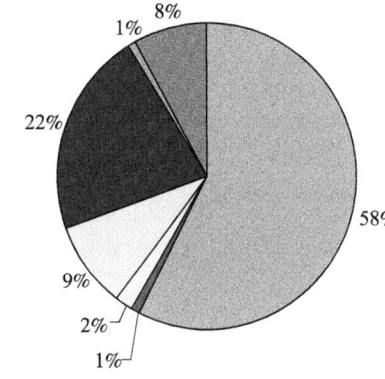

26
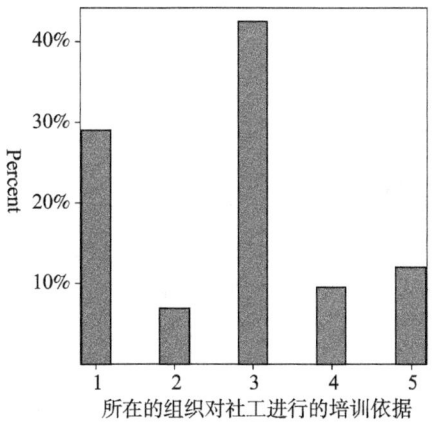
所在的组织对社工进行的培训依据

社会组织服务项目操作指南
——以北京朝阳区和丰台区社会组织服务为例

27

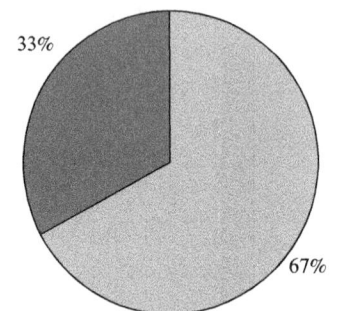

28

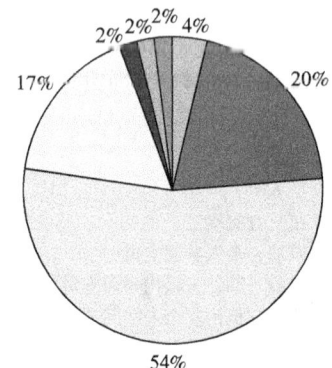

33

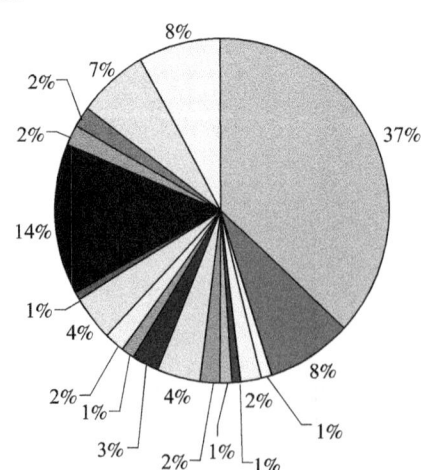

34

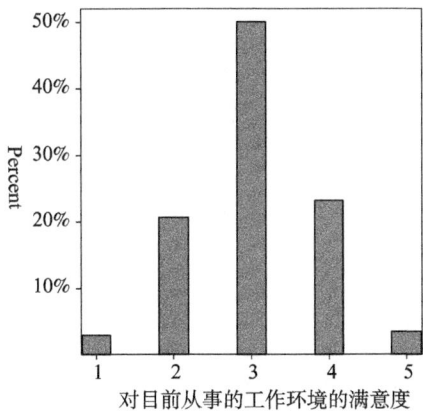

Bars show percents

35

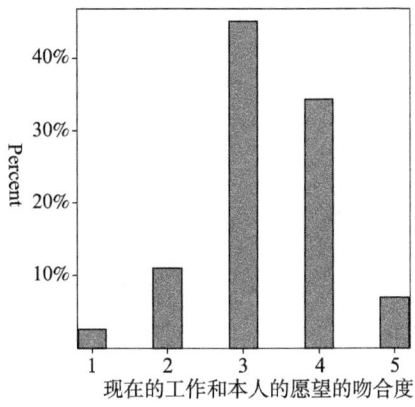

Bars show percents

36

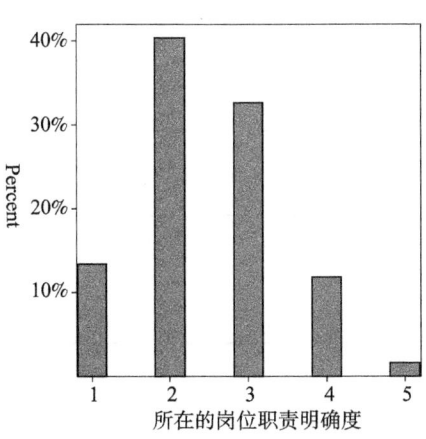

Bars show percents

37

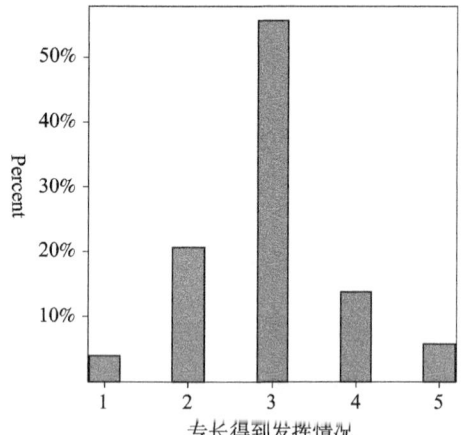

38

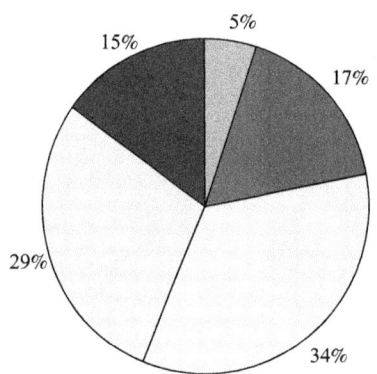

39~41

Case Summary

	Cases					
	Valid		Missing		Total	
	N	Percent	N	Percent	N	Percent
对当前工作不满意的主要原因（a）	523	86.7%	80	13.3%	603	100.0%

a　Group

对当前工作不满意的主要原因 Frequencies

		Responses		Percent of Cases
		N	Percent	N
对当前工作不满意的主要原因（a）	工作要求高，责任重	186	12.6%	35.6%
	工作强度大	255	17.3%	48.8%
	社会认可度差	322	21.9%	61.6%
	工资报酬低	475	32.3%	90.8%
	工作没前途	179	12.2%	34.2%
	工作风险大	32	2.2%	6.1%
	其他	22	1.5%	4.2%
	Total	1471	100.0%	281.3%

a Group

Case Summary

	Cases					
	Valid		Missing		Total	
	N	Percent	N	Percent	N	Percent
您认为要做好现在的工作的激励措施是（a）	534	88.6%	69	11.4%	603	100.0%

a Group

您认为要做好现在的工作的激励措施是 Frequencies

		Responses		Percent of Cases
		N	Percent	N
您认为要做好现在的工作的激励措施是（a）	教育培训	211	15.0%	39.5%
	增加薪金	498	35.3%	93.3%
	领导器重	124	8.8%	23.2%
	与同事相处和睦	74	5.2%	13.9%
	能有效地帮助服务对象	103	7.3%	19.3%
	社会认可	264	18.7%	49.4%
	领导的水平高	84	6.0%	15.7%
	服务对象能积极配合工作	52	3.7%	9.7%
	Total	1410	100.0%	264.0%

a Group

42

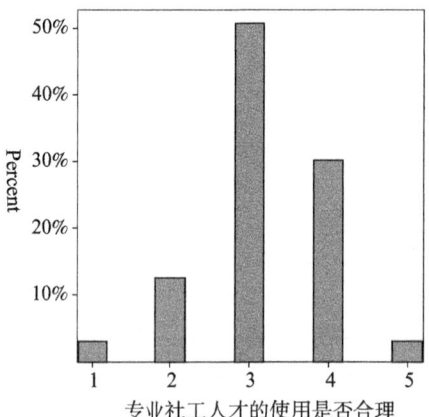

43

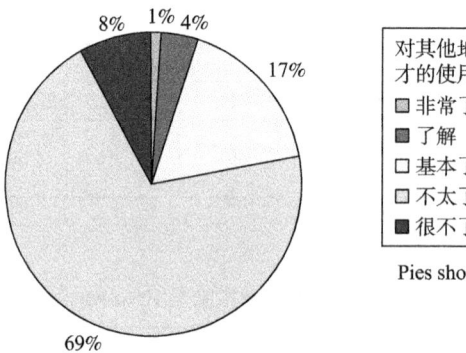

44

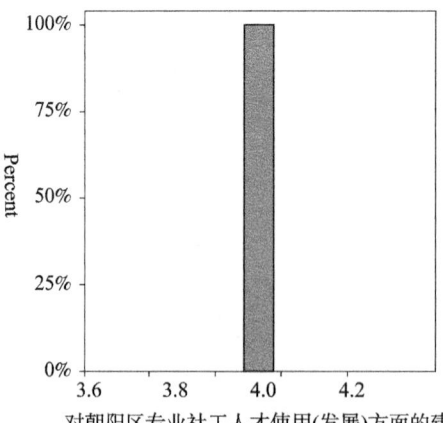

45

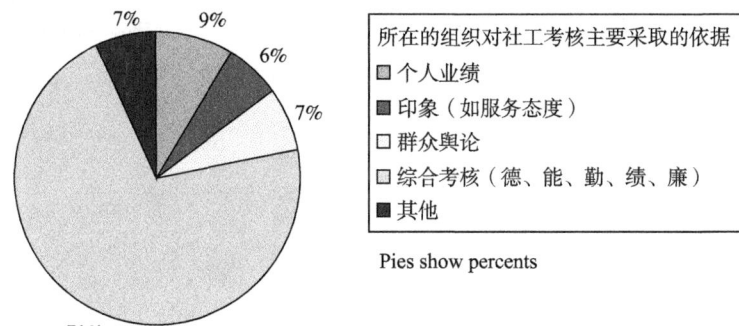

46

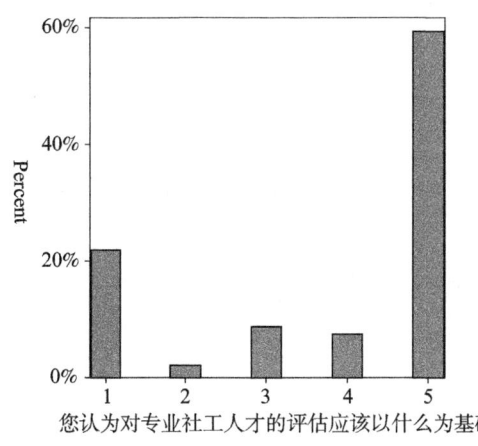

您认为对专业社工人才的评估应该以什么为基础

47

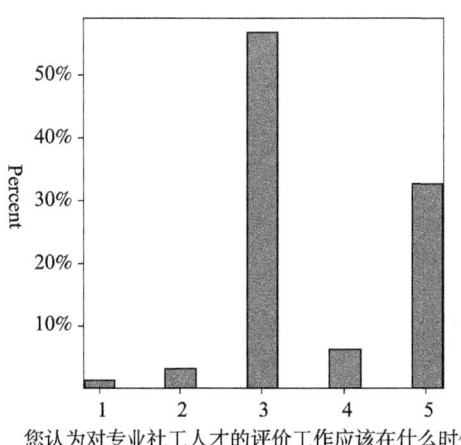

您认为对专业社工人才的评价工作应该在什么时候进行

社会组织服务项目操作指南
——以北京朝阳区和丰台区社会组织服务为例

48

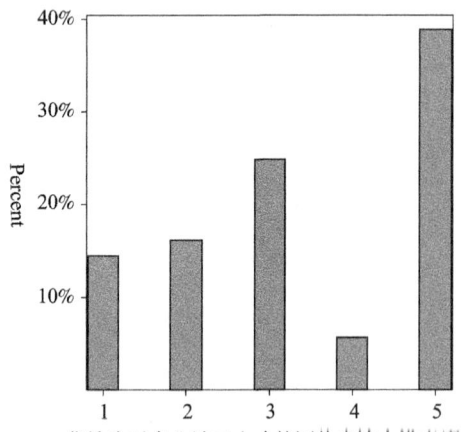

您认为对专业社工人才的评价应该由谁来完成

49

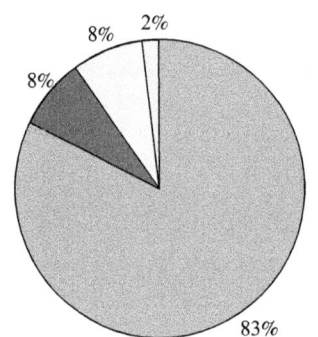

您认为在评价工作结束时
- 让社工阅读鉴定并写下本人意见
- 不让社工阅读鉴定但征求他的意见
- 让社工阅读鉴定但不征求社工的意见
- 既不让社工阅读鉴定也不征求社工的意见

Pies show percents

50

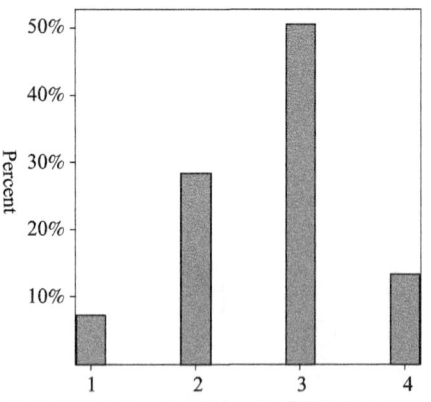

您认为朝阳区现在是否存在一套科学的专业社工人才评价标准

51

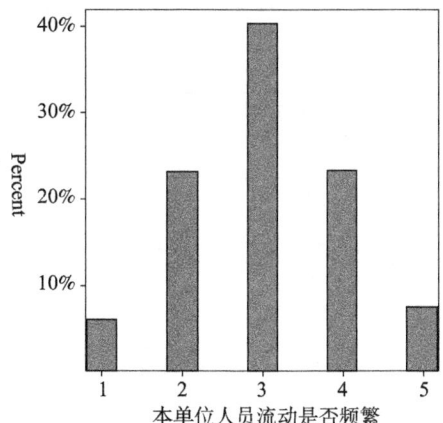

52

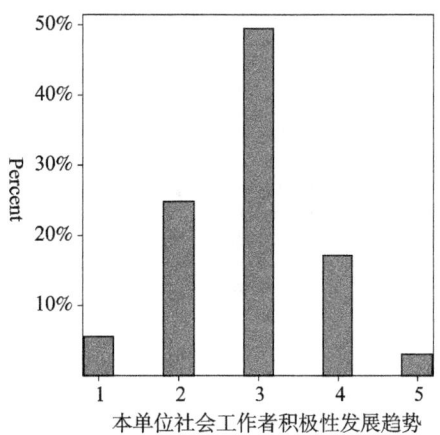

53~55

Case Summary

	Cases					
	Valid		Missing		Total	
	N	Percent	N	Percent	N	Percent
对当前工作不满意的主要原因（a）	523	86.7%	80	13.3%	603	100.0%

a　Group

对当前工作不满意的主要原因 Frequencies

		Responses		Percent of Cases
		N	Percent	N
对当前工作不满意的主要原因（a）	工作要求高，责任重	186	12.6%	35.6%
	工作强度大	255	17.3%	48.8%
	社会认可度差	322	21.9%	61.6%
	工资报酬低	475	32.3%	90.8%
	工作没前途	179	12.2%	34.2%
	工作风险大	32	2.2%	6.1%
	其他	22	1.5%	4.2%
	Total	1471	100.0%	281.3%

a Group

56

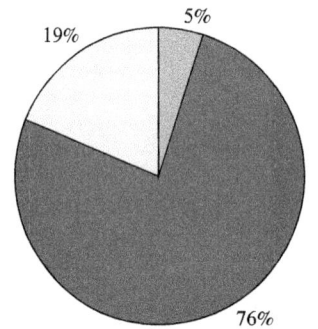

57

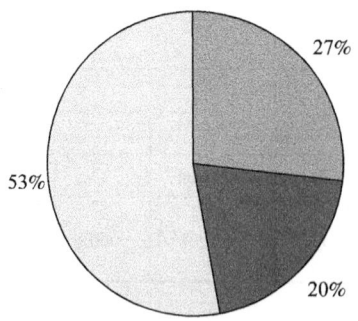

58

59

60

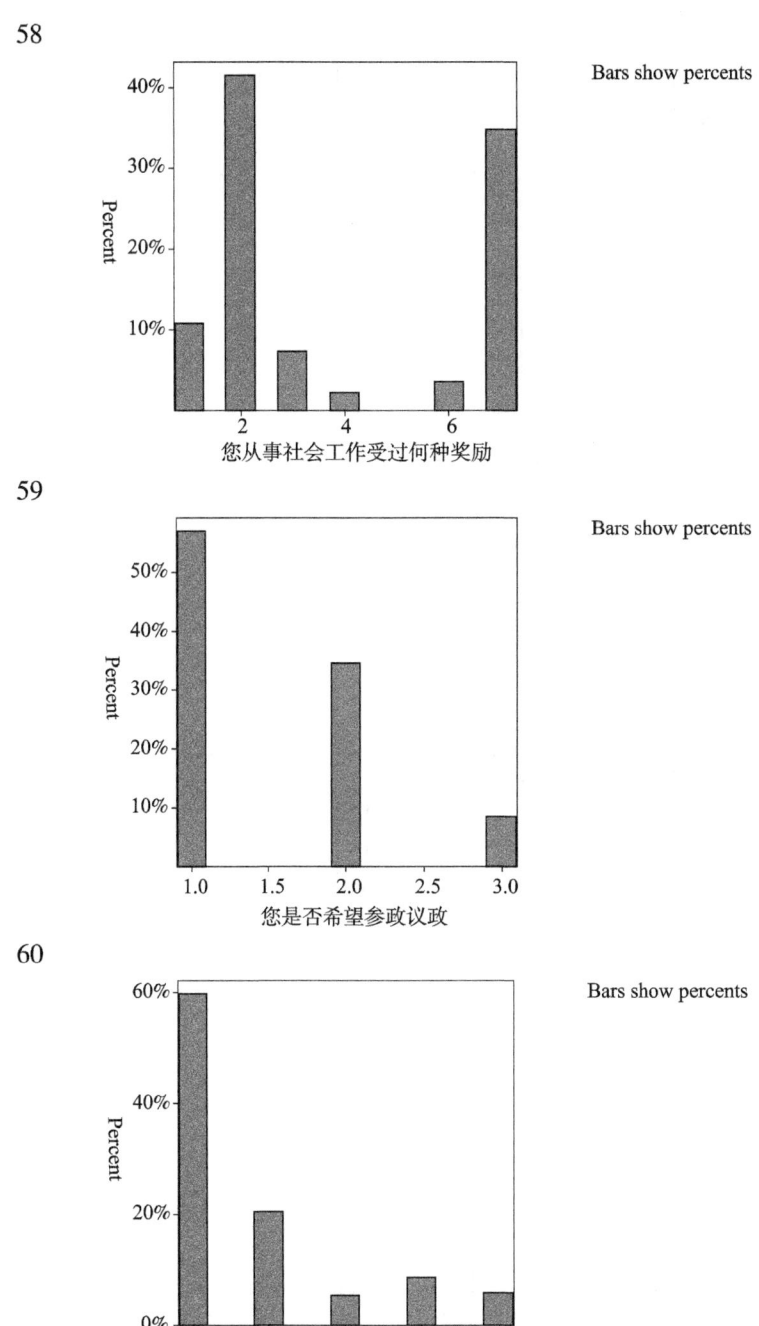

61

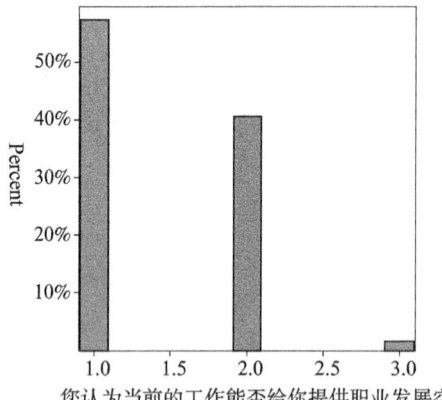

您认为当前的工作能否给你提供职业发展空间

62

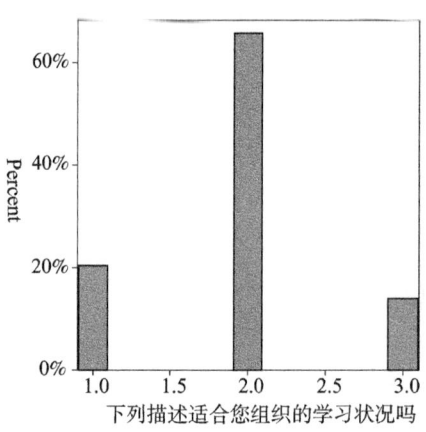

下列描述适合您组织的学习状况吗

63

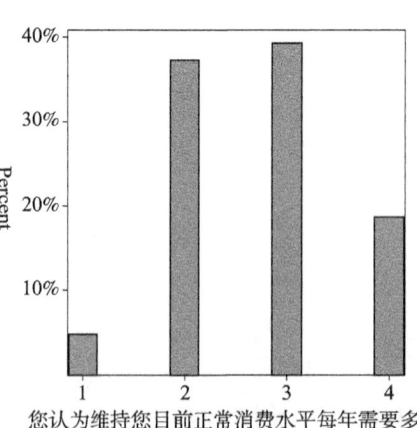

您认为维持您目前正常消费水平每年需要多少工资

64

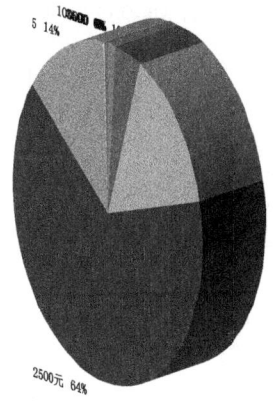

如果预计您在未来几年内会得到很高薪水，您目前能够接受的每月最低工资是多少
- 1000元
- 1500元
- 2000元
- 2500元
- 5
- 447
- 3500
- 100000

Pies show percents

65

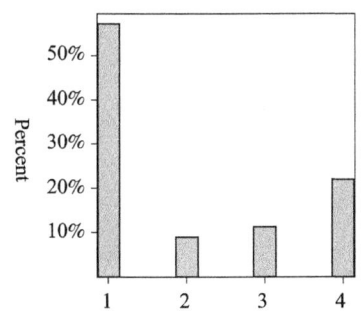

如果您的工资暂时不能提高，而同时您又遇到一些不如意的事情，如果要改善这些状况，您认为应该首先解决哪个问题

66

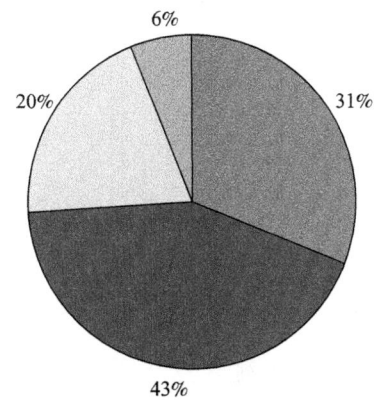

您现在考虑换个工作吗
- 正在考虑
- 没有考虑
- 现在工作不好找，凑合干吧
- 现在的工作很满意，没有这个打算

Pies show percents

67

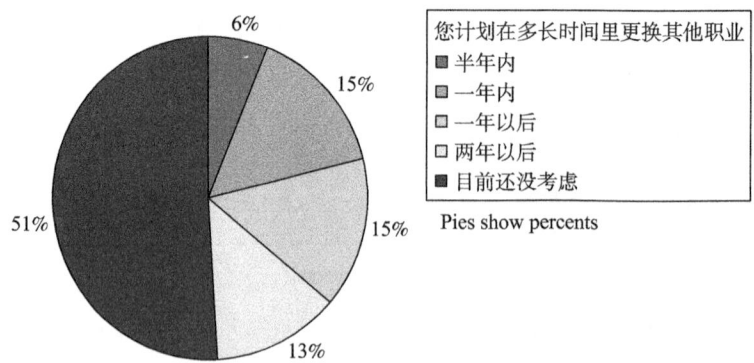

68

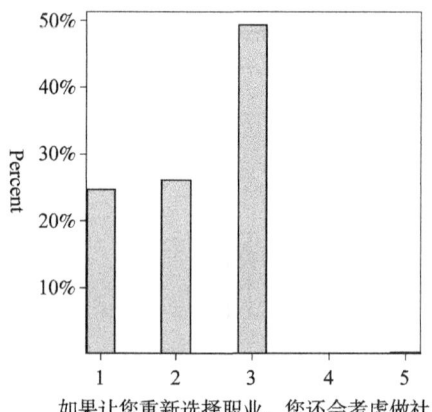

69

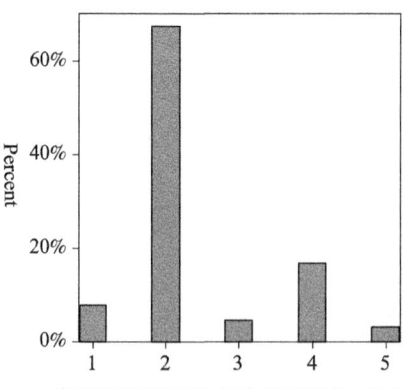

70

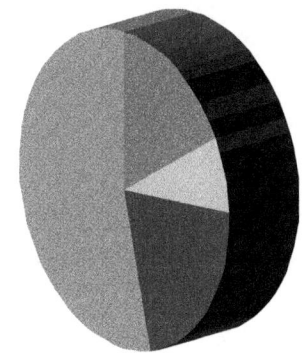

Pies show percents

您认为在社会工作中遇到的最大的问题
- 自己的能力有限
- 与同事的关系
- 与领导的关系
- 服务对象不配合工作
- 国家是否真正重视社工的待遇

71

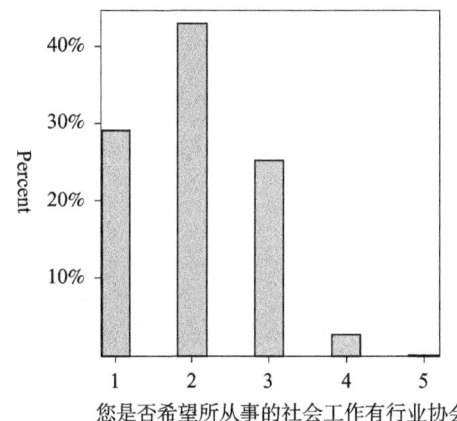

Bars show percents

您是否希望所从事的社会工作有行业协会

六、项目活动材料选编

团队成员通过电子邮件探讨问卷设计具体内容

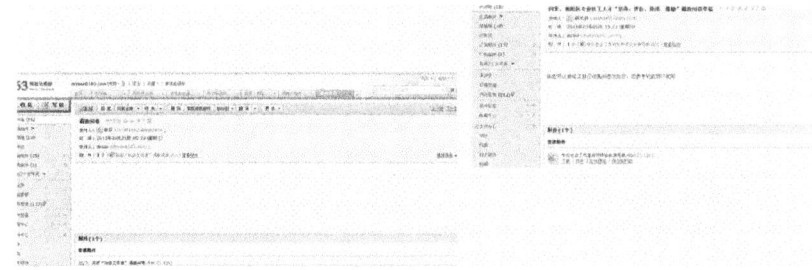

社会组织服务项目操作指南
——以北京朝阳区和丰台区社会组织服务为例

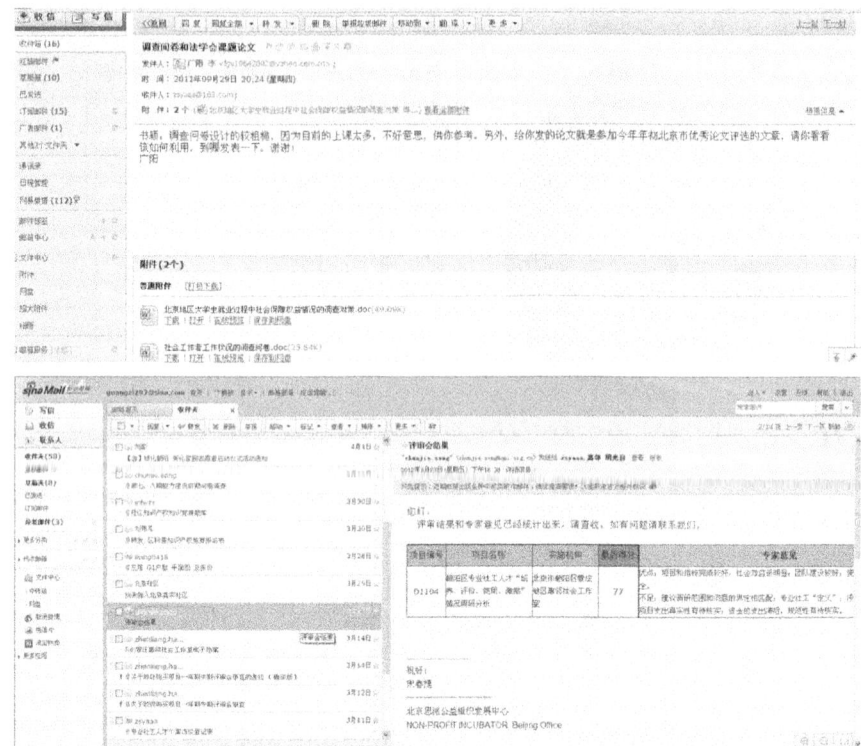

培养社区社工运用小组工作方法开展活动

第一部分
备案型社区社会组织政府购买服务项目操作指南

专业社工人才开展小组工作

发放调查问卷：在朝阳区青年社工协会活动期间

社会组织服务项目操作指南
——以北京朝阳区和丰台区社会组织服务为例

发放调查问卷:在朝阳区农村地区社区主任培训班上

第一部分
备案型社区社会组织政府购买服务项目操作指南

分析调查问卷：运用专业 SPSS 软件分析问卷

运用专业SPSS软件分析调查问卷数据

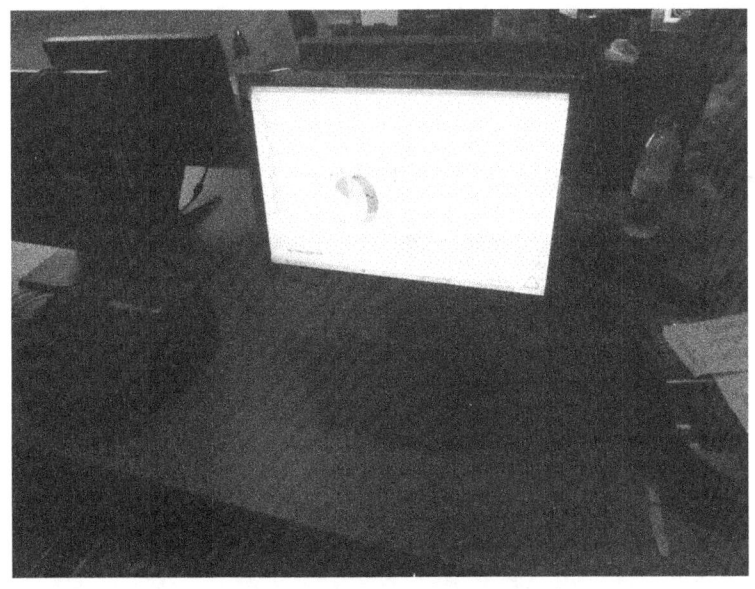

分析调查问卷：学生参与问卷分析实训记录表

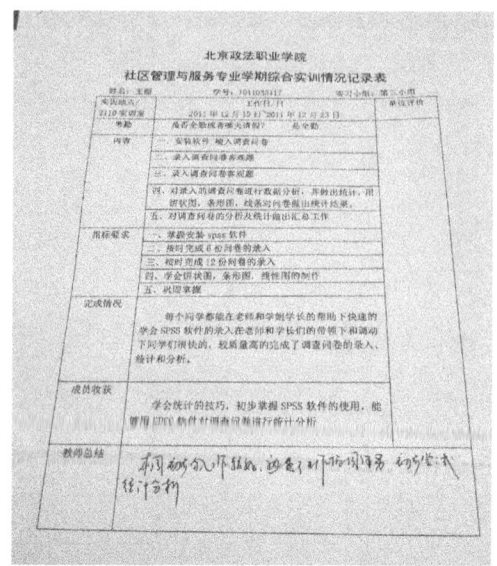

因篇幅限制，不能将全部档案材料展示。这里展示的材料旨在证明研究类的项目也可以有资料留存，同时提醒社会组织，在做项目时一定要注意各种项目资料的留存。

七、项目支出备案

（一）注意项目支出凭证

第一部分
备案型社区社会组织政府购买服务项目操作指南

（二）作为备案型社会组织，在使用项目经费时应该向备案主管部门做请示。

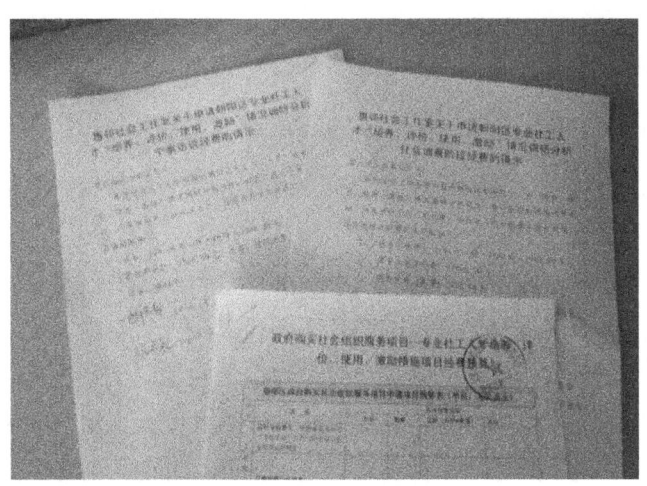

（三）项目的财务管理档案

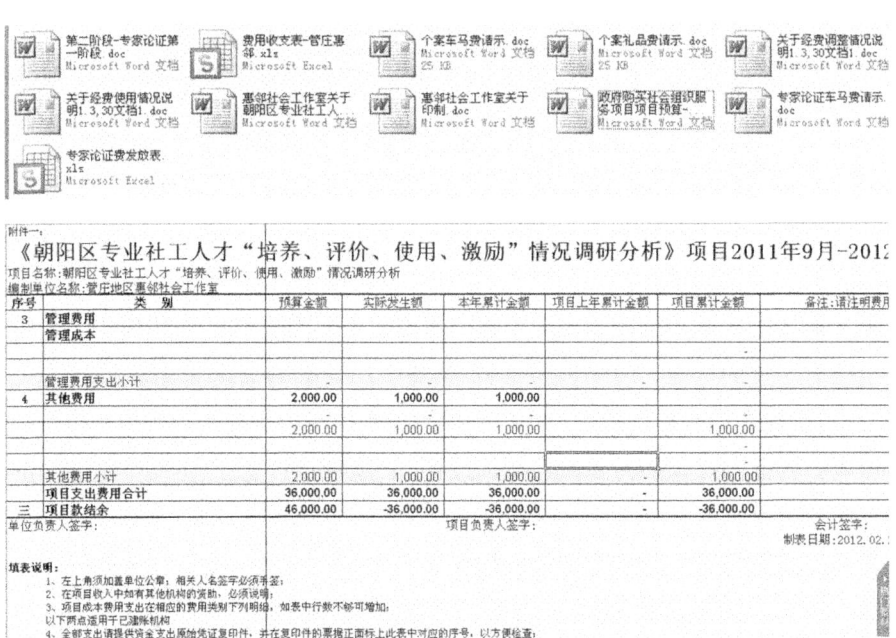

211

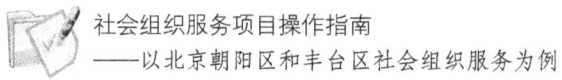

八、项目特点及反思

（一）项目特点

本案例是一个较早执行的项目，项目成员第一次拿到政府购买社会组织服务项目指南，面对项目选项还没有经验，选择了一个和高校团队结合比较近的一个选题并按照研究型项目定位制定了项目申报书。

这个案例选取有四个代表性特点：一是针对朝阳区政府专有资金购买项目设计的，项目申报格式与北京市的略有不同；二是项目申报方的主体不是独立的法人式的社会组织，申报方惠邻社会工作室为在朝阳区管庄地区办事处民政部门备案的社区社会组织，在项目执行时与法人式的社会组织最大的区别是没有独立的账号，所有财务支出都要走管庄地区办事处的大财务；三是本项目不是一个实务型的项目，与大多数政府购买社会组织服务项目的产出的表现形式有较大不同；四是本项目购买方为朝阳区政府，而朝阳区政府在推进社会建设工作时与北京恩派（NPI）公益组织发展中心开展合作，并专门设立了北京恩派（NPI）朝阳基地。北京恩派（NPI）朝阳基地对项目承接方进行了全程的能力建设和项目评估。所以，这个案例资料齐全，尤其是"结题报告"和"节点报告"带有浓厚的 NPI 味道，很多情景带有自问自答式。

值得说明的是，2006 年，NPI 首创"公益孵化器"概念，并在上海浦东运作成功，后又通过发起"恩派"系列机构使该模式在上海（浦西）、北京、成都、深圳等地成功复制。至今，这一带有全国示范作用的创新模式已获得来自于政府、资助机构、NPO 业界、媒体和各方专家的高度肯定，被誉为近年来公益领域的重要制度创新。NPI 每年在全国范围内孵化 30 个左右的民间公益组织，为他们提供能力建设、场地设备、小额补贴、注册协助等多方面的帮助，在此过程中 NPI 积累和开发了大量适用于中国本土 NPO 的课件和案例，并藉此成为国内重要的能力建设机构和案例中心。所以，我们在选取第一个案例时，旨在让大家了解一个可具推广性特点的模式，更有利于大家的项目执行。

(二) 项目反思

1. 本项目在实际执行过程中，发现项目选题过大，关于专业社工人才的培养、使用、评价和激励情况涉及到的内容较多，使得调研问卷设计时所涉及的内容就要尽可能的全面，这样又使得问卷问题数量过多，访谈对象在填写问卷时就会缺乏耐心，尤其是一些开放性问题回答不够认真。

2. 关于专业社工人才的概念在实际过程中理解有差异，有些专家会认为在社区层面工作的人员不能算是真正意义上的社工，而权威文件中，如：2011年10月份中央组织部、中央政法委、民政部等18个部门和组织联合发布的《关于加强社会工作专业人才队伍建设的意见》关于社会工作专业人才的定义范围又过于宽泛，尤其是将一些政府公务员和事业单位一些岗位的人员也纳入到了专业社工的范围，使得专业社工人才的界限不够清晰，从而导致对社工待遇问题认识有很大偏差。项目组最终必须根据现实情况将调研范围设定在社区工作者和专业社工机构工作的领域内。

第二部分　基金会资金资助项目操作指南

案例选取：丰台农民工子女增能项目（丰台区中鼎社会工作事务所承接的 2012 年北京市"温暖基金"资助项目）

一、项目申请书及资助合同书

北京市温暖基金会
"职工服务公益孵化项目"公开招标
投标申请书

项目名称　<u>北京市丰台区农民工子女成长增能计划</u>

申 请 人　<u>张书颖、苏锋</u>

2012 年 3 月 20 日

第二部分
基金会资金资助项目操作指南

说　明

一、"职工服务公益孵化项目"投标申请人可以为工会组织、企事业单位、正式注册的公益组织或其他法人机构，也可以为个人。

二、单个项目申请不超过 5 万元人民币。评审委员会将根据项目具体情况确定每一个申请项目的资助额度。

三、北京市温暖基金会将邀请公益领域的专家学者、公益组织实务工作者、媒体记者、受益人群等共同组成"职工服务公益孵化项目"评审委员会，负责发标、揭标等相关协调工作。

四、北京市温暖基金会将依据该申请书的内容履行立项手续。

五、邮件格式要求：

邮件主题统一命名为"机构全称（或个人姓名）+项目名称"的格式，如"北京市协作者社会工作发展中心+农民工城市社区融入"，邮件正文可以为空白；

投标组织将投标申请书（命名为"机构名称+项目名称"的格式）和机构执照扫描件（命名为"机构名称+执照扫描件"的格式）；

投标个人将投标申请书（命名为"个人姓名+项目名称"的格式）和居民身份证扫描件（命名为"个人姓名+居民身份证扫描件"的格式）；

申请人将投标申请书和扫描件作为附件发送到以下电子邮箱：gyzb@bjzgh.org。

接收到贵组织（或个人）的投标申请书和机构执照（居民身份证）扫描件，并确认符合投标要求后，温暖基金会将回复投标确认函到发件邮箱，请注意查收。在投标过程中如遇相关问题，可与投标联系人xx联系，联系电话：xxxxxxxxxxxx。

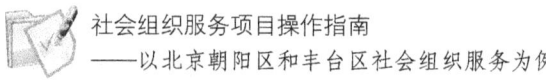

一、申请组织信息

1. 基本情况（个人申请不需填写此项，请在项目联系方式栏中认真填写）

机构名称 <u>北京市丰台区中鼎社会工作事务所</u>

成立时间 <u>2011 年 12 月 12 日</u> 登记号码 代码：<u>58768128</u>

负责人姓名 <u>苏锋</u> 职务 <u>主任</u>

<u>张书颖</u> 职务 <u>理事长</u>

机构类别

☐ 民办非企业单位

2. 项目联系方式

联系人 <u>苏锋</u> 手机 <u>xxxxxyyyyy</u>

固定电话 <u>010－xxxxxxxx</u> 电子邮箱 <u>xx123xxx@163.com</u>

地址 <u>丰台区丰桥北路三环新社区 8 号院 14 号楼居委会 2 层</u>

邮编 <u>100070</u>

机构（或个人）网站 <u>http://www.zdsgw.org</u>

3. 机构介绍

北京市丰台区中鼎社会工作事务所是由中共北京市丰台区委社会工作委员会、区社会办公室主管，经北京市丰台区民政局注册的民办非企业单位非盈利公益性组织，依托北京政法职业学社区管理与服务专业团队为技术支撑，2012 年 2 月被北京市民政局认定为首批市级社会工作人才队伍建设试点单位。

中鼎宣言：信守诺言 服务社会 中鼎同行

中鼎愿景：和谐共融、同享社会文明成果。

中鼎宗旨：助人自助、用生命影响生命 。

中鼎使命：希望通过服务社会基层和弱势民众，为中国社会稳定、健康和可持续发展打造良好基础。

北京市温暖基金会制

二、项目基本信息	
1. 项目名称	北京市丰台区农民工子女成长增能计划
2. 项目具体实施地点	丰台区大红门街道和太平桥街道
3. 项目设计方向	农民工子女来京融入社区

二、项目基本信息	
4. 项目负责人 姓名 __xxx__ 职务 __理事长__ 学历 __研究生__ xxx：负责项目的统筹。 简历：略。	

5. 项目团队介绍
 （团队成员姓名、学历、职务、主要负责事项）
 	
   xxx：首都师范大学教育学硕士、xxx 学院副研究员、教研科长，心理咨询师（二级），从事教学管理与研究等工作。负责项目模块运行，擅长农民工子女的心理疏导与学业辅导。
 	
   xxx：中科院社会学硕士，xxx 专业讲师，xxx 社工事务所所长。负责项目的志愿者招募、培训与管理。
 	
   xxx：北京科技大学公共管理系硕士研究生，中级社工师，专业讲师，从事社区管理与实务课程的教学与研究。负责项目的社区资源统筹与协调。
 	
   xxx：北京理工大学高等教育硕士，国家三级心理咨询师，副教授。从事社会心理学、罪犯心理学和心理健康教育等课程的教学。负责项目运行中与学校、家长的沟通与协调。
 	
   xx：中国政法大学在职研究生毕业，经济法学，xx 社工事务所法人。项目联络人及财务管理。	

6. 项目周期	2012 年 4 月—2012 年 10 月
7. 合作机构	北京政法职业学院 北京朝阳亚运村立德社工事务所
8. 项目概述 （200 字左右）	本项目根据民政部 2012 年《关于促进农民工融入城市社区的意见》指示精神，为切实解决好以农民工为主体的外来务工人员的城市融入问题，以丰台区社工委和民政局为依托，选定丰台区新村街道和太平桥街道 30 户农民工小学高年级子女为服务对象，从社会工作专业的"优势视角"出发，以"增能理论"为指导，设计"我是北京人、才艺大展示、学习争上游、孝亲更助邻"等模块，实施对农民工子女成长的专业社工援助计划。

	三、项目详细信息描述	
1. 目标和方式		**项目目标**：本项目旨在通过农民工子女成长教育系列活动，使其更好地融入北京城市和提高他们的环境适应能力，尤其是促进他们身心健康的发展。其具体目标可分为： 　　1. 通过开展活动，走进农民工子女的内心世界，了解他们的心理需求，解决农民工子女的角色定位问题。 　　2. 通过专业社工介入，提升农民工子女的人际沟通能力，疏导不良的人际交往状况，在社区建立起与一般儿童的互助关系。 　　3. 通过小组活动，让孩子们发现自己的爱好和特长，从而树立孩子的自信心。 　　4. 通过专业教师和大学生志愿者的学习辅导，教会他们正确的学习方法，增强他们的学习兴趣，提高他们的学习成绩。 　　5. 通过专业讲座和观看影视作品传播礼仪知识，弘扬中华民族传统美德和北京精神，提升个人素养。 **实施方式**：主要是通过社会调研，走访相应的社区和学校，了解所选定的丰台区两个街道急需社工援助的农民工子女的具体情况，利用个案工作、小组工作和社区社会工作方法，开展一系列活动，使农民工子女在心理发展、人生规划、人际沟通、安全意识教育（地震、火灾、交通等）、法制教育、融入城市等方面得到培养和成长，从而提升农民工子女对人生、人际沟通、团队合作、亲情的领会能力，降低其违法犯罪行为，增强其环境适应能力和融入城市社区能力。 **项目实施途径**： 1. 组建项目团队 2. 确定服务计划 3. 确定试点学校与社区 4. 招募志愿者 5. 开展专项儿童社工服务
2. 活动计划		**项目活动具体实施进度表**： 1. **调研分析时间**：2012.4 　　调查对象：丰台区新村街道和太平桥街道辖区的社区、公立学校及民办学校的农民工子女。 　　调查协助人员：20名，2人一组，深入丰台区新村街道和太平桥街道辖区的公立学校及民办学校调查农民工子女现状，为项目后期执行提供可操作的数据支持。

三、项目详细信息描述	
	调查结果出来以后，确定服务对象30名；
	为了使其影响扩大化，项目执行方开展北京市丰台区农民工子女现状调查报告研讨会，邀请政府、专家学者、调查对象、项目资助方等利益相关方参会。会议人员25人左右，需要30份调查报告发放（25份发放给参会人员，5份发放给项目执行方工作人员）。
	2. 专项活动实施时间 2012.5～2012.12
	（1）"我是北京人"（2012.5）
	利用2～4次周末时间，通过主题参观、游园、演讲和心理咨询、安全意识教育等丰富多彩的活动，让孩子们逐步了解北京、热爱北京，主动解开心结融入城市生活。
	（2）"才艺大展示"（2012.6）
2. 活动计划	在项目实施之后，专家和专业社工会利用优势视角的理论，根据孩子们成长的具体情况适时安排几个专项的才艺展示和技能大赛，实现"每人一特长、每人一证书"，让每个孩子都能认识到自己存在的价值与意义，自己的与众不同之处。
	（3）"学习争上游"（2012.7～2012.8）
	根据摸底调研情况，志愿者会根据孩子们学习上的"短板"，利用暑假期间每周有针对性地安排2～3个专业辅导，并结合特殊需求进行"一对一"和"一对多"的家庭辅导模式。
	（4）"孝亲更助邻"（2012.9～2012.10）
	利用"礼仪情景剧"、"法制教育"、和"品德银行储蓄"活动，提倡和推广中华民族的传统美德。
	整个增能活动周期为7个月，项目培训内容包括心理增能（模块1～2）、学业增能（模块3）、素质增能（模块4）。这三部分内容互相支撑，形成从心理融入开始转变，直到进入学业融入和素养融入并举的良好状态。
	项目组计划每个月至少开展2次大的活动，每期由1名主讲人和2名协作者完成。
	通过一系列的活动，使农民工子女较快的融入城市生活。项目执行方整合资源以后编写《北京市农民工子女增能计划操作手册》，让培训效果扩大化和项目成果量化。
	3. 项目对象选择：
	（1）大红门二小
	（2）三环新城社区流动儿童

三、项目详细信息描述	
3. 困难与拟解决方案	**项目预计困难：** 1. 人力：人员召集及参与活动的积极性； 2. 物力：活动场地、道具等； 3. 财力：活动所需经费、车费、小礼品及其他可能性支出。 **解决方案：** 1. 邀请学校的老师，充分利用学校的资源，积极发挥个人的特长； 2. 积极争取社区的支持，提供活动场地； 3. 希望基金会项目经费多一点，同时自己争取拉赞助； 4. 鼓励城市居民参与，挖掘其潜能，提升自我价值。
4. 预期效果	**项目受益人：** 项目直接受益人：项目选定的30名服务对象及其所在家庭，至少90人； 项目间接受益人：选定对象所在的学校、社区、参与服务的志愿者，约有60人；此外还有项目最终评估会成果展示人员，参观易拉宝和展板的人员，通过媒体宣传影响到的社会公众等。
5. 可持续性	2010年第六次全国人口普查数据显示，北京市常住外来人口已达704.5万人，占全市常住人口的35.9%，其中70%的外来务工人员面临子女的学习、成长和城市融入的困惑。本项目既可以无限复制到其他街道和区县，也可以改良后扩展到城市低收入家庭子女的层面予以推广。 　　北京农民工子女的成长与教育问题，关系到首都社会的和谐与稳定大局，其重要意义在此不再赘述。

四、项目预算	
1. 项目预算总额	人民币80760元（请附详细项目预算表）。
2. 拟申请资金额	人民币50000元； 拟申请资金额占项目预算总额比例62%。
3. 其他资金来源	自筹
4. 预算明细	

四、项目预算

序号	经费开支科目	金额（元）	序号	经费开支科目	金额（元）
1	调查问卷设计印制及问卷分析费	略	5	培训讲座费用	略
2	深度访谈	略	6	项目活动交通费、餐费、通讯补助费、参观费等	略
3	各类活动费 场地租赁费	略	7	志愿者活动补助费	略
4	《北京市农民工子女增能计划操作手册》	略	8	举办模块活动所需礼品费	略

二、结项报告

北京市温暖基金会资助"农民工子女增能计划"项目结题报告

项目名称：农民工子女增能计划

提交机构：中鼎社会工作事务所

提交日期：2012 年 10 月 25 日

一、基本情况

1. 机构名称：中鼎社会工作事务所
2. 项目名称：农民工子女增能计划
3. 项目起止时间：2012年5月—2012年10月
4. 项目执行团队及分工

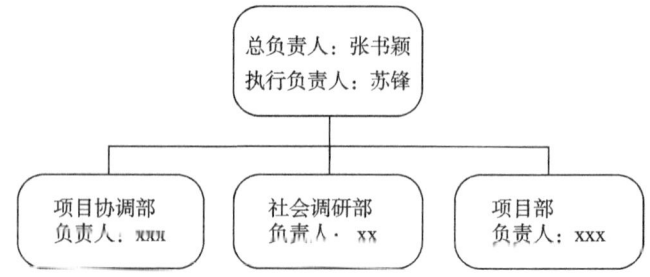

二、项目发展状况

1. 项目启动至今，经过前期的与家长、学校、社区多方沟通与磨合，大红门街道、太平桥街道"一对多"的系列辅导活动及相关科目的活动开展。通过这一阶段的努力，让外来务工人员了解了我们这个机构和所从事的农民工子女增能计划项目，也认同了社工的"助人行为"是一种真实的存在与奉献，对项目的顺利开展起到了破冰的作用，达到与他人互动，个人部分素质得到拓展，人与人之间增进了解的目的。

所有这些改变，对于本项目目标的达成都起到了一定的支撑作用，使我们看到了希望。当然，对于整个项目来说仅有这些改变还是不够的，要真正达成项目目标还需要做进一步的努力。

2. 中鼎社会工作事务所在组建项目团队时，在保留原有专业社工的前提下，又招募志愿者社工和志愿者教师，形成了"社工带义工，义工带志愿者"的模式。通过这些改变，使项目团队结构更加合理化，更利于项目的执行。

三、项目实施情况

（一）项目目标

本项目旨在通过农民工子女成长教育系列活动，使其更好地融入北京城市和提高他们的环境适应能力，尤其是促进他们身心健康的发展。其具体目标可分为：

1. 通过开展活动，走进农民工子女的内心世界，了解他们的心理需求，解决农民工子女的角色定位问题。

2. 通过专业社工介入，提升农民工子女的人际沟通能力，疏导不良的人际交往状况，在社区建立起与一般儿童的互助关系。

3. 通过小组活动，让农民工孩子们发现自己的爱好和特长，从而树立孩子的自信心。

4. 通过专业教师和大学生志愿者的学习辅导，教会他们正确的学习方法，增强他们的学习兴趣，提高他们的学习能力。

5. 通过专业讲座和观看影视作品传播礼仪知识，弘扬中华民族传统美德和北京精神，提升个人素养。

（二）项目活动

1. 按照原计划开展了如下活动：

第一，5月25日，在太平桥街道太西里社区选择6个外来务工子女小学高年级的学生，进行成长小组的通过破冰游戏、心理健康辅导和实行一对三的作业辅导，帮助他们掌握正确的学习方法；

第二，5月31日，在新村街道三环新城社区、组织12名外来务工子女举办庆祝六一儿童节活动，并观看了爱国题材情景话剧（《屈原》）。

第三，6月5日开始，在太平桥街道太西里社区选择6个外来务工子女小学高年级的学生，进行2次成长小组的通过破冰游戏、心理健康辅导和实行一对三的作业辅导，帮助他们掌握正确的学习方法；

第四，6月15日，在大红门第二小学选择了45名农民工子女，开始安全教育的培训系列活动。

第五，6月26日，在大红门第二小学为农民工子女小学生开展文明礼仪培训系列活动。

第六，7月22日，在三环新城社区活动中心举办了"农民工子女增能计划"专业成果展示会。

第七，7月27日，在北京自然博物馆举行第二次外展参观活动。

第八，7月26日上午，在北京首都博物馆举行外展参观活动。

第九，8月11日，在丰台区大红门车站举办农民工子女学习雷锋志愿活动。

第十，2012年8月14日，在大红门街道举办了一场名为"在娱乐中培养英语学习兴趣"的趣味英语讲座。

第十一，8月18日大红门街道外来务工子女参加志愿植树活动。

第十二，8月24日，中鼎社工事务所举办了农民工子女青春期健康知识讲座。此次讲座的目的是引导青春期的农民工子女正确地对待青春期身体及心理的变化。

2. 项目微调情况

原计划在暑假实施的多次拓展活动，在数量上有所减少。原因：一是家长担心孩子的安全问题，希望减少活动次数。二是物价上涨，经费有限。所以，将参观抗日战争纪念馆和天坛公园调整成了英语讲座和志愿活动。另外，事务所也向孩子们发放了帽子、水彩笔、小礼物、证书、卷笔刀等一些礼品。所以，项目预算产生了变动。

（三）项目完成目标与活动对照表

项目目标	计划	（截至中期）实际已达成
	1. 通过开展活动，走进农民工子女的内心世界，了解他们的心理需求，解决农民工子女的角色定位问题。 2. 通过专业社工介入，提升农民工子女的人际沟通能力，疏导不良的人际交往状况，在社区建立起与一般儿童的互助关系。 3. 通过小组活动，让孩子们发现自己的爱好和特长，从而树立孩子的自信心。 4. 通过专业教师和大学生志愿者的学习辅导，教会他们正确的学习方法，增强他们的学习兴趣，提高他们的学习成绩。 5. 通过专业讲座和观看影视作品传播礼仪知识，弘扬中华民族传统美德和北京精神，提升个人素养。	1. 通过开展调研问卷活动，走进农民工子女的内心世界，了解他们的心理需求，解决农民工子女的角色定位问题。 2. 通过专业社工介入，提升农民工子女的人际沟通能力，疏导不良的人际交往状况，在社区建立起与一般儿童的互助关系。 3. 通过专业教师和大学生志愿者的学习辅导，教会他们正确的学习方法，增强他们的学习兴趣，提高他们的学习成绩。 4. 通过专业讲座和观看影视作品传播礼仪知识，弘扬中华民族传统美德和北京精神，提升个人素养。

	活动名称	活动次数	受益人数	已留存资料
项目活动	四点半课堂	4	6	四点半课堂新闻稿、策划、照片
	英语趣味讲座	2	30	英语趣味讲座、新闻稿、策划、照片
	参观自然博物馆	1	30	参观自然博物馆新闻稿、策划、照片
	爱国题材情景话剧（《屈原》）	1	12	爱国题材情景话剧新闻稿、策划、照片
	参观北京首都博物馆	1	30	参观北京首都博物馆新闻稿、策划、照片
	文明礼仪培训活动	3	20	文明礼仪活动新闻稿、策划、照片
	农民工子女增能计划成果展示会	1	15	农民工子女增能计划成果展示会新闻稿、策划、照片
	学习雷锋活动日	2	17	学习雷锋活动日新闻稿、策划、照片
	前期调研农民工子女问卷调查活动	1	45	填写问卷调查
	农民工子女访谈活动	1	10	心理走访，分发小礼品
	快乐成长小组游戏	1	36	照片、视频、分发小礼品
	主题辩论赛	1	36	照片、视频、分发小礼品
	总结	22	295	项目执行汇报报表，关爱农民工策划案

四、项目取得的成效

（一）项目效果（项目启动至今）

1. 项目已达到的成效

本项目启动至今共有22次项目活动的分析调查和反馈，表明通过中鼎社会工作事务所这一阶段的努力，是有意义的；

第一，就"四点半课堂"而言，对16：00左右就已放学的小学生安全健康考虑而提供的免费学习、娱乐场所，是一种学后托管服务体系。在北京，"四点半课堂"也得到了社会各界大力支持。下一步中鼎社工事务所将准备与教育局、学校沟通，充分发挥志愿者的积极性，将"四点半课堂"在北京推广开来。

第二，"文明礼仪"活动，以互动教学、快乐培训的方式进行，社工带领小学生们一起进行问候礼仪、尊师礼仪、课堂礼仪、同学礼仪、升旗礼仪、穿着礼仪、行走礼仪、乘车礼仪、餐桌礼仪的学习。此次培训可谓是一举三得，

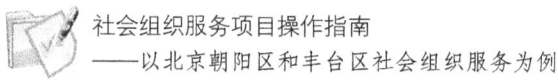

一是让农民工的孩子们文明礼仪素养得到提高；二是日常问候语能够自觉地在生活中得到应用；三是人际沟通能力得到初步提升。

第三，英语学习兴趣得到提升。通过专业的英语讲座，将娱乐互动和游戏教学结合在一起，同学们对学英语的态度和学英语的方法都有了改变，通过现场教学体验了学英语和做英语游戏带来的快感，学生们在课堂上都能多次地踊跃参与到教学环节中来，击败了学英语的恐惧感。参加"英文趣味讲座"活动的小朋友都很投入，都觉得活动内容很有意思，一点也不枯燥。下课后好多小同学说："这比学校的英语课有趣多了，没怎么费力就记住了好多英语单词。"活动在轻松欢笑中教大家英语，让孩子们发现英语的趣味性，也培养了孩子对英语的兴趣。

第四，参观自然博物馆的活动得到赞赏与认可。通过参观北京文物精品展、古都北京历史文化展、老北京民俗展以及精品瓷器展等，让农民工子女对北京的历史、北京的民俗、北京的发展变化有更多的认识和了解，同时也让他们增长了知识，更加了解了北京，加深了对北京的热爱。通过参观动物的标本及恐龙化石，让孩子们开阔了眼界，有了更形象的感知，同时也丰富了农民工子女的校园生活，让他们学到了更多书本上学不到的知识，同时也拓展了视野，使他们能走出课堂，走向自然，更加的热爱生活。

第四、"学习雷锋活动日"，一是为了增强农民工子女助人为乐的品质和无私奉献的精神，同时也是为了丰富他们自身的暑假生活，并希望这些小朋友们能够在参加活动中与小伙伴们一起快乐地度过有意义的一天。

第五，"爱国题材情景话剧"，既突出了爱国的主题，又了解了中华民族的传统文化，同时又体现了北京精神中"爱国"的内涵。

第六，外来务工子女的志愿植树，参与北京社会环境建设。他们自身乐于奉献的精神和作为北京人的价值得到了很好地体现，达到了心理增能的作用，又找到作为"北京人"的主人翁责任感。

第七，农民工子女青春期健康知识讲座和安全教育活动，在助力孩子成长和规避风险方面起到了很好的教育作用，为他们在成长中筑起了一道道"防火墙"。

2. 受益群体如何看待本项目所开展的工作及达到的成效

受益人群对本项目大多持支持态度，外来务工人员了解了我们这个机构和所从事的项目，终于认同了社工的"助人行为"是一种真实的存在与奉献，对项目的顺利开展起到了破冰的作用，达到与他人互动，个人部分素质得到拓展，人与人之间增进了解的目的。

（二）项目产生的其他重要影响

1. 项目实施过程中产生的其他重要影响

在项目实施过程中，也出现了一些偏差：一个是今年北京市各街道社区居委会换届选举，有些街道和社区干部变动较大，加上选举事务性工作较多，耽误了项目进程。比如说大红门街道5月底刚进行完选举，所以原定的参观和游园以及安全教育活动调整为组员招募齐了以后统一进行。另一个是在暑假实施活动中的偏差，主要有两点原因：（1）学校放暑假后，多数打工者的子女都回到老家去了，所以活动没有能够达到计划人数，有的大型活动也就不能展开；（2）有的活动地点学生曾经去过，不愿意再去，所以对原定的活动地点进行了调整。

活动调整理由如下：一是利于操作，二是节约项目成本，三是激发农民工子女活动热情提高社会效果和教育意义。特此说明。

2. 除项目已设定的项目目标外，取得的其他长远影响

22次项目活动中产生了可复制的模式，因此在众多社工和社区中引起了共鸣，都在不同程度上渗透着和执行者设计者预先的理念，为后期活动的顺利开展打下了良好的基础。

3. 媒体报道（项目启动至今）

关于四点半课堂、活动外展、志愿服务、植树活动、"英语趣味讲座"服务方面，丰台有线电视台曾进行过采访报道。三农通讯网、康政文化网、北京市社会工作建设网、新浪博客、丰台区新闻及中鼎社工事务所网站都对活动进行了相关报道。

五、综合评价和展望

（一）综合评价

在项目实施中，我们采取了原则性和灵活性相结合的方法，既兼顾了原有

四个模块设计的主题内容,又根据招募对象的实际需求对执行方案做了微调,总体来说,项目达得到了预期效果,而且实际实施内容比原来设计的更加丰富,招募的志愿者人数和类型也比原计划丰富,社区志愿者参与的程度也比预计的要好,"社工带义工的模式"已经初步形成并取得良好的效果。通过项目的实施,我们越来越感觉到这项活动无论是对受助方还是项目实施者来说,都非常有意义,我们相信,这个项目对中鼎社会工作事务所、对社区、对学校、对家长、对孩子等五方都会带来收益,同时也必然会产生较有影响的社会效益。

(二)下一阶段项目实施计划

1. 在接下来的项目执行过程中,项目将要达到的成效有哪些?

"我与祖国共奋进"专题朗诵比赛策划书。为继承和弘扬中华民族浩瀚的文化文明,推动社会主义精神文明建设,提高外来务工子女的人文素质和道德情操,增加他们的爱国热情,特举办"我与祖国共奋进"专题朗诵比赛。"飞扬的梦想"主题唱歌比赛给外来务工子女一个展示自己的舞台,进一步营造良好的学习气氛,陶冶外来务工子女高尚的道德情操,促进他们之间的友谊和交流,培养孩子们的艺术天赋,介入音乐疗法提升自信心。

2. 对前面所提及的问题和困难的解决方法

中鼎事务所也及时为问题想到了解决的方案:1. 真诚与反复的沟通,多方协调,调整计划,取得家长和街道的支持;2. 调整计划,满足孩子们需要,调动孩子的积极性,让家长们看到效果和希望,再利用假期整块的时间,把项目书中的预计项目完成。

我们自身也将提高团队的效率和工作进展速度,在保质保量的基础上,发挥团队优势,集中力量解决要紧的问题和困难,逐一攻破,严格落实项目设计,但是也要按照实际情况,根据自身条件,改良我们的项目计划和执行,最终保证项目整体的实施。

3. 最新的项目计划和预算

本项目计划书子项目主题有稍微的调整,预算也有调整。

六、总体评语及观点

通过本项目的实施,基本达到了预期的效果和预想的情况。通过农民工子女成长教育系列活动，使其更好地融入北京城市，提高了他们的环境适应能力，尤其是促进了他们身心健康的发展，为和谐社会、和谐首都创造了一份有力的条件。

三、项目策划书

"北京丰台区农民工子女增能计划"
项目策划书

项目名称： 北京丰台区农民工子女增能计划

项目宗旨： 包容厚德，助人自助

项目实施机构： 中鼎社工事务所　北京政法职业学院

项目实施地点： 北京　丰台

项目实施时间： 2012年4月—2012年10月

项目负责人： 张书颖

项目机构法人： 苏锋　张景荪

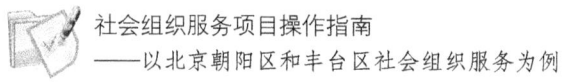

北京丰台区农民工子女增能计划

丰台中鼎社工事务所

"北京丰台区农民工子女增能计划"作为北京市温暖基金会"职工服务公益孵化项目"的子项目之一，它是将北京市委、北京市政府大力提倡的"爱国、创新、包容、厚德"北京精神贯彻落实到实处的一个举措。

本项目从社会工作专业的"优势视角"出发，以"增能理论"为指导，依托丰台区社工委，拟选定丰台区新村街道、太平桥街道和大红门街道30户农村来京务工人员的小学高年级子女为服务对象，设计了"我是北京人"、"才艺大展示"、"学习争上游"、"孝亲更助邻"等四个模块，实施对农民工子女成长的专业社工援助计划。

通过农民工子女的改变与成长，促进其整个家庭及相关群体对社会的认知的改变，以此切实解决好以农民工为主体的外来务工人员的城市融入问题。

一、项目背景

项目设计和实施的总背景就是弘扬北京精神和民政部 2012 年《关于促进农民工融入城市社区的意见》指示精神，使生活在北京的外来务工人员中的弱势群体，充分领会到北京作为首都的城市理念与价值观，充分感受到自己及家人在这个城市中得到了包容与尊重，从而更加激发他们作为北京城市新公民中的一员，也将"爱国、创新、包容、厚德"作为自己的精神追求并付诸行动。

据第六次人口普查（2010）结果显示，北京市流动人口总量总量超过 500 万，其中农民工占据很高的比重，可达 60% 以上。丰台区因其覆盖区域较大又地处南城，所辖地区大多为非中心城区，所以城乡结合部地区成了农民工聚集的区域。他们大多聚积在建筑工地和室内装修领域、蔬菜批发和小商品流通市场、家政和餐饮等服务行业以及城市拾荒人群中，他们已经成为北京市生产和社会服务中不可或缺的组成部分。

他们背井离乡、辛勤劳动，为城市的经济建设和社会发展做出了重要的贡献。但是由于大城市生活成本与压力的增大,他们的工作紧张与劳累程度也相应增加,使得他们无力向很多城市居民那样有相对较好的物质条件和一定的精力来关注孩子们的成长和学习。而大城市本身的社会环境又与农民工及其子女自身本体的原生态环境有极大的差异,包括生活方式与习惯、人际交往深度与范围、经济差别程度与消费能力、外部环境的诱惑力与约束力等诸多方面。这些方面的巨大反差如不加以正确地引导与疏导,就会给农民工自身及其子女带来巨大的心理问题,并造成一定的社会问题。而农民工子女,尤其是处在小学高年级的子女对外部世界非常好奇,自控能力又很差,家长为了养家糊口不能很好地予以关心,同时也因家长自身文化水平与素质的原因缺少有效沟通,他们很容易被社会上的一些不良风气所误导,形成认知偏差、自我封闭、自卑心理、逆反心理等问题。从丰台区目前的现状来看,农民工子女失范行为较多,据统计,只占未成年人口10%的农民工子女已经成为未成年人犯罪的主体,且占50%,有诸多调查显示,北京、上海等大城市的农民工子女犯罪率上升的原因就是因为农民工无暇和无力教育子女,再加上难以融入城市带来的心理偏差等问题。

正是因为这些问题的存在,当前农民工关注的利益之一就是子女的教育和成长问题,这些农民工子女虽然来到北京、生活在北京,但他们不但没有真正融入北京而且还可能在这里迷失了自己,觉得弄不清自己究竟是哪里人,该往哪里去。

北京市温暖基金将"温暖的视角"关注给了农民工这一城市里的特殊人群,要从根本上解决农民工本人及家庭融入城市社区生活的问题,最主要的人文关怀就是关爱农民工的子女。因为作为第二代移民的农民工子女最终将成为城市的新公民,他们的成长关系到城市的未来,他们的命运和我们国家与民族的命运紧紧联系在一起。通过农民工子女的全方位改变,让孩子用全新的视角、全新的体验解决内心的困惑,放下心理包袱,自尊、自强、乐观地去生活,从而使农民工本人看到希望,并激发自己融入城市生活的信心。

大城北京的包容厚德,必将换来首都社会的和谐与进步;专业社工的助人自助,必将促使农民工子女的成长与增能;"温暖基金"就是撒播"爱的种子","公益孵化"催生传承爱的社会组织落地、发芽、开花、结果。

二、项目概述

（一）基本信息描述

◎项目名称：北京丰台区农民工子女增能计划

◎项目宗旨：包容厚德，助人自助

◎项目实施机构：中鼎社工事务所　北京政法职业学院

◎项目实施地点：北京　丰台

◎项目实施时间：2012年4月—2012年10月

◎项目负责人：张书颖

◎项目机构法人：苏锋　张景荪

（二）项目内涵界定

"北京丰台区农民工子女增能计划"其含义就是用专业的社会工作理论从心理、学业与技能、品德等角度促进农民工子女改变对自己的认知，得到增能。

增能是指农民工子女在与他人及环境的积极互动过程中，获得更大的对生活空间的掌控能力和自信心，以及促进其对环境资源和机会的运用，以进一步帮助他们获得更多能力的过程。社会工作中的增能理论的基本假设是：个人需求不足和问题的出现是由于环境对人的排挤和压迫造成的，为服务对象所提供的帮助应该着重于增进他们的能力，以对抗环境的压力。

所以，本项目的所有模块设计都从改变农民工子女的认知入手，告诉他们目前的处境源于环境的排挤和压迫即自身对环境的不适应造成的，但阻碍他们能力发挥的环境障碍是可以改变的。他们个人的能力是可以通过社会互动不断地增加，他们是有能力、有价值的；我们与服务对象的关系是一种合作性的伙伴关系。

（三）关于服务对象

1. 选择长期处于"缺乏能力"的农民工子女为服务对象；

2. 与服务对象建构协同的伙伴关系；

3. 重视服务对象的能力而非缺陷；

4. 维持人与环境这两个工作焦点；

5. 确认服务对象是积极的主体。

（四）增能发生的层次

1. 个人层次：指个人感觉有能力去影响或解决问题；

2. 人际层面：指个人与他人合作促成问题解决的经验；

三、项目目标与产出（针对"问题"的解决方案、进程划分、可量化的阶段性结果）

（一）项目目标

本项目旨在通过农民工子女成长教育系列活动，使其更好地融入北京城市和提高他们的环境适应能力，尤其是促进他们身心健康的发展。其具体目标可分为：

1. 通过开展活动，走进农民工子女的内心世界，了解他们的心理需求，解决农民工子女的角色定位问题。

2. 通过专业社工介入，提升农民工子女的人际沟通能力，疏导不良的人际交往状况，在学校和社区建立起与一般儿童的互助关系。

3. 通过小组活动，让孩子们发现自己的爱好和特长，从而树立孩子的自信心。

4. 通过专业教师和大学生志愿者的学习辅导，教会他们正确的学习方法，增强他们的学习兴趣，提高他们的学习成绩。

5. 通过专业讲座和观看影视作品传播礼仪知识，弘扬中华民族传统美德和北京精神，提升个人素养。

（二）项目产出

1. 覆盖三个街道，30名小学4～5年级的农民工子女实现心理、素质和品德多方位增能；

2. 组织至少15次丰富多彩的项目活动，支撑各模块的增能目标；

3. 培养至少30名做青少年社会工作的志愿者，带动更多的志愿者参加温暖基金的项目活动；

4. 至少30本农民工子女特长证书及完成特长证书制作模板和种类积累；

5. 农民工子女辅导方案设计及辅导教案汇总；

6. 活动视频光盘和图片册；

7. 礼仪情景剧脚本和情景短剧视频；

8. "品德银行储蓄卡"实施方案;

9. 丰台农民工子女增能小组品德标兵 5 名;

10. 印发《北京市农民工子女增能计划操作手册》100 本。

四、项目受益方（目标群体、数据、范围）

（一）目标群体

1. 三环新城社区流动人口子女;

2. 太平桥街道社区流动人口子女;

3. 大红门街道流动人口子女。

（二）直接受益人：

项目选定的 30 名服务对象及其所在家庭，至少 60 人。

（三）间接受益人：

选定对象所在的学校、社区、参与服务的志愿者和社工，丰台以至于北京其他地区的农民工子女及家庭，通过媒体宣传影响到的社会公众等。如果项目得到复制和推广，影响人数将成几何倍数增长。

项目模块		内容、目的、起止时间		
		三环新城	太平桥街道	大红门街道
服务对象筛选调研 （4.9~5.5）		2012.4.9—4.20	2012.4.15—4.25	2012.4.20—5.4
我是北京人 5.5—6.16	小组活动1	成长小组——通过破冰游戏，达到与他人互动增进了解。		
		4.21（周六）	4.28（周六）	5.5（周六）
	游园1	紫竹院公园——了解中国传统文化之竹文化的精髓，增加对北京城市的认知。		
	讲座1	城市生活安全教育——普及日常生活安全知识，防范在城市生活中可能遇到的风险。		
	参观博物馆1	首都博物馆——了解北京历史文化。		
	讲座2	心理健康教育——了解孩子们因城市生活中的不适所产生的心理问题，通过心理疏导而得到释放。		
	参观博物馆2	国家博物馆——学习历史和文化知识，接受文明熏陶。		
	游园2	天坛公园——了解中华传统文化，进而了解北京的公园文化。		
	小组活动2	分享小组——对整体的活动进行分享交流，突出我是北京人的主题，强化孩子们融入北京城市生活意识。		

续表

项目模块		内容、目的、起止时间		
		三环新城	太平桥街道	大红门街道
才艺大展示 5.20—6.30	才艺开发	通过才艺开发让每个人充分认识到自己的优势,增强自信心。		
	美术才艺展示	每个人都能用图画表达自己的内心世界,从一个新视角完成自我认知;6月23日前上交作品。		
	音乐才艺展示	培养孩子们的艺术天赋,介入音乐疗法提升自信心。		
	口才展示	通过诗朗诵、讲故事演讲等方式了解孩子们是否有阅读障碍,同时锻炼使用普通话,进而减少人际交往的障碍。		
	个性化才艺展示	让孩子们发现自己也与众不同的一面,也增加孩子们去发现别人的长处,互相尊重;6月23日前提供证书或证明。		
	讲座3	人生目标与规划——结合增能计划,回顾前一段活动,认清自身,树立远大目标。		
	小组活动3	优势视角运用——通过优点大轰炸游戏,学会赞美别人,即完成了心理增能又锻炼了人际交往能力。		
	讲座4	掌握正确的学习方法——通过方法提升学习能力,快乐学习,快乐成长。		
	小组活动4	自助小组——如何克服学习上的困难,小组成员之间优势互补,善于发挥团队作用。		
	备注:因时间跨度较长,每个孩子的需求差异也较大,具体次数会有很大变化,下面的计划只是预想的。起止时间为月。				
学习争上游 7.1—8.30	"一对一"辅导	7~8	7~8	7~8
	"一对多"辅导	7~8	7~8	7~8
	参观纪念馆1	抗日战争纪念馆——激发孩子们的爱国热情,增强对历史知识的了解,认识到北京的地理位置的重要性;7月7日半天。		
	暑假快乐课堂	利用暑假期间的充裕时间,集中几次给孩子们进行快乐体验式学习,感受不一样的课堂氛围,达到"爱上学习"的效果。		
		7.21、7.28 8.4、8.18	7.21、7.28 8.4、8.18	7.22、7.29 8.5、8.19
	游园3	红领巾公园——体验新时代首都青少年的休闲、娱乐、教育、健身等各种活动,感受到作为一名首都青少年的自豪与骄傲、责任与使命;8月11日。		
	小组活动5	成长小组——成长的自我与积极的人际关系,通过学习成绩提升,个人内在潜能得到开发,在感受到成长与进步的同时,形成了社会正式的和非正式的支持系统,助力成长。		

续表

项目模块		内容、目的、起止时间		
		三环新城	太平桥街道	大红门街道
孝亲更助邻 9.1—10.15	礼仪情景剧1	通过专业社工和志愿者根据前期孩子们的生活与表现的素材自编自导礼仪情景短剧，让孩子们从旁观者的视角或他人的眼中重新认识自己，扬长避短，提升品德素养。		
	小组活动6	治疗小组——找出自己与他人的不足，制定改正方案和监督方案。		
	品德银行储蓄卡	从9.16开始发放，内存10个品德基数分，视各类活动难易程度由品德银行运营团队根据标准给予积分达一定分值兑现表扬与礼品并及时反馈给所在学校。以此正向强化耗子们好的品德。		
	社区光荣榜／亲人意见卡／校园反馈录	9.16—10.15		
增能结束	操作手册	9.1—10.20		
	活动视频光盘	8.1—10.20		
	图片册	9.1—10.20		

五、项目可行性分析

（一）组织优势

北京市丰台区中鼎社会工作事务所是由中共北京市丰台区委社会工作委员会、区社会办公室主管，依托北京政法职业学院等高校专业支持，经北京市丰台区民政局注册的民办非企业单位非盈利公益性组织。已被确定为北京市民政局首批社会工作人才队伍建设试点单位。目前所里运营项目有"优乐奇"儿童成长屋，正在运量启动"午后五点半"课堂项目。

北京政法职业学院拥有专业的社会工作教师团队和学生团队，能为事务所提供智力支持和人力支持。同时学院团队有丰富的项目经验，能够在人、财、物上予以必要的支持。另外，学院依托北京政法委，具有很强的资源整合能力。

丰台区社工委、新村街道办事处、太平桥街道办事处和大红门街道办事处都对本项目给予大力的支持，已协调好相关方面予以配合。

（二）地域优势

1. 服务对象有需求。北京南城有大量的农民工在此工作，他们中有相当一部分的子女在京借读，条件艰苦，缺少外界的关爱，渴望得到帮助。

2. 志愿活动有保证。社会上和社区中有很多人都有爱心，很多青年大学生热衷于志愿服务活动和公益事业，为项目的顺利实施提供了良好的外部环境。

（三）环境优势

1. 政治环境优势。今年恰逢弘扬"北京精神"的第一年，党和各级政府都非常重视倡导"北京精神"，而项目主题的设计正是突出了北京精神中的"包容与厚德"，在项目执行中也灌输了"爱国与创新"的理念，项目抓住了时代倡导的主旋律，降低了实施的风险。

2. 自然环境优势。项目启动时节恰逢春暖花开的季节，结束时节恰逢收获开始。尤其是在春意盎然的时节，无论是社工、志愿者还是服务对象都有走出去融入自然的欲望，特别利于"我是北京人"这个增能模块内容设计的实施。暑假期间又恰好是学业增能的最佳时间，同时也缓解了家长在暑假期间因忙于生计对子女无暇照顾的困难。

六、项目实施计划（需要的投入、必要的内外部资源、计划的执行程序）

1. 组建项目团队：需要投入的人力社工所和学院双方配合，有资源保证。

2. 确定服务计划：自通过温暖基金的答辩后，项目组成员已经全面细致地讨论、磋商，以补充和完善项目申报书，形成了较为完整的项目策划书。具体的服务计划和方案已经清晰。当服务对象确定后，根据实际情况再将本方案细化。

3. 确定试点学校：现在所里志愿者已整装待发，丰台社工委已出面做好相关街道和学校的协调工作。

4. 招募志愿者：下一步要做的是根据服务对象的需求进一步招募提供专项服务的志愿者，同时构建专业志愿者管理机制。

5. 开展专项儿童社工服务：需要专业教师对志愿者进行专门培训，相关教师已做好培训准备工作。

七、项目费用控制（费用预算、财务规则、审计制度）

项目费用预算控制在 6 万元以内，减少前期调研费用和活动场地的租赁费用，尽量把钱直接投入到服务对象身上。财务规则严格遵守《北京市政府购买社会组织服务经费使用原则和审计制度》的相关规定，注意在实施过程有效票据的留存和财务凭证的留存，主动接受温暖基金会的指导与监督。

八、项目组织架构（参与人员的责、权、工作流程）（略）

九、项目预期效果

整个增能活动周期为7个月，项目培训内容包括心理增能（模块1~2）、学业增能（模块3）、品德增能（模块4）。这三部分内容互相支撑，形成从心理融入开始转变，直到进入学业融入和品德素养融入并举的良好状态。直接受益人得到全面增能，生活态度和能力得到提升；间接受益人增加了生活目标信心，改变对社会的认知，缓解了社会矛盾。志愿者能力得到提升。

通过一系列的活动，使农民工子女较快地融入城市生活。项目执行方整合资源以后编写《北京市农民工子女增能计划操作手册》，让培训效果扩大化和项目成果量化。

十、项目监控与评估

（一）项目监控

1. 增强自我监控，预期发现问题，规避风险；

2. 主动接受购买方监控，接受购买方的监控意见，利于项目更好运行。

（二）项目评估

1. 自我评估：每完成一个模块就要自我评估一下达到的社会效果和执行力；

2. 接受第三方和购买方的共同评估，可分为过程评估和结果评估；

3. 接受服务对象的评估，是否达到预期效益。

四、项目执行

项目执行状态报告

项目名称：<u>北京丰台区农民工子女增能计划</u>

时间阶段：<u>2012</u> 年<u>5</u> 月<u>25</u> 日—<u>2012</u> 年<u>5</u> 月<u>31</u> 日

项目进展

当前报告阶段计划的活动：

> 1. 成长小组——通过破冰游戏，达到与他人互动增进了解；
> 2. 紫竹院公园——了解中国传统文化之竹文化的精髓，增加对北京城市的认知；
> 3. 城市生活安全教育——普及日常生活安全知识，防范在城市生活中可能遇到的风险；
> 4. 首都博物馆——了解北京历史文化；
> 5. 心理健康教育——了解孩子们因城市生活中的不适所产生的心理问题，通过心理疏导而得到释放。

当前报告阶段已完成的活动：

> 1.5月25太平桥街道太西里社区选择6个外来务工子女小学高年级的学生进行了成长小组的通过破冰游戏、心理健康辅导和实行了一对三的作业辅导；通过一对多的辅导让孩子提升学习能力，快乐地学习，快乐地成长（5月25日开始，每周一下午四点半，姓名分别是王彬彬、朱民竹、卢慧洋、张京涛、卢毅）。
>
> 2.5月31日在新村街道三环新城社区举办了外来务工子女六一儿童节庆祝活动，观看了爱国题材情景话剧（《屈原》），通过才艺开发，让每个参与到我们的活动中的人充分认识到自己的优势，增强自己的信心。在活动前期准备中运用了成长小组，通过破冰游戏、心理健康辅导走进孩子们的内心世界。

当前报告阶段取得的阶段性成果：

> 1. 经过前期与家长、学校、社区的多方沟通与磨合，太平桥街道"一对多"的系列辅导活动终于开班了。通过这一阶段的努力，终于让外来务工人员了解了我们这个机构和所从事的项目，终于认同了社工的"助人行为"是一种真实的存在与奉献，对项目的顺利开展起到了破冰的作用，达到与他人互动，个人部分素质得到拓展，人与人之间增进了解的目的。
>
> 2. 三环新城爱国题材情景话剧《屈原》，既突出了爱国的主题，又让观看者了解了中华民族的传统文化，同时又体现了北京精神中的"爱国"内涵。
>
> 虽然项目启动一个月以来，开展的活动与预定计划有所调整，活动数量和质量都没有预期的多，但是目前开展的活动都源于孩子们内心的真实需求，都在不同程度上渗透着和执行着设计者预先的理念，为后期活动的顺利开展打下了良好的基础。

在当前报告阶段计划的但没有完成的活动：

1. 紫竹院公园——了解中国传统文化之竹文化的精髓，增加对北京城市的认知；5.5 半天。
2. 城市生活安全教育——普及日常生活安全知识，防范在城市生活中可能遇到的风险。5.19 全天。
3. 首都博物馆——了解北京历史文化；5.26 半天。

偏差的原因：

主要是今年北京市各街道社区居委会换届选举，有些街道和社区干部变动较大，加上选举事务性工作较多，耽误了项目进程。比如说大红门街道5月底刚进行完选举。所以原定的参观和游园以及安全教育活动调整为组员招募齐了以后统一进行。这样调整是基于以下原因：一是利于操作，二是节约项目成本，三是社会效果和教育意义更明显。特此说明。

资金使用

当前报告阶段实际使用的资金：

在举办太平桥街道辖区外来务工子女作业辅导和新村街道辖区组织观看爱国题材话剧《屈原》，我们从街道争取到资金6000元用于组织观看《屈原》话剧和场地租赁及为农民工孩子发放小礼品庆祝六一。农民工子女印刷宣传材料610元，用于农民工子女项目办公用品485元是来自于基金会项目基金。

偏差的原因：

因项目执行过程中进行了微调，所以资金使用情况自然也就相应进行了调整。

难点总结

当前报告阶段项目推进中遇到的困难：

1. 社区选举使得项目在招募组员方面出现了意料之外的困难，因为没有社区这个平台很难让学校和家长相信公益组织的真实性和项目目的的公益性，家长有防范心理，学校有规避风险心态。
2. 家长和孩子的需求是有较大偏差的。为了项目后期顺利开展，项目组必须更多地考虑家长比较务实的需求，如过多的活动耽误孩子学习、课业辅导需求强烈、害怕外出风险问题等。

采取的应对办法：

1. 真诚与反复的沟通，多方协调，调整计划，取得街道和社区的支持；
2. 调整计划，先满足家长的需要，让家长和孩子在项目初期都看到效果和希望，再利用假期整块的时间，把项目书中的预计项目完成。

报告人：苏锋

项目负责人：张书颖

填写日期：2012.6.1

项目执行状态报告

项目名称：<u>北京丰台区农民工子女增能计划</u>

时间阶段：<u>2012</u>年<u>6</u>月<u>1</u>日——<u>2012</u>年<u>6</u>月<u>30</u>日

项目进展

当前报告阶段计划的活动：

1. 首都博物馆——了解北京历史文化接受文明熏陶，7月7日；
2. 红领巾公园——体验新时代首都青少年的休闲、娱乐、教育、健身等各种活动，感受到作为一名首都青少年的自豪与骄傲、责任与使命；
3. 分享小组——对整体的活动进行分享交流，突出我是北京人的主题，强化孩子们融入北京城市生活意识，7月21日；
4. 紫竹院公园——了解中国传统文化之竹文化的精髓，增加对北京城市的认知；
5. 小组分享：优势视角运用——通过优点大轰炸游戏，学会赞美别人，既完成了心理增能又锻炼了人际交往能力，8月4日；
6. 抗日战争纪念馆——激发孩子们的爱国热情，增强对历史知识的了解，认识到北京的地理位置的重要性，8月25日半天；
7. 天坛公园——了解中华传统文化，进而了解北京的公园文化，8月30日；
8. 小组才艺开发——通过才艺开发让每个人充分认识到自己的优势，增强自信心，8月15日；
9. 朗诵比赛——每个人都能用语言表达自己的内心世界，从一个新视角完成自我认知，8月20日；
10. 唱歌比赛——培养孩子们的艺术天赋，介入音乐疗法提升自信心，9月8日；

当前报告阶段已完成的活动：

1. 6月5日开始太平桥街道太西里社区选择外来务工子女小学高年级的学生进行了4次成长小组的通过破冰游戏、心理健康辅导和实行了一对三的作业辅导；通过一对多的辅导让孩子提升学习能力，快乐地学习，快乐地成长（每周一下午四点半，姓名分别是王彬彬、朱民竹、卢慧洋、张京涛、卢毅）。

2. 6月15日在大红门第二小学为小学生开展农民工子女安全教育的培训活动。通过采用理论与实践相结合的培训方式，ppt理论展示和纱布、绷带等实务教学，向孩子们演示火灾、水灾、地震、车祸等突发状况下的处理办法，让农民工孩子们熟练掌握基本急救技能，在日常生活与学习中能够更好地保护自己和他人，直接覆盖人数46人（有品德储蓄银行卡登记）。

3. 6月26日在大红门第二小学为农民工子女小学生开展文明礼仪培训活动。通过一起进行问候礼仪、尊师礼仪、课堂礼仪、同学礼仪、升旗礼仪、穿着礼仪、行走礼仪、乘车礼仪、餐桌礼仪的学习，培养了农民工子女的文明礼仪素养，养成良好的行为习惯，净化学生的心灵，提高农民工子女在北京的归属感和思想道德素质，直接覆盖人数46人（有品德储蓄银行卡登记）。

当前报告阶段取得的阶段性成果：

1. 经过前期的与家长、学校、社区多方沟通与磨合，太平桥街道"一对多"的系列辅导活动已顺利开展了多次。通过这一阶段的努力，让外来务工人员进一步了解了我们农民工子女增能计划项目，认同了社工的"助人行为"是一种真实的存在与奉献，对项目的顺利开展起到了破冰的作用，达到与他人互动，个人部分素质得到拓展，人与人之间增进了解的目的。

2. 在大红门第二小学为小学生开展农民工子女安全教育的培训活动。让农民工孩子们熟练掌握基本急救技能，在日常生活与学习中能够更好地保护自己和他人。

3. 在大红门第二小学为农民工子女小学生开展文明礼仪培训活动。培养了农民工子女的文明礼仪素养，养成良好的行为习惯，净化学生的心灵，提高农民工子女在北京的归属感和思想道德素质。

这是项目启动开展的活动，比预期人数要多出16个人，活动人数增多。但是目前开展的活动都源于孩子们内心的真实需求，都在不同程度上渗透着和执行着设计者预先的理念，为后期活动的顺利开展打下了良好的基础。

在当前报告阶段计划的但没有完成的活动：

1. 首都博物馆——了解北京历史文化接受文明熏陶，7月7日；

2. 红领巾公园——体验新时代首都青少年的休闲、娱乐、教育、健身等各种活动，感受到作为一名首都青少年的自豪与骄傲、责任与使命；

3. 分享小组——对整体的活动进行分享交流，突出我是北京人的主题，强化孩子们融入北京城市生活意识，7月21日；

4. 紫竹院公园——了解中国传统文化之竹文化的精髓，增加对北京城市的认知；

5. 小组分享：优势视角运用——通过优点大轰炸游戏，学会赞美别人，既完成了心理增能又锻炼了人际交往能力，8月4日；

6. 抗日战争纪念馆——激发孩子们的爱国热情，增强对历史知识的了解，认识到北京的地理位置的重要性，8月25日半天；

7. 天坛公园——了解中华传统文化，进而了解北京的公园文化，8月30日；

8. 小组才艺开发——通过才艺开发让每个人充分认识到自己的优势，增强自信心，8月15日；

9. 朗诵比赛——每个人都能用语言表达自己的内心世界，从一个新视角完成自我认知，8月20日；

10. 唱歌比赛——培养孩子们的艺术天赋，介入音乐疗法提升自信心，9月8日。

偏差的原因：

主要有两点：一是各学校正处于期末考试阶段，学校相关领导希望学生都能取得较好的成绩，有些游园活动可能会让孩子分心，希望能在暑假进行。这样能让孩子们一心一意地游玩和学知识。二是北京市各街道社区居委会换届选举刚刚完成，一些移交工作要做，无法及时给予支持。所以原定的计划进行了一下调整，把室内的活动提前，在假期再进行室外活动。这样调整是基于以下原因：一是利于操作，二是社会效果和教育意义更明显。特此说明。

资金使用

当前报告阶段实际使用的资金：

从五月份启动项目以来包括四点半课堂、一对多辅导、六一节活动（新村街道支持6000元整）和大红门二小讲课（安全教育和小组分享，外来务工子女文明礼仪培训和小组分享）一共花费2530.50元，总共花费8530.5元，7月份暑期再重点把室外活动做完，按期按质完成任务。

偏差的原因：

因项目执行过程中进行了微调，所以资金使用情况自然也就相应进行了调整。

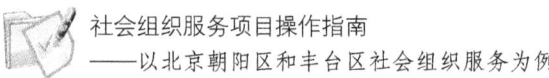
社会组织服务项目操作指南
——以北京朝阳区和丰台区社会组织服务为例

难点总结

当前报告阶段项目推进中遇到的困难：

1. 社区选举和学校期末考试阶段使得项目在执行阶段出现了许多意料之外的困难，使得项目在招募组员方面出现了一些问题，学校担心学生安全和影响学习，采取了保守的态度。

2. 学校、家长和孩子三方的需求是有较大偏差的。为了项目后期顺利开展，项目组必须更多地考虑三方的需求，如家长害怕过多的活动耽误孩子学习，孩子参观游玩需求强烈，学校害怕外出风险问题。但是项目组已经跟街道社区流管办和文教科协调好，参加过室内活动的学生回到社区，统一由社区召集，由中鼎社工事务所执行开展关爱农民工子女暑期温暖行动（室外活动）。

采取的应对办法：

1. 真诚与反复的沟通，多方协调，调整计划，取得街道和社区的支持。

2. 调整计划，满足学校、家长和孩子三方的需要，先让三方在项目初期都看到效果和希望，再利用假期整块的时间，把项目书中的预计项目完成。

报告人：苏锋

项目负责人：张书颖

填写日期：2012.6.29

项目执行状态报告

项目名称： 北京丰台区农民工子女增能计划

时间阶段： 2012 年 7 月 1 日——2012 年 7 月 30 日

项目进展

当前报告阶段计划的活动：

1. 天坛公园——了解中华传统文化，进而了解北京的公园文化，8月30日；

2. 小组才艺开发——通过才艺开发让每个人充分认识到自己的优势，增强自信心，8月15日；

3. 朗诵比赛——每个人都能用语言表达自己的内心世界，从一个新视角完成自我认知，8月20日；

4. 唱歌比赛——培养孩子们的艺术天赋，介入音乐疗法提升自信心，9月8日；

5. 8月中旬开展农民工子女的英语阅读比赛。

第二部分
基金会资金资助项目操作指南

当前报告阶段已完成的活动：

> 1. 7月14日上午在北京首都博物馆举行外展参观活动，来自大红门街道的农民工子女及部分家长共30人参加。
>
> 通过参观北京文物精品展、古都北京历史文化展、老北京民俗展以及精品瓷器展等，让农民工子女对北京的历史、北京的民俗、北京的发展变化有更多的认识和了解，同时也让他们增长知识，更加了解北京，加深了对北京的热爱。
>
> 2. 7月27日，在北京自然博物馆举行第二次外展参观活动，来自大红门街道的农民工子女及部分家长共28人参加。通过参观动物的标本及恐龙化石，让孩子们开阔了眼界，让孩子们更多了解大自然，有了更形象的感知。同时也丰富了农民工子女的校园生活，让他们学到了更多书本上学不到的知识也拓展了视野，使他们能走出课堂，走向自然，更加地热爱生活。

当前报告阶段取得的阶段性成果：

> 1. 经过前期的与家长、学校、街道多方沟通，计划在暑期实行的外展活动终于成功开展。通过这一阶段的努力，让外来务工人员进一步了解了我们这个机构和所从事的项目，认同了社工的"助人行为"。多数农民工子女个人部分素质得到拓展，相互加深了了解。
>
> 2. 在北京首都博物馆开展的农民工子女外展参观活动，让农民工子女对北京的历史、北京的民俗、北京的发展变化有更多的认识和了解，同时也让他们增长了知识，更加了解北京，加深了对北京的热爱。
>
> 3. 在北京自然博物馆举行第二次农民工子女外展参观活动，让孩子们开阔了眼界，有了更形象的感知，也丰富了农民工子女的校园生活，让他们学到了更多书本上学不到的知识，拓展了视野，使他们能走出课堂，走向自然，更加热爱生活。
>
> 这是项目启动的第三个月，开展的活动没有对预定计划进行调整，只是根据农民工子女的要求更改了活动地点。活动地点都源于孩子们内心的真实需求，在不同程度上渗透着和执行着设计者预先的理念，为后期活动的顺利开展打下了良好的基础。

在当前报告阶段计划的但没有完成的活动：

> 1. 天坛公园——了解中华传统文化，进而了解北京的公园文化，8月30日；
> 2. 小组才艺开发——通过才艺开发让每个人充分认识到自己的优势，增强自信心，8月15日；
> 3. 朗诵比赛——每个人都能用语言表达出自己的内心世界，从一个新视角完成自我认知，8月20日；
> 4. 唱歌比赛——培养孩子们的艺术天赋，介入音乐疗法提升自信心，9月8日；
> 5. 8月中旬开展农民工子女的英语阅读比赛。

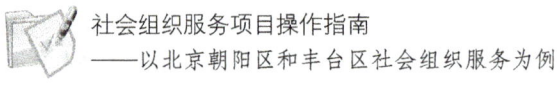
社会组织服务项目操作指南
——以北京朝阳区和丰台区社会组织服务为例

偏差的原因：

主要有两点：一是学校放暑假后，街道文教科特别支持咱们的这个外展实践活动，所以活动按照要求能够达到计划人数，8月底中鼎社工事务所准备组织农民工子女参加社会志愿活动，在社区内清除垃圾，保护社区卫生条件，二是有的活动地点学生曾经去过，不愿意再去，所以原定的活动地点进行了调整。这样调整是基于以下原因：一是利于操作，二是节约项目成本，三是激发农民工子女活动热情提高社会效果和教育意义。特此说明。

资金使用

当前报告阶段实际使用的资金：

7月14日去首都博物馆包括大人45人，总开支4750元，租车1500元。

餐费720元，印制帽子100顶，20元一顶，2000元、志愿者补贴15人，每人30元，450元。条幅80元。

7月27日国家自然博物馆43人，总开支3600元，租车1500元。

餐费720元，印制帽子50顶，20元一顶，1000元。志愿者补贴10人，每人30元，300元。条幅80元。

偏差的原因：

因项目执行过程中进行了微调，资金有限和外出的风险加大，所以在出去外展活动上进行微调，项目组将增加室内活动，所以资金使用情况自然也就相应进行了调整。

难点总结

当前报告阶段项目推进中遇到的困难：

1. 学校放暑假后，多数打工者的子女都回到老家去了，经过街道办事处和社区虽然尽力配合，达到比我们预期还多的人数。

2. 学校、家长和孩子三方的需求是有较大偏差的。为了项目后期顺利开展，项目组必须更多地考虑三方的需求，如家长害怕过多的活动耽误孩子学习、孩子参观游玩需求强烈等问题，我们跟家长沟通过，所以我们接下来给孩子做一些知识性的竞赛活动。

采取的应对办法：

1. 真诚与反复的沟通，多方协调，调整计划，取得家长和街道的支持；
2. 调整计划，满足孩子们需要，调动孩子的积极性，让家长们看到效果和希望，再利用假期整块的时间，把项目书中的预计项目完成。

报告人：苏锋
项目负责人：张书颖
填写日期：2012.7.31

项目执行状态报告

项目名称： 北京丰台区农民工子女增能计划
时间阶段： <u>2012</u> 年<u>9</u> 月<u>1</u> 日——<u>2012</u> 年<u>9</u> 月<u>30</u> 日

项目进展

当前报告阶段计划的活动：

1. 英语知识竞赛小组才艺开发——通过才艺开发让每个人充分认识到自己的优势，增强自信心，9月已完成；
2. 朗诵比赛——每个人都能用语言表达自己的内心世界，从一个新视角完成自我认知，9月；
3. 唱歌比赛——培养孩子们的艺术天赋，介入音乐疗法提升自信心，9月。

当前报告阶段已完成的活动：

1. 9月17日，在丰台区太西里社区举办第七期"四点半课堂"，共为10名外来务工子女进行了专业的学习辅导和帮助。发放卷笔刀10个，帽子10个。
"四点半课堂"为社区内有需要的学龄期青少年儿童提供作业辅导、兴趣学习等活动。由于场地安全，又有专业的辅导老师、社工做知识解答，而且这里还能形成集体学习的氛围，所以很受孩子和家长的喜欢。
2. 9月24日下午，在大红门二小举办了一场别开生面的农民工子女英语知识竞赛。特聘请了首都经贸大学王老师主讲，共有36名外来务工子女参加此次竞赛。发放了一些钥匙链36份，卷笔刀36份。
通过开展这次活动，不仅提高了孩子在活动中运用英语的能力，也充分激发了同学们学习英语的兴趣，增强了学习英语的信心，拓宽了知识面，给了同学们对于英语学习以及人生很多启发。
3. 9月27日个案深度访谈农民工子女5名，快乐加油站发放书籍5本，卷笔刀5个，月饼5盒。

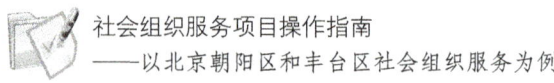

当前报告阶段取得的阶段性成果：

1. 经过前期的与家长、学校、街道多方沟通，计划在开学实行的活动成功开展。通过这一阶段的努力，让外来务工人员子女进一步了解了我们资助机构和所从事的项目，认同了社工的"助人行为"。多数农民工子女个人部分素质得到拓展。

2. 丰台区太西里社区举办第七期"四点半课堂"活动，由于场地安全，又有专业的辅导老师、社工做知识解答，而且这里还能形成集体学习的氛围，所以很受孩子和家长的欢迎。家长对课后无人辅导孩子作业以前很是头痛，现在有四点半课堂能提供给孩子学习的地方和老师授课辅导，家长对此次的活动表示感谢。

3. 在大红门二小举办了别开生面的英语知识竞赛。不仅提高了孩子在活动中运用英语的能力，也充分激发了同学们学习英语的兴趣，增强了学习英语的信心，拓宽了知识面，给了同学们对于英语学习以及人生很多启发。大红门附近的农民工子女大多数是小商小贩家的孩子，对英语知识竞赛很是陌生，经过社工们耐心地讲解，他们在知识竞赛过程中都表现非常好，积极抢答，整个活动比课堂轻松，使孩子们锻炼了胆量，学到了知识。通过对5位家长的访谈，家长也很高兴，对之前的外展表示非常满意，对文明礼仪和安全教育讲座等都表示很受益，还有就是对孩子的法制教育也表示很满意，发放了一些法律知识手册和文明礼仪手册。家长和学校也建议我们多搞几次知识竞赛活动，这样能增强孩子的自信心，特别是这种应试教育大环境下，对于开放式教育很少，所以家长和学校的课任老师对我们的这种方式活动很是赞同。

这是项目启动的第五个月，开展的活动没有对预定计划进行调整，只是根据农民工子女的要求增加了"四点半课堂"活动。活动都源于家长和孩子们内心的真实需求，在不同程度上渗透着和执行着设计者预先的理念，为下个月活动的圆满结束奠定了基础。

在当前报告阶段计划的但没有完成的活动：

1. 朗诵比赛——每个人都能用语言表达自己的内心世界，从一个新视角完成自我认知；
2. 唱歌比赛——培养孩子们的艺术天赋，介入音乐疗法提升自信心。

偏差的原因：

主要原因是学校开学后，多数打工者的子女还处在放假期间的松散状态，还没有能及时调整成上课状态，学校和家长希望继续开展"四点半课堂"活动让学生马上恢复到上学状态，所以将原定的朗诵活动进行了调整，增加了"四点半课堂"活动。这样调整是基于以下原因：一是利于操作，二是激发农民工子女活动热情，提高社会效果和教育意义。特此说明。

资金使用

当前报告阶段实际使用的资金：

老师讲课费及餐费两次共3000元，给小组的志愿者补助两次（7名）600元，志愿者老师补习3次1000元，材料费2500元，通讯补助一个月6名600元。

总计：7700元

偏差的原因：

因项目执行过程中进行了微调，所以资金使用情况自然也就相应进行了调整。

难点总结

当前报告阶段项目推进中遇到的困难：

1. 学校开学后，多数打工者的子女都还处于放假的松散状态，学校认为在一开学进行文艺类活动没有太大效果，不愿合作。街道办事处和社区虽然已尽力配合，但仍无法达到学校满意，所以组织人员出现了困难。

2. 学校、家长和孩子三方的需求是有较大偏差的。为了项目后期顺利开展，项目组必须更多地考虑三方的需求，如学校和家长害怕过多的文艺活动耽误孩子学习、孩子玩的需求强烈。

采取的应对办法：

1. 真诚与反复的沟通，多方协调，调整计划，取得家长和学校的支持；

2. 调整计划，满足学校和孩子们需要，调动孩子的积极性，让家长们看到效果和希望，再利用最后一个月的时间，把项目书中的预计项目完成。

报告人：苏锋
项目负责人：张书颖
填写日期：2012.9.30

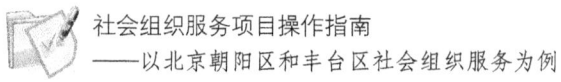

五、项目中期评估报告

北京市温暖基金会资助"农民工子女增能计划"项目节点报告

项目名称：农民工子女增能计划

提交机构：中鼎社会工作事务所

提交日期：2012 年 8 月 25 日

一、基本情况

1. 机构名称：中鼎社会工作事务所
2. 项目名称：农民工子女增能计划
3. 项目起止时间：2012 年 5 月—2012 年 10 月
4. 项目执行团队及分工

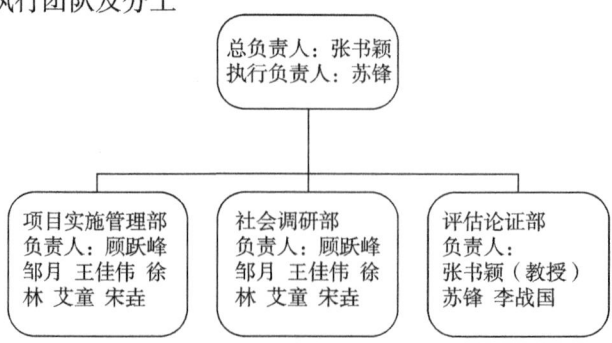

二、项目发展状况

1. 项目启动至今，经过前期的与家长、学校、社区多方沟通与磨合，大红门街道、太平桥街道"一对多"的系列辅导活动及相关科目的活动得以开展。通过这一阶段的努力，让外来务工人员了解了我们这个机构和所从事的农民工子女增能计划项目，也认同了社工的"助人行为"是一种真实的存在与奉献，对项目的顺利开展起到了破冰的作用，达到与他人互动，个人部分素质得到拓展，人与人之间增进了解的目的。

所有这些改变，对于本项目目标的达成都起到了一定的支撑作用，使我们看到了希望。当然，对于整个项目来说仅有这些改变还是不够的，要真正达成项目目标还需要做进一步的努力。

2. 中鼎社会工作事务所在组建项目团队，原有的专业社工的前提下，又招募志愿者社工和志愿者教师，形成了"社工带义工，义工带志愿者"的模式。通过这些改变，使项目团队结构更加合理化，更利于项目的执行。

三、项目实施情况

（一）项目目标

1. 项目原定的目标

本项目旨在通过农民工子女成长教育系列活动，使其更好地融入北京城市和提高他们的环境适应能力，尤其是促进他们身心健康的发展。其具体目标可分为：

（1）通过开展活动，走进农民工子女的内心世界，了解他们的心理需求，解决农民工子女的角色定位问题。

（2）通过专业社工介入，提升农民工子女的人际沟通能力，疏导不良的人际交往状况，在社区建立起与一般儿童的互助关系。

（3）通过小组活动，让农民工孩子们发现自己的爱好和特长，从而树立孩子的自信心。

（4）通过专业教师和大学生志愿者的学习辅导，教会他们正确的学习方法，增强他们的学习兴趣，提高他们的学习能力。

（5）通过专业讲座和观看影视作品传播礼仪知识，弘扬中华民族传统美

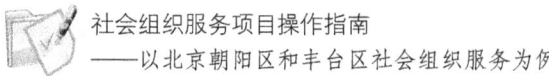

德和北京精神，提升个人素养。

2. 在项目实施过程中，项目目标是否有调整

项目在实施过程中，基本按照实施计划进行，但个别目标相应做了微调。

（二）项目活动（项目启动至今）

1. 项目计划开展的活动

项目计划在实施过程中开展了以下活动：

（1）成长小组——通过多次破冰游戏，达到与他人互动增进了解（已进行）。

（2）城市生活安全教育：普及日常生活安全知识，防范在城市生活中可能遇到的风险；（已进行）

（3）首都博物馆——了解北京历史文化（已实行）。

（4）红领巾公园——体验新时代首都青少年的休闲、娱乐、教育、健身等各种活动，感受到作为一名首都青少年的自豪与骄傲、责任与使命（根据孩子们的要求，已换成参观自然博物馆）。

（5）抗日战争纪念馆——激发孩子们的爱国热情，增强对历史知识的了解，认识到北京的地理位置的重要性（根据孩子们暑期社会实践的需要，已换成学习雷锋活动纪念日，同时爱国教育主题通过农民工子女参加拍摄情景话剧《屈原》来实现）。

（6）天坛公园——了解中华传统文化，进而了解北京的公园文化（根据家长和孩子们的要求，已换成英语讲座，融入北京城市的的主题通过大红门街道外来务工子女的志愿植树，参与北京社会环境建设来完成）。

（7）小组才艺开发——通过才艺开发让每个人充分认识到自己的优势，增强自信心（已进行）。

（8）朗诵比赛——每个人都能用语言表达自己的内心世界，从一个新视角完成自我认知（将在项目后期进行）。

（9）唱歌比赛——培养孩子们的艺术天赋，介入音乐疗法提升自信心（将在项目后期进行）。

2. 按原计划实施的项目活动和已实施的活动对项目目标的达成的帮助

（1）按照原计划开展了如下活动：

第一，5月25太平桥街道太西里社区选择6个外来务工子女小学高年级的学生进行了成长小组的通过破冰游戏、心理健康辅导和实行了一对三的作业辅导；

第二，5月31日在新村街道三环新城社区12名外来务工子女举办了六一儿童节，观看爱国题材情景话剧（《屈原》）；

第三，6月5日开始太平桥街道太西里社区选择6个外来务工子女小学高年级的学生进行了2次成长小组的通过破冰游戏、心理健康辅导和实行了一对三的作业辅导；

第四，6月15日在大红门第二小学为小学生选择了45名开展农民工子女安全教育的培训活动系列；

第五，6月26日在大红门第二小学为农民工子女小学生开展文明礼仪培训活动系列；

第六，7月22日在三环新城社区活动中心举办了"农民工子女增能计划"专业成果展示会；

第七，7月27日，在北京自然博物馆举行第二次外展参观活动；

第八，7月26日上午在北京首都博物馆举行外展参观活动；

第九，8月11日，在丰台区大红门车站举办农民工子女开展学习雷锋志愿活动日；

第十，8月14日，在大红门街道举办了一场名为"在娱乐中培养英语学习兴趣"的趣味英语讲座；

第十一，8月18日 大红门街道外来务工子女的志愿植树，参与北京社会环境建设；

第十二，8月24日，中鼎社工事务所举办了农民工子女青春期健康知识讲座，此次讲座的目的是为了引导青春期的农民工子女正确地对待青春期身体及心理的变化。

（2）已实施的活动对项目目标的达成有怎样的帮助：通过上述系列活动的开展，项目得到了扎实托推进，完成了预期的心理增能（第一、第三、第四和第十二项）、学习增能（第七、第八、第十项）和品德增能（第二、第五、第九和第十一项）等模块。孩子们有了很大的变化，如性格更加开朗了，

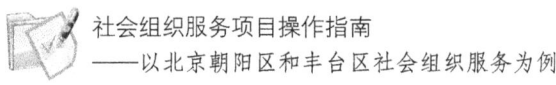

参加活动更加主动了，对社会的了解更加深入了，对人也更加亲近了，自信心有了很大的增强等等。

3. 与之前的计划有微调变化的项目活动及新增活动，产生这些变化的原因和预算变动

原计划在暑假实施的多次外展活动，在数量上有所减少。原因：一是家长担心孩子的安全问题，希望减少活动次数。二是物价上涨，经费有限。所以，将参观抗日战争纪念馆和天坛公园调整成了英语讲座和志愿活动。另外，事务所也向孩子们发放了帽子、水彩笔、小礼物、证书、卷笔刀等一些礼品。所以，项目预算产生了变动。

4. 在项目实施过程中，遇到哪些问题和困难和解决这些困难的办法

（1）4月底5月初社区选举使得项目在招募组员方面出现了意料之外的困难，因为没有社区这个平台很难让学校和家长相信公益组织的真实性和项目目的的公益性，家长有防范心理，学校有规避风险心态。

（2）学校、家长和孩子的需求是有较大偏差的。为了项目后期顺利开展，项目组必须更多地考虑家长比较务实的需求，如过多的活动耽误孩子学习、课业辅导需求强烈、害怕外出风险问题等，而孩子则存在参观游玩需求强烈的问题。

（3）学校期末考试阶段使得项目在执行阶段出现了许多意料之外的困难，学校担心学生安全和影响学习，采取了保守的态度。

解决办法：

（1）积极和街道居民科以及社区沟通，灵活调整预期时间，协调好和社区工作时间上冲突的矛盾，我们将时间略加顺延。

（2）调整计划，满足学校、家长和孩子三方的需要，先让三方在项目初期都看到效果和希望。再利用假期整块的时间，把项目书中的预计项目完成。

（3）真诚与反复地沟通，多方协调，调整计划，取得街道和社区的支持。

（三）项目中期完成目标与活动对照表

项目目标	计划达成	（截至中期）实际已达成
	1. 通过开展活动，走进农民工子女的内心世界，了解他们的心理需求，解决农民工子女的角色定位问题。 2. 通过专业社工介入，提升农民工子女的人际沟通能力，疏导不良的人际交往状况，在社区建立起与一般儿童的互助关系。 3. 通过小组活动，让孩子们发现自己的爱好和特长，从而树立孩子的自信心。 4. 通过专业教师和大学生志愿者的学习辅导，教会他们正确的学习方法，增强他们的学习兴趣，提高他们的学习成绩。 5. 通过专业讲座和观看影视作品传播礼仪知识，弘扬中华民族传统美德和北京精神，提升个人素养。	1. 通过开展调研问卷活动，走进农民工子女的内心世界，了解他们的心理需求，解决农民工子女的角色定位问题。 2. 通过专业社工介入，提升农民工子女的人际沟通能力，疏导不良的人际交往状况，在社区建立起与一般儿童的互助关系。 3. 通过专业教师和大学生志愿者的学习辅导，教会他们正确的学习方法，增强他们的学习兴趣，提高他们的学习成绩。 4. 通过专业讲座和观看影视作品传播礼仪知识，弘扬中华民族传统美德和北京精神，提升个人素养。

活动名称	活动次数	受益人数	已留存资料	活动名称	活动次数	受益人数	已留存资料
四点半课堂	4	6	四点半课堂新闻稿、策划、照片	文明礼仪培训活动	3	20	文明礼仪活动新闻稿、策划、照片
英语趣味讲座	2	30	英语趣味讲座、新闻稿、策划、照片	农民工子女增能计划成果展示会	1	15	农民工子女增能计划成果展示会新闻稿、策划、照片
参观自然博物馆	1	30	参观自然博物馆新闻稿、策划、照片	学习雷锋活动日	2	17	学习雷锋活动日新闻稿、策划、照片

活动名称	活动次数	受益人数	已留存资料	活动名称	活动次数	受益人数	已留存资料
爱国题材情景话剧（《屈原》）	1	12	爱国题材情景话剧新闻稿、策划、照片	开展户外农民工子女植树志愿活动	1	18	"孝亲更助邻"活动开展互相帮助人，彼此的组员，默契地把树栽种起来。
参观北京首都博物馆	1	30	参观北京首都博物馆新闻稿、策划、照片				
青春期健康知识竞赛	1	17	此次讲座的目的是为了引导青春期的农民工子女正确地对待青春期身体及心理的变化。	前期调研农民工子女问卷调查活动	1	45	填写问卷调查
				农民工子女访谈活动	1	10	心理走访 分发小礼品
儿童安全教育	3	45	农民工子女安全教育培训活动，让农民工孩子们熟练掌握基本急救技能，在日常生活与学习中能够更好地保护自己和他人。	总结	22	295	项目执行汇报表，关爱农民工策划案

四、项目取得的成效

（一）项目效果（项目启动至今）

1. 项目已达到的成效

本项目启动至今共有 22 次项目活动，分析调查和反馈表明通过中鼎社会工作事务所这一阶段的努力，是有意义的；

（1）就"四点半课堂"而言，对 16：00 左右就已放学的小学生安全健康考虑而提供的免费学习、娱乐场所，是一种学后托管服务体系。在北京，"四点半课堂"也得到了社会各界大力支持。下一步中鼎社工事务所将准备与教育局、学校沟通,充分发挥志愿者的积极性,将"四点半课堂"在北京推广开来。

(2)"文明礼仪"活动,以互动教学、快乐培训的方式进行,社工带领小学生们一起进行问候礼仪、尊师礼仪、课堂礼仪、同学礼仪、升旗礼仪、穿着礼仪、行走礼仪、乘车礼仪、餐桌礼仪的学习。此次培训可谓是一举三得、一是让农民工孩子们的文明礼仪素养得到提高;二是日常问候语能够自觉地在生活中得到应用;三是人际沟通能力得到初步提升。

(3)英语学习兴趣得到提升。通过专业的英语讲座,将娱乐互动和游戏教学结合在一起,同学们对学英语的态度和学英语的方法都有了改变,通过现场教学体验了学英语和做英语游戏带来的乐趣,学生们在课堂上都能踊跃参与到教学环节中来,击败了学英语的恐惧感。"英文趣味讲座"参加活动的小朋友都很投入,都觉得活动内容很有意思,一点也不枯燥。下课后好多小同学说:"这比学校的英语课有趣多了,没怎么费力就记住了好多英语单词。"活动在轻松欢笑中教大家英语,让孩子们发现英语的趣味性,也培养了孩子对英语的兴趣。

(4)社工的工作得到称颂与认可。"参观自然博物馆和参观北京首都博物馆"的活动,通过参观北京文物精品展、古都北京历史文化展、老北京民俗展以及精品瓷器展等,让农民工子女对北京的历史、北京的民俗、北京的发展变化有更多的认识和了解。同时也让他们增长了知识,更加了解北京,加深了对北京的热爱。通过参观动物的标本及恐龙化石,让孩子们开阔了眼界,有了更形象的感知,丰富了农民工子女的校园生活,让他们学到了更多书本上学不到的知识,拓展了视野,使他们能走出课堂,走向自然,更加地热爱生活。

(5)"学习雷锋活动日",一是为了增强农民工子女的助人为乐的品质和无私奉献的精神,同时也是为了丰富他们自身的暑假生活,并希望这些小朋友们能够在参加活动中与小伙伴们一起快乐地度过这有意义的一天。

(6)"爱国题材情景话剧"既突出了爱国的主题,又让小朋友们了解了中华民族的传统文化。

(7)外来务工子女的志愿植树,参与北京社会环境建设。他们自身乐于奉献的精神和作为北京人的价值得到了很好地体现,起到了心理增能的作用,又找到作为"北京人"的主人翁责任感。

（8）农民工子女青春期健康知识讲座和安全教育活动，在助力孩子成长和规避风险方面起到了很好的教育作用，为他们在成长中筑起了一道道"防火墙"。

2. 受益群体如何看待本项目所开展的工作及达到的成效

受益人群对本项目大多持支持态度，外来务工人员了解了我们这个机构和所从事的项目，终于认同了社工的"助人行为"是一种真实的存在与奉献，对项目的顺利开展起到了破冰的作用，达到与他人互动，个人部分素质得到拓展，人与人之间增进了解。

（二）项目产生的其他重要影响

1. 项目实施过程中产生的其他重要影响

在项目实施过程中，也出现了一些偏差：一个是今年北京市各街道社区居委会换届选举，有些街道和社区干部变动较大，加上选举事务性工作较多，耽误了项目进程。比如说大红门街道5月底刚进行完选举，所以原定的参观和游园以及安全教育活动调整为组员招募齐了以后统一进行。另一个是在暑假实施活动中的偏差：主要有两点原因：（1）学校放暑假后，多数打工者的子女都回到老家去了，所以活动没有能够达到计划人数，有的大型活动也就不能展开；（2）有的活动地点学生曾经去过，不愿意再去，所以原定的活动地点进行了调整。

活动调整理由如下：一是利于操作，二是节约项目成本，三是激发农民工子女活动热情，提高社会效果和教育意义。特此说明。

2. 除项目已设定的项目目标外，取得的其他长远影响

22次项目的活动中产生了可复制的模式，因此在众多社工和社区中产生了共鸣，都在不同程度上渗透着和执行着设计者预先的理念，为后期活动的顺利开展打下了良好的基础。

3. 媒体报道（项目启动至今）

关于四点半课堂、活动外展、志愿服务、植树活动、"英语趣味讲座"等活动，丰台有线电视台曾进行过采访报道；三农通讯网、康政文化网、北京市社会工作建设网、新浪博客、丰台区新闻及中鼎社工事务所网站都对活动进行

了相关报道。

五、综合评价和展望

在项目实施中，我们采取了原则性和灵活性相结合的方法，既兼顾了原有四个模块设计的主题内容，又根据招募对象的实际需求对执行方案做了微调，总体来说，项目达得到了预期效果，而且实际实施内容比原来设计的更加丰富，招募的志愿者人数和类型也比原计划丰富，社区志愿者参与的程度也比预计的要好，"社工带义工的模式"已经初步形成并收到良好的效果。通过项目的实施，我们越来越感觉到这项活动无论是对受助方还是项目实施者来说，都非常有意义，我们相信，这个项目对中鼎社会工作事务所、对社区、对学校、对家长、对孩子等五方都会带来收益，同时也必然会产生较有影响的社会效益。

下一阶段项目实施计划：

1. 在接下来的项目执行过程中，项目将要达到的成效有哪些？

"我与祖国共奋进"专题朗诵比赛策划书。为继承和弘扬中华民族浩瀚的文学文明，推动社会主义精神文明建设，提高外来务工子女的人文素质和道德情操，增加他们的爱国热情，特举办"我与祖国共奋进"专题朗诵比赛。"飞扬的梦想"主题唱歌比赛，给外来务工子女一个展示自己的舞台，进一步营造良好的学习气氛，陶冶外来务工子女高尚的道德情操，促进他们之间的友谊和交流，培养孩子们的艺术天赋，介入音乐疗法提升自信心。

2. 对前面所提及的问题和困难的解决方法

中鼎事务所也及时为问题想到了解决方案：（1）真诚与反复地沟通，多方协调，调整计划，取得家长和街道的支持；（2）调整计划，满足孩子们需要，调动孩子的积极性，让家长们看到效果和希望；（3）利用假期整块的时间，把项目书中的预计项目完成。

我们自身也将提高团队的效率和工作进展速度，在保质保量的基础上，发挥团队优势，集中力量解决要紧的问题和困难，逐一攻破，严格落实项目设计，但是也要按照实际情况，根据自身条件，改良我们的项目计划和执行，最终保证项目整体的实施。

3. 最新的项目计划和预算

本项目计划书子项目主题有稍微的调整，预算也有调整。

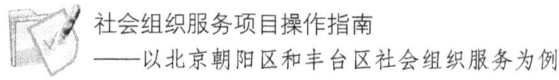

六、总体评语及观点

通过本项目的实施，基本达到了预期的效果和预想的情况。通过农民工子女成长教育系列活动，使其更好地融入北京城市，提高了他们的环境适应能力，尤其是促进了他们身心的健康发展，为建设和谐社会、和谐首都创造了一份有力的条件。

七、项目特点

（一）此项目的开展建立在前期充分调研的基础上，调查显示北京市流动人口总量超过500万，其中农民工占据很高的比重，可达百分之六十以上。由于大城市生活成本与压力的增大，他们的工作紧张与劳累程度也相应增加，使得他们无力像很多城市居民那样有相对较好的物质条件和一定的精力来关注孩子的成长和学习。而农民工子女，尤其是处在小学高年级的子女对外部世界非常好奇，自控能力又很差，家长为了养家糊口不能很好地予以关心，同时也因家长自身文化水平与素质的原因缺少有效沟通，他们很容易被社会上的一些不良风气所误导，会形成认知偏差、自我封闭、自卑心理、逆反心理等问题。在了解到全方位的信息后，相关人员便开始着手项目策划和申请工作。

（二）此项目充分利用了社会工作中的增能理论，它的基本假设是：个人需求不足和问题的出现是由于环境对人的排挤和压迫造成的，为服务对象所提供的帮助应该着重于增进他们的能力，以对抗环境的压力。本项目所有模块的设计都从改变农民工子女的认知入手，告诉他们目前的处境源于环境的排挤和压迫，但阻碍他们能力发挥的环境障碍是可以改变的，他们个人的能力是可以通过社会互动不断地增加，他们是有能力、有价值的，我们与服务对象的关系是一种合作性的伙伴关系。

（三）此项目的开展充分利用了社区的组织优势、地域优势和环境优势，它在借助丰富的设施资源和志愿者等人力资源的基础上，扬长避短，使各种活动能够顺利地开展。

（四）此外此项目开展活动多样化，灵活性更强，方式全面，包括专业社工的个案介入、小组活动、教师和志愿者的学习辅导、观看影视作品等，这些活动能够充分调动农民工子女的积极性。通过一系列成长教育活动，使他们更好地融入北京城市，提高他们的环境适应能力，尤其是促进他们身心健康地发展。

六、项目活动材料选编

"北京丰台区农民工子女增能计划"系列活动展示

丰台中鼎社工事务所主办"关爱农民工子女"庆六一活动

2012年6月1日,一场以"关爱农民工子女"为主题的庆六一演出活动在三环新城居委会活动中心上演。三环新城社区居委会相关领导出席了此次活动。中鼎社工事务所全体工作人员、志愿者与10余名农民工子女一起度过了一个难忘的六一儿童节。

演出的第一个节目是小合唱,孩子们满怀激情地演唱了一曲又一曲的儿歌。节目非常精彩,孩子们总是笑嘻嘻的,跟着节奏拍着小手欢呼。紧接着就是孩子们自拍自演的话剧《晏子使楚》,生动的演技感动了在场的每一位观众。最后,小朋友们集体为大家朗诵了诗歌——《学习雷锋》,给全场的小朋友、老师及志愿者们呈上了一道积极向上的"六一儿童餐"。

最后,到场的志愿者们说,他们希望通过这样的活动,将一份关爱农民工子女的爱心传递出去,更希望通过这样的活动让更多的人了解及关爱农民工子女,并将这种关爱以此次演出为契机延续下去,让每个孩子都能找到自己的亮点,找到快乐,使每个孩子的心灵得到温暖。

中鼎社工事务所到
大红门二小开展农民工子女安全教育培训活动

2012年6月15日中鼎社工事务所社工到大红门第二小学为小学生开展农

民工子女安全教育的培训活动。本次活动旨在培养农民工子女安全第一意识和提高全知识技能，让农民工孩子们在日常生活与学习中能够更好地保护自己和他人。

此次培训活动采用理论与实践相结合的培训方式，PPT 理论展示和借助纱布、绷带等进行的实务教学，向孩子们演示火灾、水灾、地震、车祸等突发状况下的处理办法。在社工的悉心教导下，农民工孩子们熟练掌握了基本急救技能，校方也对此次培训效果很满意。此次活动的顺利开展为今后开展安全教育培训工作提供了宝贵的材料和经验。在活动中，社工的专业精神和专业素养得到充分肯定，进一步巩固了社工的社会地位。

中鼎社会工作事务所在首博举行"农民工子女增能计划"外展活动

2012 年 7 月 26 日上午，由中鼎社会工作事务所组织的"农民工子女增能计划"外展活动在北京首都博物馆举行。来自大红门街道的农民工子女及部分家长共 30 人来到首都博物馆进行参观活动。

在中鼎工作人员的带领下，大家首先参观了五层的工艺品展览，又逐层参观了北京文物精品展、古都北京历史文化展、老北京民俗展以及精品瓷器展等等。参观中，孩子们对古代精美的瓷器、漂亮的服饰产生了兴趣，由衷地感叹："这些衣服都非常漂亮！"来到有关老北京民俗的展厅时，孩子们仔细地观看了用特殊工艺制作的滴着露水的葡萄，看到了栩栩如生的毛猴，憨态可掬的泥人，漂亮的风筝、剪纸和神奇的鼻烟壶。最后，孩子们来到电脑操作区查阅了资料并观看了电影。

通过这次参观活动,不仅让农民工子女对北京的历史、北京的民俗、北京的发展变化有了更多的认识和了解,还让他们增长了知识,更加了解北京,加深了对北京的热爱。(通讯:顾跃峰)

中鼎在自然博物馆举行第二次"农民工子女增能计划"外展活动

2012年7月27日,由中鼎社会工作事务所举办的第二次"农民工子女增能计划"外展活动在北京自然博物馆举行,来自大红门街道的农民工子女及部分家长共28人参加了此次参观活动。

参观前,孩子们早已阅读了相关的动物百科书籍。到了馆里,他们饶有兴趣地聆听着馆内解说员的讲解,还不时地在笔记本上认真地做着记录,从小到黄豆大的昆虫到猛犸象等大型动物的标本,让前来参观的孩子们开阔了眼界,有了更形象的感知。博物馆一楼中央有一个由6具恐龙骨架组成的恐龙展区,更是让他们百看不厌。有的孩子还不时地向解说员提出心中的疑问,有的则向社工描述自己的新发现,各个都兴奋不已。

此次活动,不仅丰富了农民工子女的校园生活,而且让他们学到了很多书本上学不到的知识,也拓展了视野,使他们能走出课堂,走向自然,更加地热爱生活。

"文明丰台 幸福共享"学习雷锋活动日

2012年8月11日,由中鼎社会工作事务所举办的农民工子女学习雷锋志愿活动日在丰台区大红门车站进行。有17名农民工子女和10名志愿者老师参加了这次的学习雷锋志愿活动。

这些小志愿者们在中鼎社会工作事务所的苏主任和工作人员,还有社区人员的带领下，认真地清理了街上和车站牌子上的小广告，还为路人发放了地图指南，最后还帮车站维持秩序的志愿者阿姨们做起了维持排队秩序和指挥上下车秩序的服务工作。车站的志愿者阿姨对中鼎社会工作事务所的苏主任和工作人员表示了感谢，并觉得孩子们表现得非常好，一个个都是活生生的小雷锋。

中鼎社会工作事务所举办这次农民工子女"文明丰台 幸福共享"学习雷锋活动日的活动，一是为了增强农民工子女的助人为乐的品质和无私奉献的精神，同时也是为了丰富他们自身的暑假生活，并希望这些小朋友们能够在参加活动中与小伙伴们一起快乐地度过这有意义的一天。

"农民工子女增能计划项目"

——趣味英语讲座

2012年8月14日，中鼎社工事务所邀请了北京教育学院的杨晨老师在大红门街道举办了一场名为"在娱乐中培养英语学习兴趣"的趣味英语讲座，共有30余名农民工子女参加了此次活动。

在课堂上，杨老师采用互动的方式，寓教于乐地向同学们传授英语知识，新颖的上课形式激发了孩子们的学习英语热情。通过让小朋

友们用英语介绍自己,并用声音动画的方式找图片、看图猜词等一系列生动有趣的小游戏激发了同学们的学习热情,使一开始不喜欢英语、害怕说英语的同学们大声自信地读出一个个单词,在响亮的读书声中,浓厚的英语学习氛围逐渐形成。

参加活动的小朋友都很投入,都觉得活动内容很有意思,一点也不枯燥。下课后好多小同学说:"这比学校的英语课有趣多了,没怎么费力就记住了好多英语单词。"活动在轻松欢笑中教大家英语,让孩子们发现英语的趣味性,也培养了孩子对英语的兴趣。

中鼎社会工作事务所举办农民工子女青春期健康知识讲座

2012年8月24日,中鼎社会工作事务所举办了农民工子女青春期健康知识讲座。此次讲座的目的是为了引导青春期的农民工子女正确地对待青春期身体及心理的变化。十六名农民工子女参加了此次讲座。

在讲座中,事务所的工作人员从青春期的生理和心理两方面,深

入浅出地为同学们介绍了青春期基础知识、青春期的身心变化及困惑等问题。事务所的社工还分发了青春期健康知识的小册子,邀请孩子们朗读相关知识,以方便孩子们进一步地学习与交流。通过讲座,农民工子女对青春期的健康知识有了更多的了解,都感觉受益匪浅。(徐林)

中鼎社会工作事务所在太西里社区举办
第七期"四点半课堂"

2012年9月17日,由中鼎社工事务所举办的第七期"四点半课堂"在丰台区太西里社区开课,由首都师范大学教育专业的志愿者老师和中鼎社工为10名外来务工子女进行了专业的学习辅导和帮助。

下午四点半左右,陆续就有下课后的孩子来到了社区的课堂,而志愿者老师和社工们早已在此等候了,于是这里又成为了一个小辅导课堂,太平桥小学三年级的小朱说:"父母下班比较晚,一般都是在这里先把作业做完了,然后才回家,不会做的题,这里都有老师和社工可以帮我的。而且我不喜欢一个人孤单地做作业,在这里每个同学都在认真地学习。"

太西里社区的很多家长上班时间比较长,工作节奏也快,但是孩子们四点就放学了,如何照顾和辅导孩子成了一件头痛的事,"四点半课堂"项目就是专门针对这种情况而推出的,为社区内有需要的学龄期青少年儿童提供作业辅导、兴趣学习,提高孩子的综合素质等。由于场地安全,又有专业的辅导老师、社工做知识解答,而且这里还能形成集体的学习氛围,所以很受孩子和家长的喜欢。(顾跃峰)

关爱农民工子女系列活动

英语知识竞赛

2012年9月24日下午，中鼎社会工作事务所在大红门二小举办了一场别开生面的英语知识竞赛。特聘请了首都经贸大学志愿者王佳伟老师主讲，共有36名外来务工子女参加此次竞赛。此次竞赛的目的是为了提高外来务工子女的英语表达能力，增加他们课外英语知识，增强他们学习英语的信心和兴趣。

竞赛开始前，王老师先用幽默风趣的语言、生动活泼的实例，结合同学们的学习生活实际，向同学们阐述了学习英语的重要性，介绍英语单词的记忆技巧和提高英语听、写能力的方法，同时介绍了中西文化差异、中外交往礼仪和西方文化习俗的由来。精彩、有趣的内

容令现场高潮迭起、笑声不断，让同学们受益匪浅。其后，王老师将36名外来务工子女分为6组进行激烈的知识竞赛。通过必答题、英语单词抢答、国外人文知识抢答等环节，大家在激烈而又欢快的比赛气氛中，发现学习英语的乐趣和学习英语知识的重要性。最后，老师还向表现最好的同学赠送了小礼品。通过开展这次活动，提高了同学们在活动中运用英语的能力，也激发了大家学习英语的兴趣，增强了学习英语的信心，拓宽了知识面，给了同学们对于英语学习以及人生很多启发。（顾跃峰）

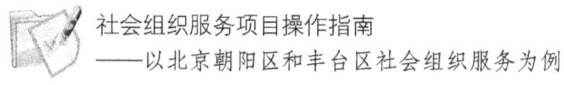

社会组织服务项目操作指南
——以北京朝阳区和丰台区社会组织服务为例

太平桥街道第七期"四点半课堂"活动方案

活动背景：

关爱流动人口子女，我们一直没有停止过。学生一般下午 4 时 30 分就放学，而家长要到下午 6 时左右才能下班，如何让孩子安全度过这 90 分钟的"管理真空"？中鼎社会工作事务所在太平桥举办的"四点半课堂"活动，组织了专业的老师和素质较高的志愿者辅导孩子做功课等活动。我们主要针对对象是流动人口的子女，而且值得一提的是，这个活动完全免费，不增加家长的负担，这一举措广受学生及家长的欢迎。

活动意义：

为了减轻孩子上学负担，以及让孩子安全度过将近 2 个小时"管理真空"，并且对孩子进行辅导管理，不单单可以解决家长的后顾之忧，还能营造温暖健康的成长环境，更能给孩子带来心灵上的慰藉。我们努力用多彩丰富的知识色调来绘制出绚丽的校园和温馨的学习氛围，让孩子们更加热爱校园学习和生活，勾勒出更加绚烂美好的未来。

在活动中，我们注重的是对孩子们的人格塑造，该项目还希望能够唤起社会对这一弱势群体的关注，让社会感受到钢筋混凝土的建筑里面那些关爱。我们一定全力以赴真正为他们做到真正的实事，并且衷心期盼这些只占城市一个很小角落的农民工子弟学校，不单只是可以收容农民工子弟的场所，而且是真的让农民工子弟可以学到知识，是我们全部人爱和关怀的出发点，让农民工子弟拥有美好的爱和无限的青春梦想。

活动目标：

农民工子弟方面——

预期成果：美化农民工子弟的学习环境，提高小朋友们的人格修养，丰富知识，让他们发现爱，感受爱。

大学生志愿者方面——

预期成果：培养大学生爱国荣校精神，提高服务社会的意识及奉献精神，培养大学生的爱心，并且提供平台让志愿者可以深入帮助到弱势群体。

社会影响方面——

预期成果：唤起社会对农民工子弟这一特殊群体的关注。

实施地点：丰台区太平桥街道街道太西里社区

教学内容及目的：

（1）激发和培养学生学习兴趣：以学校教材为基础，同步、综合、加深各门课程。因材施教，结合每一位学生的特点进行辅导，查漏补缺。在学生掌握义务教育课本所学的课程知识基础上进一步深化、巩固、提高。以激发和培养学生学习兴趣，养成良好的学习习惯。

（2）辅导课后作业：帮助和督促学生按时、按质、按量完成学校老师布置的假期作业；明确作业要求，解决作业中的疑难；帮助学生掌握学习重点，突破学习难点；规范作业格式，复习巩固所学内容，预习新课。

（3）复习旧知，预习新知：针对学习重点和难点进行复习和巩固。启迪思维、一题多解，充分拓取学生的思维空间，达到同步辅导的极佳效果。帮助学生掌握正确、高效的解题方法。

（4）培养综合能力：通过游戏和训练培养孩子的学习兴趣，增强交往能力、情绪调节能力、挫折应对力等。

活动中注意的问题及细节：

社区的硬件设施不够完善，活动场地仅为一间平房。另一方面，四点半课堂，不能仅靠爱心去维持。"四点半课堂"所用场地和设施都是无偿提供，但是使用计算机、看书都会产生费用，那么这部分费用由谁承担呢？同时，事务所承担的工作量已经非常大，仅靠流动的志愿者和有学习任务的学生根本没有足够定时的精力打理"四点半课堂"，那么谁来照顾孩子呢？

如何激发志愿者的积极性，使其不再频繁流动，也是要考虑的问题。

此外，如果孩子在"四点半课堂"玩耍时受伤，又由谁承担相应的责任呢？好动的孩子毁坏了物品，又如何赔偿呢？这些都需要在活动举行中不断地探讨和决策。

1. 安全性原则：从小处着手，认真负责，确保活动安全。

2. 多样性原则：活动内容、培训内容形式多样，让学生有选择、有机会，有展示自己的平台。

3. 实效性原则：因地置宜、因时置宜，根据社区实际情况开展活动。
4. 寓教于乐原则：让学生在活动中体会快乐，在快乐中体会成长的感觉。

预期困难	解决方法
组员报到活动时间会有前后不一的情况发生。	安排十分钟左右的小游戏，让先到的组员玩。
工作人员可能无法兼顾到所有的参加者，造成部分成员没有投入其中，游离于小组边缘。	请主持人从旁协助，提醒； 留意在全体参加的活动尽量让每个人都参加，不能全体参加的活动让成员轮流参加； 鼓励不主动参加的成员参与其中； 大家分享时，给每个成员以发言机会，在组后的个案辅导中给予必要的支持和关注。
带组工作员可能出于小组利益考虑，会在规则中取巧，甚至篡改游戏规则，从而超越了引导者的角色。	游戏前由主持人说明统一的规则，游戏时工作员交换监督。
分享时组员不能明确游戏的目标和意义，分享偏离主题。	工作人员引出小组游戏的目标，再由小组成员分享。
有组员不积极配合。	经常给予鼓励，适时予以帮助，并鼓励其他组员沟通协助。
活动超时。	适当延长活动时间并提醒主持加快节奏。
分享时冷场。	活动时鼓励比较积极的孩子先发言，从而带起发表的气氛。

中鼎社会工作事务所

二〇一〇年九月十七日

七、项目新闻报道

北京丰台农民工子女增能计划
系列新闻图片展示

丰台区中鼎社会工作事务所开展关爱农民工子女增能计划系列活动

http://www.bjshjs.gov.cn　　发表日期：2012-08-29 14:47:04　　来源：北京社会建设网

为创新流动人口服务管理方式，丰台区中鼎社会工作事务所与大红门街道合作，开展"关爱农民工子女增能计划系列活动"。

一是举办"文明丰台 幸福共享"志愿服务活动日。由中鼎社会工作事务所专业社工组织大红门辖区农民工子女到大红门车站地区开展志愿服务，清理街头小广告，为路人发放地图指南，协助工作人员维持车站秩序等等，在培育农民工子女助人为乐品质和无私奉献精神的同时，也增强了他们的城市主人翁意识，使他们更加积极主动地融入到城市社会生活之中。

二是举办参观博物馆外展活动。先后组织农民工子女及部分家长共60余人次，参观首都博物馆和自然博物馆，使他们学习了北京的历史、民俗以及发展变化，形象感知和了解了自然知识，丰富了他们的业余生活，同时也使他们加深了对北京的了解和对大自然的热爱。

开展"关爱农民工子女增能计划系列活动"，促进了地区农民工群体与社会的融合，对于减少社会矛盾，维护地区稳定具有重要作用。

"农民工子女增能计划项目"
——趣味英语讲座

2012年8月14日，中鼎社工事务所邀请了北京教育学院的杨老师在大红门街道举办了一场名为"在娱乐中培养英语学习兴趣"的趣味英语讲座，共有30余名农民子女参加了此次活动。

社会组织服务项目操作指南
——以北京朝阳区和丰台区社会组织服务为例

丰台区中鼎社会工作事务所"北京丰台农民工子女增能计划"公益服务项目获北京市温暖基金会资金资助

http://www.bjshjs.gov.cn　　发表日期：2012-04-28 15:02:13　　来源：北京社会建设网

　　近日，由丰台区中鼎社会工作事务所申报的"北京丰台农民工子女增能计划"获得了北京市温暖基金会资金资助。该项目拟选定30户来京务工人员的子女为服务对象，设计了"我是北京人"、"才艺大展示"、"学习争上游"和"孝亲更助邻"等四个模块，实施对农民工子女成长的专业社会工作援助计划。并通过农民工子女的改变与成长，促进其整个家庭及相关群体对社会的认知的改变，以此切实解决好以农民工为主体的外来务工人员的城市融入问题。

　　该项目将以北京政法职业学院社区管理与服务专业专家团队为技术支撑，以丰台新村街道二环新城社区、太平桥街道和大红门街道为实施地点，紧紧围绕市委、市政府大力倡导的"爱国、创新、包容、厚德"的北京精神，充分运用专业社会工作方法，为农民工家庭提供专业服务，力求起到促进社会融合、缓和社会矛盾的效果。

[新闻] 中鼎社工事务所举办关爱农民工子女"四点半课堂"活动

2012年6月11日下午，中鼎社工事务所在太西里社区举办了第关爱农民工子女"四点半课堂"专业的知识辅导。
在此次活动中，我们的重点是在完成作业的基础上，再教授他们一些缓解压力的办法以及如何正确学习的方法。小朋友们非常认真地听讲并积极配合回应。其中一个小朋友说："希望以后能多教他们一些类似的学习方法。"
通过第二次的"四点半课堂"活动，志愿者们积累了很多宝贵经验，学生家长也更深入的了解到了"四点半课堂"的意义。为以后北京的"四点半课堂"的发展奠定了基础和带来新的希望。

第二部分
基金会资金资助项目操作指南

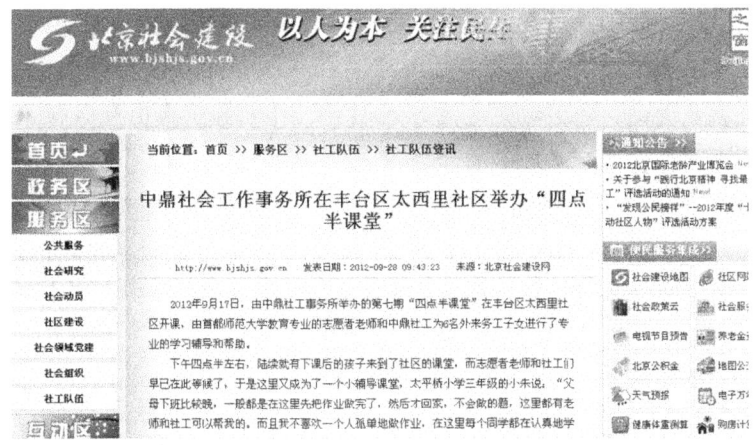

八、项目特点及反思

（一）项目特点

本项目不同于一般的政府购买社会组织服务项目，它具有以下几个特点：一是申报程序的不同。一般的政府购买社会组织服务项目要经过区县社工委或枢纽型社会组织统一申报，本项目是在2012年4月由北京市丰台区中鼎社会工作事务所公开参与北京市温暖基金会职工服务公益孵化项目招标，不经区县社工委审批而独立申报。二是申报与评审方式不同。一般的政府购买社会组织服务项目虽然也是网上申报，但不需要经过立项评审环节，但本项目在网上申报初评过后需要经过复评，项目申请方要经过评审委员会的现场评审和答辩环节，复评通过后需公示一周方能准予立项。三是项目分类方式不同。一般的政府购买社会组织服务项目是严格按照"北京市政府购买社会组织服务指南"内容来选择项目分类的，而北京市温暖基金会是经北京市民政局批准的公募基金会，隶属于北京市总工会，它立足工会，以职工为纽带，本着"职工帮助职工、家庭帮助家庭、企业帮助企业"的互助互济理念，围绕职工困难、职工发展设置公益项目，开展助医、助学、助困、助老、技能扶植、创业就业、心理辅导活动，服务职工家庭、企业和社区，努力打造以职工为核心、以职工家庭为基础的公益服务平台，带动社会广泛参与温暖事业。为此，基于机构的使命和理念，北京温暖基金会自己设立了购买服务的领域与范围，即"困难职工家庭就业援助、职工健康生活方式倡导、外来务工人员社区融入"。本项目属于温暖基金会招募领域中的"外来务工人员社区融入"。四是项目周期不同。从目前来看，北京市的政府购买社会组织服务项目都是跨年度完成的，而本项目周期为 2012 年 4 月至 2012 年 12 月。立项时间和结项时间都在同一年度内，要求项目机构有比较高的执行力和工作效率。

（二）项目反思

1. 本项目的系列活动基本按原计划执行，但执行过程中部分活动有所变动，致使预算也有一定变动。变动原因有两方面，一方面是一些活动现实条件的阻碍，另一方面是未能全面了解家长和孩子的需求。在具体的执行过程中，专业人员已根据具体情况及时作了调整，使项目能够正常运行。这给我们的经验教训是策划项目一定要尽量考虑周全，同时也要学会随机应变，灵活处理问题。

2. 2012 年 4 月底 5 月初北京各社区换届选举，使得项目在招募组员方面出现了意料之外的困难，因为没有社区这个平台，很难让学校和家长相信公益组织的真实性和项目的公益性，家长有防范心理，学校有规避风险心态。面对此问题，专业人员积极和街道居民以及社区沟通，协调和社区工作时间上冲突的矛盾，不得已我们将时间略加顺延。给我们的启示是：学校、家长和孩子的需求是有较大偏差的。为了项目后期顺利开展，项目组必须更多地考虑家长比较务实的需求，如过多的活动耽误孩子学习、课业辅导需求强烈、害怕外出风险等问题，而孩子则存在参观游玩需求强烈等问题，要满足学校、家长和孩子三方的需要，就要先让三方在项目初期都看到效果和希望。

第三部分　北京市政府资金资助项目操作指南

案例选取：北京市丰台区中鼎社会工作事务所 2012 年立项的北京市社会建设专项资金购买项目："导航——丰台区少年儿童社工服务"

一、项目实施方案

"导航——丰台区少年儿童社工服务"项目实施方案

项目名称：导航——丰台区少年儿童社工服务
项目宗旨：包容厚德，助人自助
项目实施机构：中鼎社工事务所
项目实施地点：北京市　丰台区
项目实施时间：2012 年 4 月—2013 年 4 月
项目负责人：张书颖（教授）　苏锋
项目机构法人：苏锋

第三部分
北京市政府资金资助项目操作指南

导航——丰台区少年儿童社工服务
丰台中鼎社工事务所

本项目通过对北京市丰台区的儿童现状的需求调查，为丰台区的问题少年儿童提供一系列的专业服务，整合社区、学校及家庭的有效资源，为这些孩子营造良好的社会环境，从一定程度上矫正他们的偏差行为。通过小鬼当家、快乐四点半、宝贝计划、说不出的爱、优乐奇儿童成长屋、阳光天使、泡沫网络、青苹果、法制少年等活动，预防少年儿童的在学习、网瘾、早恋及犯罪等各方面问题，帮助他们更好地融入社会生活，使之更健康地成长。

一、项目背景

社会学习理论认为，人的一切社会行为都是在社会环境的影响下，通过对示范行为的观察学习而得以形成、提高或加以改变的。市场经济给现代人带来效率意识、时间观念等促进社会和个体发展的同时，其利益至上的功力化的价值取向等也不可避免的影响到少年儿童的发展。因此我们要从物质、社会、精神和心理方面为他们作必要的辅导。通过我们的项目呼吁社会对这些存在偏差的儿童给予他们关注和帮助。

二、项目概述

（一）基本信息描述

◎项目名称：导航——丰台区少年儿童社工服务

◎项目宗旨：包容厚德，助人自助

◎项目实施机构：中鼎社工事务所

◎项目实施地点：北京市　丰台区

◎项目实施时间：2012年4月—2013年3月

◎项目负责人：张书颖　苏锋

◎项目机构法人：苏锋

（二）项目内涵界定

导航——丰台区少年儿童社工服务项目，其含义就是用专业的社会工作理论和丰富的工作经验指导、对丰台区问题少年儿童的服务工作，一是展开个案工作——针对具体的青少年儿童存在的问题，可以采用个案工作方式展开。二是开展小组工作——针对部分青少年儿童存在孤独感，人际沟通障碍可以采用小组工作的社会工作方式展开，重新恢复与他人正常交流的自信与功能。三是开展社区工作——针对青少年儿童当前普遍存在的无节制上网等不良习惯等问题，可以采用社区工作的方式展开，让青少年儿童在参与社区活动中养成良好习惯，正确对待网络和社会，提升生活质量。

（三）关于服务对象

1. 丰台区选出共 4 个街道 6 个社区进行该项目的实施，服务儿童 500 到 1000 人。

2. 重视服务对象因心理上的孤独感和社会问题引起的不良习惯。

3. 关注人与环境这两个工作焦点。

4. 确认服务对象是精神上需要帮助的主体。

三、项目目地、目标与产出

（一）项目目标

帮助少年儿童快乐成长，为他们建立幸福大家庭。主要根据当前少年儿童的需求，帮助他们建立正确的人生观价值观，构建他们与学校、家庭和社区的亲密感，在同辈群体间找到归属感。

（二）项目目的

整合社区、学校及家庭的有效资源，为这些孩子营造良好的社会环境，从一定程度上矫正他们的偏差行为。通过活动预防少年儿童在学习、亲子关系、网瘾、早恋及犯罪等各方面问题，帮助他们更好地融入社会生活，使之更健康的成长。

（三）项目产出

1. 间接覆盖丰台区青少年儿童 500 到 1000 人。

2. 组织开展 50 次小组，12 次社区讲座，30 次个案访谈，支撑各模块的目标。

3. 培养至少 30 名社区志愿者，带动更多的志愿者参加项目活动。

4. 《青少年儿童健康学习宣传册》1000 本。

四、项目受益方（目标群体、数据、范围）

（一）目标群体

丰台区 3~16 岁青少年儿童，

男女不限。

（二）直接受益人

丰台区青少年儿童，至少 500 人。

（三）间接受益人

选定对象所在的社区参与服务的志愿者和社工，丰台以至于北京其他地区的青少年儿童，通过媒体宣传影响到的社会公众等。如果项目得到复制和推广，影响人数将成几何倍数增长。

五、项目内容及时间安排（每一阶段、每项工作的开始和结束的时间）

项目模块	内容、目的、起止时间	
	丰台区	
	丰台区青少年儿童需求的调研活动 2012 年 4 月	
1. 小鬼当家系列	活动内容	此活动主要是让孩子与父母在一天的角色互换中，体验父母的生活，理解父母，父母也在孩子的世界里感受孩子的童真，试着用孩子的思维去看待孩子所做的事。现在的孩子大多都是独生子女，深受父母的疼爱，很难理解父母，没有节俭意识，活动就是想让孩子和父母互相理解互相关心。
	活动时间	2012 年 5 月 1 日—2013 年 6 月 1 日
	活动地点	丰台区
	活动次数	5 次
	所需物品	小礼品
2. 快乐四点半系列	活动内容	通过对孩子学业需求的了解及与学校家长的交流，有针对的为这些儿童提供功课辅导。这些工作主要请一些有经验的大学生志愿者完成。开设一系列除了必修功课外的兴趣辅导班，满足他们的知识需求。
	活动时间	2012 年 6 月 2 日—2012 年 7 月 1 日
	活动地点	丰台区 街道待定
	活动次数	5 次
	所需物品	小礼品

续表

项目模块		内容、目的、起止时间
		丰台区
		丰台区青少年儿童需求的调研活动 2012 年 4 月
3. 宝贝计划系列	活动内容	对有教育困惑的家长提供专业社会工作教育咨询及服务。通过家长互助小组，提供分享教育经验和亲子沟通方法的互助平台。以讲座、小组等形式，提升家长成员对于家庭教育重要性的意识，帮助成员学习亲子沟通等技巧，邀请儿童专家或学者进行系列讲座。
	活动时间	2012 年 7 月 2 日—2012 年 8 月 1 日
	活动地点	丰台区太平桥街道
	活动次数	5 次
	所需物品	小礼品
4. 说不出的爱大型亲子活动系列	活动内容	开展大型亲子互动活动，丰富成员生活，并促进家长与子女间的交流和沟通，协助双方双向的了解。
	活动时间	2012 年 8 月 2 日—2012 年 9 月 1 日
	活动地点	丰台区新村街道
	活动次数	5 次
	所需物品	小礼品
5. 优乐奇儿童成长屋系列活动	活动内容	在这里儿童可以和同伴一起读书学习和视频观摩等，有专业的社工辅导他们，同时对他们进行心理疏导。同时在优乐奇儿童成长屋中不断提高自身的阅读和朗读能力。同时整合社区资源，建立独居老年义工队，在家长忙于工作无心照料孩子时，可以把孩子放在我们的 优乐奇中，由我们的义工队和社工一起为孩子开展一些活动，减少他们的孤独感与无助感。
	活动时间	2012 年 9 月 2 日—2012 年 10 月 1 日
	活动地点	三环新城
	活动次数	5 次
	所需物品	小礼品

续表

项目模块		内容、目的、起止时间
		丰台区
		丰台区青少年儿童需求的调研活动 2012 年 4 月
6. 阳光天使系列儿童学习班	活动内容	针对儿童期出现的早恋，网络成瘾，犯罪等主要问题，开展阳光天使系列活动，其中有泡沫网络、青苹果乐园以及法制少年等几个部分组成。由本机构的社工和有关方面的专家共同完成。 泡沫网络的活动主要从网络成瘾的危害，网络成瘾的判定标准及健康的上网指导，帮助儿童自我发现并有意识的改正自己的不良行为，了解到这不是他一个人的问题，他不孤单，有很多人陪着他一起战胜自我。 青苹果乐园的活动主要是帮助少年儿童正确面对早恋问题，了解早恋，从另一种健康的视角对待早恋，消除由于早恋产生的自卑消沉。 法制少年活动会为少年儿童开展一系列法律小课堂或游戏，让孩子懂法不违法，学会用法律保护自己。 在此活动中，家长也会有一定程度的参与，陪伴孩子共同学习，掌握更多专业的应对方法。
	活动时间	2012 年 10 月 2 日—2012 年 12 月 1 日
	活动地点	丰台区长安新城社区
	活动次数	5 次
	所需物品	小礼品
项目总结	活动视频光盘	时间：2012 年 12 月—2013 年 2 月
	图片册	时间：2013 年 2 月—2013 年 3 月
	活动简报	时间：2013 年 3 月—2013 年 4 月

六、项目可行性分析

（一）随着生活步伐的加快，人们生活水平越来越高，此外加上网络化信息化的发展，电子游戏、电脑等的普及，儿童的生长环境受到很大的威胁，因此在儿童中形成了一个庞大的群体，他们品德上的缺失已经表现出来。他们的问题行为主要是由好奇、试探等幼稚的心理引起，或者是由于遭受挫折产生的不良情绪引起的。同时他们的父母大多都忙于工作，没时间陪伴儿童，使得问

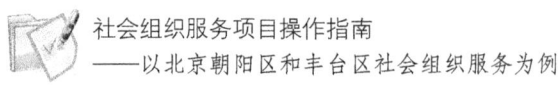

题少年儿童缺少关爱和关怀，对他们的管理和教育处于一种真空地带。

（二）丰台区制定关于加强不良青少年帮教工作措施，同时号召改善社区环境为儿童提供一个良好的生活环境。中鼎社会工作事务所申请该项目的目的就是利用专业社会工作方法，采用多种形式活动、心理辅导及学习辅导等，引导社区中的儿童从各个方面自我提升，让他们能够适应社会和学校生活。

在物质层面，儿童自己无法获得生存所必需的资源，必须依靠成年人的给予才能保证生命的延续；在精神层面，他们要依赖成年人的呵护，才能获得心智的成长；在社会层面，他们还没有相应的能力去支撑起独立的社会角色，需要通过不断的社会互动，才能完成自身社会化的使命。因此从物质、社会、精神和心理等方面为他们作必要的辅导。通过我们的项目呼吁社会对这些存在偏差的儿童给予关注和帮助。

（三）儿童时期是一个人一生的重要转折期。在这个转折期，一个人从生理层面的未发育到慢慢地走向成熟；从心理层面的自我意识不完全到转变为自我决策；从社会层面来看，这个时期，通过把整个社会的价值体系规范模式内化到个体人格体系中去，最终转变成为一个社会人。这种剧烈的过渡，大量信息的转化整合，积聚的蜕变使得身处儿童的他们要经历前所未有的各种挑战，在这种从未经历过的过程中，要迅速找到自己的位置是很难的，这就需要及时给予他们专业的心理援助和辅导。

项目已有基础：

（1）本机构近几年根据北京市的建设目标，长期开展有关儿童及青少年的项目，对丰台区的儿童目前状况和家庭有一个准确的把握。而且和学校都一直都有很好的合作，这为我们项目的开展提供了更多的机会

（2）中鼎社会工作事务所拥有自己的优乐奇儿童成长屋，有儿童图书绘本800册，青少年类和其他书籍8000册。

（2）优乐奇儿童读书屋的面积40平米，每次能容纳10人同时阅读。在开展小组活动中可以协调的社区活动室面积104平方米，能容70多人。

（3）强大的社会工作者团队。在项目团队核心成员中有11名社会工作专业人员，有教授、副教授各一名，3名博士，4名中级社工师，2名国家二级

心理咨询师。这些核心成员可以提供专业的服务方法和技巧，另外还可以招募专业志愿者，两支团队可以形成优势互补，能够体现服务的专业性，都有理论研究和实务工作的经验。

（4）专门的项目管理人员。在项目团队核心成员中，我们有专职懂财务、档案管理的人员各一名，他们能保证本项目策划、宣传，并监管项目资金合理使用等，以使经济效益和社会效益有效结合。

七、项目实施计划

1. 组建项目团队
2. 确定服务方案
3. 确定项目实施街道或社区
4. 招募志愿者
5. 开展专项儿童社工服务
6. 项目评估

八、项目费用控制

项目费用预算控制在 12 万元以内，尽量控制前期调研和活动场地的租赁等费用，尽量把钱直接投入到服务对象身上。财务规则严格遵守北京市政府购买社会组织服务经费使用原则和审计制度的相关规定，注意在实施过程有效票据的留存和财务凭证的留存，主动接受购买方的指导与监督。

九、项目组织架构

张书颖：北京政法职业学院教授。

邢彦明：首都师范大学教育学硕士，北京政法职业学院副研究员、教研科长，北京亿达律师事务所兼职律师，心理咨询师（二级），从事教学管理与研究等工作。负责项目模块运行，擅长农民工子女的心理疏导与学业辅导。

张跃豪：亚运村立德社工事务所所长。负责项目的志愿者招募、培训与管理。

马海燕：北京科技大学公共管理系硕士研究生，中级社工师，现为北京政法职业学院社区管理与服务专业讲师，从事社区管理与实务课程的教学与研究。负责项目的社区资源统筹与协调。

李广阳：北京理工大学高等教育硕士，国家三级心理咨询师，北京政法职业学院副教授。从事社会心理学、罪犯心理学和心理健康教育等课程的教学。负责项目运行中与学校、家长的沟通与协调。

苏锋：中国政法大学在职研究生毕业，经济法学，丰台区中鼎社工事务所法人，朝阳区在行动社工所法律部主任，项目联络人及财务管理。

专职社工：顾跃峰　专职社工：王雪　专职社工：艾童　专职社工：邹月

兼职社工：田歌　　兼职社工：李雪　兼职社工：孙磊

十、项目预期效果

1. 在项目实施过程中，为社区问儿童提供良好的社工服务，从而树立起社区儿童的良好精神风貌；同时研究和摸索出一套可借鉴、可推广和复制的项目模式，为今后在社区儿童服务在全区的推广起到良好示范作用。

2. 传递爱心，快乐成长。让问题儿童社工服务在参与到奉献爱心互动中健康成长。

3. 加强问题儿童的心理健康教育，培养他们坚韧不拔的意志，自强不息的精神。

4. 促进问题儿童社会化和人格的健全发展。全面优化儿童青少年素质。以能力培养为核心，以责任意识的形成为目标，最终实现儿童青少年的全面发展和成长。

5. 帮助儿童掌握学习方法；互动游戏在增强孩子社交能力，沟通能力方面的作用；增强孩子心理素质，促进儿童心理健康方面的作用；亲子互动中沟通感情，家长同样可在项目参与中获得成长教育方法和理念方面。

6. 印发《少年儿童健康学习宣传册》1000 册。

十一、项目监控

增强自我监控，预期发现问题，规避风险。

主动接受购买方监控，接受购买方的监控意见，利于项目更好运行。

十二、项目评估

1. 自我评估：每完成一个模块就要自我评估一下达到的社会效果和执行力。

2. 接受第三方和购买方的共同评估，可分为过程评估和结果评估。

3. 接受服务对象的评估，是否达到服务对象的期望和要求。

二、项目活动计划书（选例）

故事分享计划书

——丰台区少年儿童社工服务

项目名称："在故事里成长"

项目团队：北京市丰台区中鼎社工事务所

项目主任：苏锋

计划撰写人：梅自颖

小组名称："在故事里成长"小组
导师：苏锋
组长：梅自颖　袁韵

理念

儿童的健康成长，关乎一个国家的未来，是社会关注的重要问题。学校是儿童成长和学习的重要场所。一个孩子的成长和发展会受到来自环境各种因素的影响，而学校给孩子施加的影响发挥着决定性的作用。在学校，儿童不仅仅获得知识水平的提高，也得到道德水平的升华。在这个过程中，社会、家庭、社区等联合学校发挥作用，进一步推动儿童人格的构建。学校，在一定意义上说也成为儿童成长过程中问题凸显的场所。儿童在学校的行为习惯成为学校家庭多方的关注点，如何影响和改变学校问题少年成为一个不得不重视的问题。

"在故事里成长"是中鼎社工事务所在学校开展的一项重要活动。主要以故事分享的形式，通过归因理论发现儿童的一些心理问题，帮助其树立正确的行为习惯，让其积极主动地参与学校生活，构建正确的价值取向，改善其发展现状，促进健康成长，通过资源整合，寻求最有效的方式给予其帮助，促进儿童的发展和提升。

理论架构

1. 行为主义

行为治疗是以各学习理论流派为基础建立起来的多样化的技术和方法的应用。其基本假设是：所有的问题行为，非理性的认知方法、情绪都是后天学习的结果，它们可以经由新的学习历程而得以矫正，从而发展出一套控制自己的人生、有效处理当前和未来的方法。在小组的沟通技巧训练中，会较多使用行为治疗法，假设人的行为是由学习而来，并且是有规律可循的。在儿童故事分享中，通过模仿学习、回馈及正面鼓励等，帮助儿童改变其行为，改善其行为模式。

2. 埃里克森人格发展八阶段理论

对于6～12岁的儿童，主要任务是在学校接受教育。学校成为训练儿童适应社会、掌握今后生活所必需的知识和技能的地方。这一阶段儿童人格特征为"勤奋对自卑的冲突"。如果他们能顺利地完成学习课程，他们就会获得勤奋感，这使他们在今后的独立生活和工作中充满信心。反之，就会产生自卑。当儿童的勤奋感大于自卑感时，他们就会获得有"能力"的品质。埃里克森说：

"能力是不受儿童自卑感削弱的,完成任务所需要的是自由操作的熟练技能和智慧。"小组在工作中围绕这一主题,帮助儿童形成正确的人格特质,促进他们健康发展。

3. 优势视角理论

优势视角理论认为,每个个人、家庭、团体、社区都有优势;所有环境都充满资源,创伤和虐待、疾病和抗争具有伤害性,但是它们也有可能是挑战和机会。首先,每一个少年都有自己的优势和特点,在小组工作中要充分发挥其优点,关注其优势、兴趣、能力、知识和才华,而非其缺陷、症状和缺点。在这个助人过程,让少年儿童能够发挥自己的优势,克服不良行为习惯。再者,整个社区对服务参与者而言被视为蕴藏着无限潜在资源的绿洲,要充分发挥社工事务所提供的资源和信息助其成长。就中鼎社工事务所而言,为社区青少年儿童提供了充足的成长资源,譬如优乐奇儿童成长屋,是一个为儿童提供丰富图书资源和读书环境的场所。

4. 生态环境理论

社会工作理解人类行为与环境时,把人放在他的生活处境中来理解,认为人与环境是相互依存的,个人是环境的一部分,环境也是个人的一部分。环境作为多层面的开放系统,总是与人相互作用,影响人与环境的生命状态。社工实务在助人过程中,要改变个人与环境,也要改变个人与环境的相互关系。学校是儿童成长发展的重要场所,要对学校层面进行专业干预。通过协调学校与学生的关系,帮助孩子在学校环境中更好地成长,让孩子更好地适应学校环境。

5. 沟通分析理论

在人与人的交往中,要掌握必要的沟通技巧,才能有良好的社交网络。在与人交流沟通过程中,需要释放和掌握自己的三个自我状态,并适应不同的情境,达到一个高效得体的交互模式。学会安抚别人,在人与人之间的交流中保持清醒头脑,不被左右,理解每个人各异的人生定位和生活脚本。在小组活动中,通过游戏来帮助孩子掌握沟通技巧,提高人际交往能力也是我们的重要目标。

目标及目的

目标:帮助儿童快乐成长,营造和谐健康校园氛围

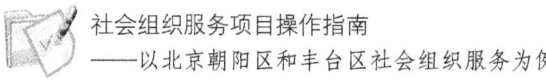

目的：

1. 帮助儿童改善其行为，促进其发展；

2. 加强儿童的心理健康教育；

3. 促进儿童社会化和人格的健全发展；

4. 培养儿童适应学校生活的能力，使学校成为孩子发展进步的摇篮；

5. 充分利用、发挥社区、家庭、学校资源，营造一个利于孩子成长的环境。

服务对象

1. 资格：北京教育学院丰台分院附属学校六到十岁一至三年级在校学生

2. 特点：愿意加入活动，参与故事分享

小组特征

1. 性质：身心教育小组

2. 节数：六节

3. 时间：2012年11月13日至12月底

4. 地点：北京教育学院丰台分院附属学校活动场地（地点因活动性质而改变）

5. 人数：20~30人，分两个小组

招募办法

1. 通过和学校联络，由校方在每年级中选定一个小组人数

2. 愿意参与活动展开和故事分享的儿童

每节活动计划

1. 一年级儿童故事分享会——最棒的礼物（一）

2. 二年级儿童故事分享会——打不破的花瓶（一）

3. 三年级儿童故事分享会——因为我们是朋友（一）

4. 一年级儿童故事分享会——最棒的礼物（二）

5. 二年级儿童故事分享会——打不破的花瓶（二）

6. 三年级儿童故事分享会——因为我们是朋友（二）

第一节活动内容（其他节略）

日期及整节活动时间：2012年11月13日15：05至15：45

活动对象：北京教育学院丰台分院附属学校小学一年级在校学生

个别活动时间	地点	目标	内容	所需人员及物资
i) 2分钟	北京教育学院丰台分院附属学校活动教室	让组员及工作人员相互认识	i) 工作人员及义工自我介绍（包括姓名及在组中的角色等）	社工1名
ii) 5分钟		让组员之间有初步认识	ii) 组员自我介绍（包括姓名称呼爱好及对小组的期待等；说出自己最喜欢的人是谁）	贴纸（写姓名贴于胸前或肩上，便于相互认识和识别）
iii) 3分钟		熟悉活动规则，明确活动目的；鼓励学生更主动参与活动	iii) 讲解活动目的和活动规则；订立活动奖励制度，在故事分享中表现好的孩子会被颁发"最乖乖组员奖"；将活动中的表现记录在卡片上	表现记录卡卡片；"最乖乖组员奖"奖品
iv) 10分钟		提供机会让孩子尝试参与活动，学会分享；深化组员之间，组员和组长之间的关系	iv) 故事朗诵——首先，让愿意读故事的孩子分段朗诵故事；组长根据情况对部分孩子进行点名，让他们参加讲故事之中；在故事讲完之后，大家为故事命名，寻找最贴切故事名	《最棒的礼物》每人一份
v) 15分钟		学会表达自己的感受，学会思考、分享；敢于表达，勇敢自信；行为习惯的品德的提升，能够受到故事感化、教育	v) 故事分享——每个孩子说说从故事中感受到了什么，明白了什么，读懂了什么，包括感恩、礼貌、合作等，让孩子从故事中感受到美好的品德和良好的行为习惯	
vi) 5分钟		通过奖励，让孩子遵守学校规则和秩序；小组作业检验孩子的学习和思考能力	vi) "最乖乖组员奖"颁奖仪式；布置小组作业——给自己最喜欢的人送一份礼物。每个组员将自己的任务写在小卡片上，由组长保管，在下次活动中进行奖励	"最乖乖组员奖"奖品；硬卡片：每人一张

评估方法

1. 第一次活动布置小组作业，在第二次活动时进行检验，通过行为对比发现其改变；
2. 在小组活动的最后，各组组员进行分享和提出意见；
3. 从出席率及其参与、投入程度做评估；
4. 透过与组员的倾谈来知道他们对小组的感受和意见；
5. 依工作员及社工在小组进行时的观察及分析（如沟通模式）进行评估。

2012. 11. 8

中鼎社会工作事务所儿童书屋主题活动

主题一：爸爸妈妈（3~6岁）

目标：加深亲子依恋之情，培养孩子热爱自己父母的情感。

材料：凳子5~6把，蒙眼巾5~6条。

规则：小孩5~6人，蒙眼坐成一排，父母分别走到小孩面前，主持人说出此人的特征，如发式、衣着，由孩子猜出自己的爸爸妈妈。

注意：如果孩子不能猜出时，可以让孩子听被猜人的声音；猜对时可由父母对孩子做亲昵的动作，以表示奖励。

主题二：我们一起来努力（3~5岁）

目标：培养孩子与父母一起共同动手动脑，细心合作。

材料：空水瓶4~6个，火柴若干。

规则：发给每个参赛家庭空水瓶一个、火柴若干。比赛开始孩子与父母一起将火柴巧妙地随意摆放在瓶口上，但不能掉入瓶中，在规定时间内，瓶口上堆放火柴最多的家庭为胜。

主题三：大西瓜，小西瓜（5~6岁）

目标：增进亲子情感交流，培养对学习的兴趣，训练反应的灵敏性。

规则：孩子和家长面对面站立，家长说："大西瓜"，孩子就做"小西瓜"的手势。家长说："小西瓜"，孩子就做"大西瓜"的手势。错者淘汰，最后未被淘汰者为胜。可以互换角色。

注意：也可以由主持人发出信号，家长和孩子一起做。

主题四：看谁钓得多（4~6岁）

目标：培养孩子动作的准确性，协调配合能力。

材料：纯净水空瓶、细线、小木棍、一米长竹竿（钓鱼竿）。

规则：用系有小木棍的钓鱼竿将瓶子钓起，家长与孩子比赛，在规定的时间和范围内，谁钓得多就为胜。

主题五：贴鼻子（4~6岁）

目标：锻炼孩子的语言能力，增强孩子方向感，增进家长与孩子共同合作的能力。

材料：画板、水彩笔、彩色纸、蒙眼巾。

规则：将家长的眼睛蒙上，原地转三圈，请小朋友用语言指挥家长将鼻子贴到动物的准确位置即获成功。

注意：家长要将眼睛蒙上不能偷看，孩子只能用语言指挥。

主题六：连体人——我们永远在一起（3~5岁）

目标：训练孩子方向感，锻炼孩子后退走的能力，同时让父母和孩子在互动中感受到乐趣。

准备：孩子及家长10人左右，一块较平坦的空地，孩子要熟悉自己父母的姓名。

规则：

1. 孩子与爸爸或妈妈排成两排面对面站好，然后转身背靠背站好，各自向前走十步，任意一个横排的互相交换排列顺序。

2. 主持人说："大家去找自己的家人吧。"

3. 两排人一起把双手放在背后，开始倒退走，一边后退，一边喊自己的爸爸妈妈并对话。

4. 喊声尽量要大，但不能把头转过去，谁最先与爸爸或妈妈的手连接在一起，谁就胜出。

主题七：找妈妈（3~5岁）

活动人数：3人（每个家庭两大一小）一组，一次四组。

目标：增进父母和孩子的感情，让孩子更多地了解父母。

材料：统一颜色、样式的衣服4件，大头娃娃头盔4个，蒙眼巾4条。

规则：爸爸和孩子站在起跑线，孩子要蒙上眼睛，妈妈在对面穿上同一颜色的衣服（衣服要包裹住整个身体），发令后，爸爸跑到妈妈跟前，给妈妈带好大头娃娃头盔，回来摘掉孩子的蒙眼巾，让孩子跑去找自己的妈妈，最先找到妈妈的家庭获胜。

主题八：送小皮球回家（5~6岁）

目标：增强孩子和家长的团结合作能力，锻炼孩子的敏感性。

材料：纸篓1个、小皮球10个。

规则：孩子和家长分别站在两条线外，孩子手拿纸篓，家长旁边放10个小皮球，主持人一发令，家长就往对面孩子的纸篓里投皮球，孩子可以前后左右移动身体去接皮球，但是不能过线，进球多的一组为胜。

主题九：我喂妈妈吃果果（4~6岁）

目标：发展孩子的投掷动作，融洽亲子关系，使孩子在与家长共同活动的过程中体验成功的快乐。

材料：小水桶1个、乒乓球若干、围兜1个。

规则：孩子和家长都站在各自规定的线后，孩子向家长的围兜里投乒乓球，投进最多的为胜。但是在孩子投的过程中，家长不能动，只能原地站着。

主题十：袋鼠妈妈和小袋鼠（4~6岁）

目标：训练孩子动作的敏捷性和控制能力，培养父母孩子之间的协调性。

规则：孩子扮演小袋鼠站在前面，妈妈扮演袋鼠妈妈站在后面，双手搭在孩子的肩上。母子二人节奏一致地向前跳，当爸爸扮演的大狗熊出现时，袋鼠妈妈和小袋鼠赶紧站住不动。大狗熊绕着他们转一圈，做出各种怪相，袋鼠妈妈和小袋鼠如果忍住不笑不动就胜利。

主题十一：跟着妈妈走（2~4岁）

目标：培养孩子的模仿能力和注意力，发展孩子走跑等动作。

材料：一些小的障碍物。

规则：家长在前面走或跳或跑，利用周围不同的资源，如凳子、台阶、书本等，做各种动作，让孩子模仿家长的动作。

主题十二：你画我猜（4~6岁）

目标：增进家长与孩子的情感，培养他们的合作精神，开发孩子的智力。

材料：动物卡片、形状卡片、水果卡片若干。

规则：孩子和家长先选择所猜测的卡片类型，然后孩子和家长面对面站着，主持人拿出一张卡片让家长一个人看，然后家长比划，由孩子来猜是什么。在比划的过程中，家长不能发出任何声音。猜正确最多的一组为胜。

成长启航——儿童阅读亲子活动方案

第一期

一、活动时间：2012年8月17日 10：00~11：00

二、活动地点：卢沟桥街道长安新城社区

三、活动对象：学龄前儿童

四、活动目标：通过第一次的阅读活动和亲子互动活动，让孩子和家长首次体会儿童阅读的重要性和必要性。

五、活动内容：1. 童阅读：讲2个故事（小袋鼠的故事、丛林）

      2. 亲子互动：《拍手歌》

游戏玩法：由社工工作人员带领孩子和家长在音乐中跟着一起做动作，锻炼孩子的模仿力。在游戏中让所有孩子和家长熟悉起来。

六、具体活动方案：

1. 活动前放音乐，准备该用的东西和材料。

2. 准备开始前，首先由苏主任介绍本次举办儿童阅读早教的目的、内容、纪律和注意事项。

3. 活动开始，苏主任讲第一个故事，实习社工宋垚讲第二个故事。

4. 带领孩子和家长一起唱《拍手歌》、跳舞。

5. 活动结束，苏主任和社区主任总结本期活动的情况。

6. 与家长交流，记下反馈意见。

第二期

一、活动时间：2012年8月25日 10：00~11：00

二、活动地点：卢沟桥街道长安新城社区

三、活动对象：学龄前儿童

四、活动目标：进一步让孩子对儿童阅读产生兴趣，并让家长认可儿童阅读的学习方式。在好玩的游戏中增加家长与孩子的情感交流，同时让孩子收获新的伙伴。

五、活动内容：1. 儿童阅读：讲两个故事

2. 亲子互动：做游戏（送水果）

游戏玩法：

目标：体验与亲人、同伴一起游戏的快乐。

准备：自制的水果图片若干。

玩法：

1. 水果图片放在场地的一端（终点），家长和孩子在场地的另一端（起点）面对面地站立，同时幼儿将自己的脚踩在家长的脚上，家长用双手提住幼儿的双肩，做好准备。

2. 游戏开始后，幼儿与家长一起往前走，到达终点家长抱起幼儿摘下一个水果，两人一起手拉手往回跑，以先回到起点为胜。

规则：在前进的过程中幼儿的脚必须踩在家长的脚面上。

六、具体活动方案：

1. 活动前放音乐，准备该用的东西和材料。

2. 准备开始前，介绍本次举办儿童阅读早教的目的、内容、纪律和注意事项。

3. 活动开始，苏主任讲第一个故事，实习社工宋垚讲第二个故事，讲完故事之后开始带领孩子和家长一起做游戏。

4. 活动结束，苏主任和社区主任总结本期活动的情况。

5. 与家长交流，记下反馈意见。

第三期

一、活动时间：2012 年 8 月 31 日 10:00～11:00

二、活动地点：卢沟桥街道长安新城社区

三、活动对象：学龄前儿童

四、活动目标：让孩子通过儿童阅读的教育，慢慢对阅读养成良好习惯，

也让家长在活动中体会儿童早期介入阅读学习的重要性。

五、活动内容：1. 儿童阅读：讲两个故事

2. 亲子互动：带领孩子和家长做游戏（传达室动作）

玩法：

父母孩子围坐在一起，由一人做一个动作如拍肩，每二个人跟做此动作，当第二个人做完后，第一个又接着做其他动作，第三人跟第二人传递拍肩的动作，看能传多久动作不断。

注意：1. 至少三人参加此游戏，所传动作最好是手上动作。

2. 做传递动作前双手合拍一次，保持拍手两个重复动作的节奏，速度由慢到快，初玩时可将所传动作做几遍才换。

六、具体活动方案：

1. 活动前放音乐，准备该用的东西和材料。

2. 准备开始前，首先介绍本次举办儿童阅读早教的目的、内容、纪律和注意事项。

3. 活动开始，苏主任讲第一个故事，实习社工宋垚讲第二个故事，讲完故事之后开始带领孩子和家长一起做游戏。

4. 活动结束，苏主任和社区主任总结本期活动的情况。

5. 与家长交流，记下反馈意见。

儿童阅读亲子活动

1. 活动时间：2012年8月30日
2. 活动地点：卢沟桥街道长安新城社区
3. 活动目标：帮助家长了解进行早期阅读的重要性，同时通过事务所与家长的合作，为幼儿创建良好的阅读环境，营造浓厚的阅读氛围。激发幼儿阅读的兴趣，养成良好的阅读习惯，进而有利于进一步培养良好的道德情操和审美情趣，并促进父母与孩子之间的情感交流。
4. 活动准备：

（1）通知父母参加活动；

（2）准备游戏需要的材料；

（3）布置活动场地；

（4）奖品准备。

5. 活动流程：

（一）自我介绍：

主持人先进行自我介绍，然后分别让孩子在家长的鼓励下在众人面前介绍自己。介绍内容包括自己的姓名，年龄，和自己喜欢什么。（能成功介绍自己的孩子可以获得一份小奖品。）

主持人介绍时，还要讲一下注意事项：①请您在活动中看好您的宝宝，以免其受到伤害；②请在活动中遵守活动规则；③在活动中请勿拥挤。

（二）串串烧（互相认识）：

在活动（一）进行时，提示让孩子们记住其他孩子的名字，然后分别提问孩子："他是谁？他叫什么？"回答正确数目最多的孩子可以获得一份奖品。

（三）讲故事：

由社工给孩子们讲故事，引导孩子阅读。（结合色彩鲜艳的图书）

（四）做游戏：（可选择其中的一个或两个）

（1）亲子游戏：小马得儿驾

妈妈坐在凳子上，宝宝两腿分开坐在妈妈的腿上，放一些节奏感强的音乐，妈妈跟着音乐节奏抖动双腿，让宝宝感知节奏的同时感受快乐。

（2）点名游戏：彩色的气球

活动准备：在宝宝的座位上贴上不同颜色的气球

指导过程：

第一步——老师：今天宝宝的座位上，有不同颜色的气球，当老师说"找呀找呀找朋友，谁是我的好朋友，我的好朋友叫××色"时，请座位上相同颜色气球的宝宝站起来。

第二步——教师逐一出示不同颜色的气球，在家长的帮助下拿到相同颜色气球的宝宝说出自己的名字。

（3）小肌肉练习：夹彩球

活动准备：夹子若干、彩球若干

指导过程：

第一步：教师出示盘子引导宝宝观察：看清盘子里画的是什么？现在老师把它变成彩球。

第二步：教师先示范夹子开核的动作，然后将珠子逐一加到盘子的标记处。

第三步：家长和教师指导宝宝操作，家长及时对宝宝的表现进行表扬肯定。活动可反复进行 2~3 次。

（4）小皮球过马路

活动准备：音乐、场地

指导过程：

第一步：教师向家长介绍活动目标。

第二步：老师示范走直线，说："小球要走这条红色的小路，眼睛要看着红色的路线走，脚要踩着线走，等音乐想起来的时候我们再继续走。"

第三步：宝宝和家长一个跟着一个走小路。

（五）阐明活动的意义

社工向家长介绍本次活动的意义，向家长宣传早起阅读的重要性，指导家长如何引导孩子阅读，并推荐一下儿童阅读的故事、书籍。

（六）活动结束：

主持人对家长的配合表示感谢，然后带领宝宝们互相道别。

三、活动展示

丰台区中鼎社会工作事务所在大红门街道举办青少年小组活动

2012 年 10 月 15 日，中鼎社会工作事务所在大红门街道第二小学举办"导航——青少年儿童小组活动项目"，得到了北京市社会建设办公室的资金支持。此次活动共有 40 名大红门小学的学生参加。活动的目地是为了缓解青少年学习压力巨大、同学交往中的困惑、青春期困扰、心理行为障碍等问题。

本次小组活动我们采用了现在深受青少年朋友喜爱的小组游戏与沟通表达

技巧以及团结合作等学习内容融合在一起的方式。小组选择了抢椅子、大风吹等游戏，该类游戏需要大家通过合作、协商、全员参与来完成。活动中，社工王老师把大家分为 6 组，并让每组轮流派出一人参加"抢椅子"，同时还让他们的队友为他们加油，让小组成员在游戏的同时，学会

人际交往小技巧，感受到团队合作的重要性，以帮助他们更积极地面对生活中的困难。活动后，中鼎社会工作事务所还为他们颁发了奖品并进行了合影留念。

本次小组活动深受青少年朋友的喜爱。同时，街道、学校、社区领导也纷纷表示，希望中鼎社会工作事务所以后能多举办几次这样的活动。（顾跃峰）

"导航——丰台区青少年儿童系列活动"
——主题辩论大赛

2012 年 10 月 23 日下午，丰台区中鼎社会工作事务所在丰台区大红门二小学，开展了辩论赛活动。该项目是北京市社会建设办公室专项资金购买社工服务项目。

"导航——丰台区青少年儿童系列活动"旨在丰富青少年儿童课余生活，激发学习热情，减轻心理压力，提高综合素质。共有 40 名青少年参加了此次活动。

本次活动围绕"网络的利与弊"为主题展开，共分两个阶段：预赛和决赛。活动采用小组形式，这激发了学生的极大兴趣。孩子们的仪态、台风非常得体，机智的辩语赢得场上社工老师的阵阵掌声。同时也为我们呈现了一场异

常精彩的辩论赛。最后,专职社工王佳伟分别对辩论双方所持立场、论点、论证的说服力、亮点之处以及团队精神等方面进行了评述,点评精当、评论中肯,深受辩手们信服。本次活动评选出了班级最佳辩手两人和辩论小组一、二、三等奖若干名。

本次辩论赛激发了青少年儿童对网络世界的辨别,帮助他们正确看待网络利与弊,同时展现了学生的活力、风采和与时俱进、锐意进取的良好精神风貌,让孩子们知道网络世界不仅有游戏,还有很多有趣的知识值得学习。(顾跃峰)

在北京教育学院丰台附属小学举办"小熊盖房子——快乐阅读"小组活动

2012年11月13日,丰台区中鼎社会工作事务所在北京教育学院丰台附属小学举办了"小熊盖房子——快乐阅读"小组活动。此次项目是市社会建设专项资金项目,共有26名教育学院丰台附属小学的学生参加。活动的目的是促进青少年儿童的人格塑造,以故事的形式让少年儿童角色转换,让他们明白故事里的团结互助精神,也是提前预防孩子的行为偏差,促进孩子们身心的健康成长。

本次活动是以小组的形式展开,在社工姐姐的带领下给孩子们读一个喜欢的故事,读完后让大家进行阅读交流,谈谈各自的感受。活动中每个小朋友都表现得十分积极,大家纷纷说出了自己的阅读心得,并对学习、生活等方面遇到的问题进行了探讨,现场气氛热烈。活动后,社工姐姐为表现好的同学分发了小礼品,许多小朋友都说他们很喜欢这样的活动。

通过开展这类教育活动,既让青少年儿童在繁重的学习压力当中获得鼓励,与同学之间和睦相处,在活动同时还可以认识到新的朋友,鼓舞自己在快乐中学习。(顾跃峰)

在北京教育学院丰台附属小学举办"打不破的花瓶———快乐阅读"小组活动

2012年11月20日,丰台区中鼎社会工作事务所在北京教育学院丰台附属小学举办了"打不破的花瓶———快乐阅读"小组活动。此次活动是市社会建设专项资金项目,共有27名教育学院丰台附属小学的二年级学生参

加。活动的目的是为了塑造青少年儿童的人格,并以故事的形式让少年儿童角色转换,让他们明白故事里的团结互助精神,同时也提前预防孩子的行为偏差,促进孩子们身心的健康成长。

活动以小组游戏"大风吹"为开始,在社工姐姐的带领下,孩子们都争先恐后地参与到活动中来,使现场的气氛变得十分活跃。在这种气氛下,社工姐姐让孩子们每个人都读一段自己手中的故事,并讲述自己的感受。小朋友们纷纷举手,都表现得十分积极。活动后,社工姐姐为表现好的同学分发了小礼品。

学校的老师表示,通过开展这类教育活动,不仅可以让孩子们亲近书籍,喜欢阅读,习惯阅读,同时也可以让他们在阅读中感受到快乐,在快乐中成长。(顾跃峰)

中鼎社会工作事务所在北京教育学院丰台附属小学开设首个社工小课堂

2012年12月4日,中鼎社会工作事务所在北京教育学院丰台附属小学开设首个社工小课堂。共有20名北京教育学院丰台附属小学的学生参与了开课活动。此次项目是市社会建设专项资金项目,开展的目的是用专业的社会工作

手法，长期地运用社会工作中的小组游戏、小组阅读等活动方式，促进少年儿童的身心健康，塑造他们的健康人格以及正确的人生观和世界观。

社工小组课堂采用了小组游戏与小组阅读相结合的方法。在社工袁姐姐和梅姐姐的带领下，孩子们分为了两组，每个小组分别进行了"小雨大雨"和故事分享等活动。在活动中，孩子们表现得十分积极，并且主动地展示自己的才艺。在故事分享中，每一个人都十分认真地倾听他人的分享并且相互鼓励。最后，社工姐姐为表现最好的同学颁发了小礼品，以示鼓励。

活动后，学校老师表示，此次社工小课堂的开设，在充分利用课余时间的同时还增长了孩子们的知识，促进了他们团结友爱的品质，在他们的成长中是十分有意义的。（顾跃峰）

中鼎社会工作事务所在北京教育学院丰台附属小学举办第六次社工小课堂

2012年12月11日，中鼎社会工作事务所在北京教育学院丰台附属小学举办第六次社工小课堂。此项目是由市社会建设专项资金资助，共有21名三年级的小学生参加了此次活动。活动的目的是用优势的眼光评价孩子，真正走进他们的心里，与学校教育形成合力，培养孩子们的社交能力、情绪表达与控制能力等。

上课时孩子们可以自由选择和好朋友坐在一起，座位以小组为单位围成一个小圈，同时，社工姐姐也参与其中跟大家一起阅读并分享小故事，组织孩子们进行小组讨论、小品表演，最后社工姐姐带领他们做了有趣的社工游戏。在不知不觉中让孩子们懂得了什么样的朋友才是益友，如何控制自己的情绪。社工姐姐还鼓励孩子们根据别人表现的情绪，了解他人的思想和感受；帮助他们认识"愤怒"等负面情绪如何影响与别人的关系；鼓励他们向父母或其他家庭成员倾诉，向好朋友倾诉。

课后许多孩子都说，每周最期待的就是这堂课，因为能学到不少东西。在课堂上，社工老师让他们说出自己的优点。很多同学原来十分没有自信，可就是通过这短短的六堂课，他们认识到"我是值得赞赏自己的"，面对挫折和困难时，也多了许多勇气与信心。（顾跃峰）

"学习十八大，争做优秀少年"第一期
中鼎社会工作事务所在北京教育学院丰台附属小学开展宣传教育活动

2012年12月10日，中鼎社会工作事务所在北京教育学院丰台附属小学开展"红心向党，学习十八大，争做优秀少年！"宣传教育活动，在学校报告厅举行，共有100名少先队员参加。此次活动的目的是为响应全国学习十八大会议精神的浪潮，进一步弘扬民族精神，让广大小学生知晓党的光辉历史，感悟党的恩情，增强他们的使命感与责任感。

活动以一段视频"贫困山区的孩子"为开端，小学生们在中鼎社会工作事务所苏锋主任的讲解下开始了解、学习党的十八大精神。苏主任同时用对比的形式让小学生们感悟到更应珍惜现在的生活，并且更应热爱祖国热爱党。活动后，有的小同学说，她要好好学习，将来做对社会有贡献的人。

通过宣传教育活动，既加强了十八大知识的宣传，也让小学生们对十八大有了一定的了解，让少先队员们更加热爱党、热爱社会主义、学习先锋并努力争做优秀少年。（顾跃峰）

"学习十八大,争做优秀少年" 第二期
中鼎社会工作事务所在北京教育学院丰台附属小学开展宣传教育活动

2012年12月17日,中鼎社会工作事务所苏锋主任在北京教育学院丰台附属小学开展了"学习十八大精神,争做优秀少年"主题教育活动第二期。共有200名一年级小学生参加了此次活动。活动的目的是让各班级通过听讲座的方式,了解学习十八大的信息,将学习盛会的热情转化为读书学习的动力。

当天下午,学校老师代表,学校的小学生欢聚一堂,在中鼎社会工作事务所苏锋主任的讲解下认真地学习十八大精神。苏主任重点介绍了新一代中央领导集体,用通俗易懂的语言宣讲了十八大主要精神和党的知识,会上学生代表纷纷发言,并励志学习宣传十八大精神,从现在做起,从自己做起,做一个合格的社会主义接班人。通过这次活动,孩子们不仅更深切地感受到十八大的氛围,并且还增强了对党和社会主义祖国、家乡的热爱。(顾跃峰)

"宝贝计划——非凡童声儿童歌唱大赛"
中鼎社会工作事务所与三环新城社区联合举办

2012年12月29日上午,中鼎社会工作事务所与三环新城社区联合举办了"宝贝计划——非凡童声儿童歌唱大赛"。本次活动共有25名从预选赛选拔出来的小选手参加,特邀目前担任北方之星集团骨干和教研组长李雁飞老师和节奏艺术中心负责人之一的施兰老师当评委,丰台区社会办副主任王文泉、新村街道工委书记李跃生、区社工委综合科科长邢庆意等领导亲临现场观看。

活动现场,小选手们或自备伴奏,或选择清唱,评委老师从选手的音准节奏、演唱水平、字正腔圆、台风仪表等方面打分,《映山红》《摘星星》《卢沟

谣》等一首首清脆的歌曲在活动现场响起，每位小选手都充分展示了自己独特的魅力。最后，共3名小选手获得了小冠军，其他选手分获二等奖、三等奖和优秀奖。区委领导为他们颁发了奖品和证书，并鼓励他们多参与社区活动，好好学习。

本次活动，不但丰富了社区儿童的业余生活，给了他们一个展示自我的舞台，同时还有力促进了社区的安定与和谐，极好地展示了辖区人民的精神风貌。（顾跃峰）

四、项目新闻报道

第一期

7月6日，中鼎社会工作事务所在本事务所成长屋中开展了第一期"成长起航——儿童阅读工作坊"的活动，本次活动共有10名即将进入幼儿园的小朋友参加，在老师的带领下他们学习到很多知识。

在活动的开始，老师给大家分发了画笔一类的工具，让大家一起画画，有的孩子很认真地在纸上画画、有的孩子在挑选自己喜欢的颜色……每个人都很认真地做着手里的事情。接着老师带领孩子们做游戏，他们也逐渐不再粘着父母，主动和老师、同伴们一起玩耍。

第一期的活动，主要是为了让孩子

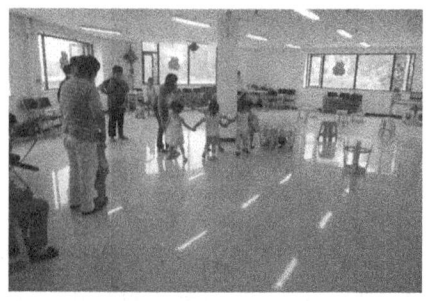

们互相认识，体会到与同伴、老师一起做游戏的乐趣，走向独立。

第二期

7月8日，第二期活动如期举行，孩子们在父母的带领下来到这里，孩子们也很高兴见到伙伴和老师。

在这次的活动中，最开始老师还是带领孩子们画画，大家都非常认真地观看学习，然后自己再画自己喜欢的画或者涂鸦。接着老师给一个性格内向、不

愿与其他小朋友一起玩的孩子讲故事，尽管他不爱说话，但老师还很耐心地陪伴他。

这期活动结束后，孩子们都已经和老师、同学互相熟悉很多，有些孩子已经能够和别的同伴一起玩得很好，并对不理解的东西产生极大兴趣。

第三期

7月10日是第三期课程，通过对家长们的了解，得知这些孩子们在家里都十分地期待参加工作坊的这个活动，可以说他们现在已经能够较为主动地去和别人交往了。

这次是老师带领大家种植物，可能因为是第一次接触到植物和水土，

大家显得非常兴奋，都积极主动地上前参与活动，按照老师的要求为植物添加泥土。接着老师给孩子们放《喜羊羊与灰太狼》的动画片，每个孩子都津津有味地观看，被动画片深深地吸引住了。

儿童阅读工作坊中的这些活动都是为了提升儿童现阶段的一些能力而制定的，这些游戏可以提高儿童的动手能力和思考能力，有利于儿童更好地成长。

第四期

7月13日开始了第四期的活动，经过前几期，我们认识到，每个孩子都有不同的特点，因此针对他们的特点也需要因材施教，对不同的孩子采用不同的活动方式和游戏。

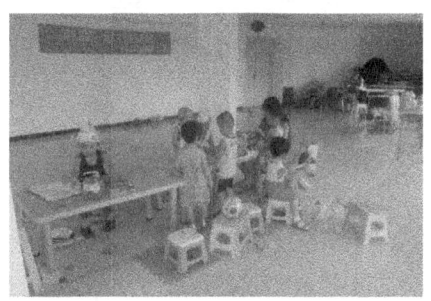

一部分孩子在老师的带领下制作纸帽子，以锻炼他们的动手能力和创造力，这些孩子在老师的指导下制出了属于自己的帽子。还有一部分孩子不喜欢动手，所以老师就给他们讲故事，以培养他们的注意力和理解力。

课程结束后有很多孩子都不愿回家，而是继续和同伴老师一起玩，表明了这个活动能有效地使孩子们脱离父母尽快融入同龄人之中。

第五期

7月15日是第五期的活动,到这个阶段,孩子们在刚刚进入事务所时就开始让自己的父母或爷爷奶奶们回家,而自己则和老师同伴们玩得很高兴。

这次是一边由老师为大家讲袋鼠的故事,另一边是由另一个老师为一个孩子单独讲故事,尽管分为两组但大家都是全身心地投入到故事当中。在老师点名的时候大家都整齐地坐到椅子上,听到点自己的名字时能大声喊"到"。

经过近一半课程,所有的孩子大多都能和老师同伴们打成一片,一起动手制作、看动画片、听故事等,极大地增强了孩子们的独立能力。

第六期

2012年7月18日是中鼎社会工作事务所举办儿童阅读工作坊的第六期。经过前五期活动的顺利进行,孩子们已经慢慢适应脱离家长,参加团体自主的活动,能够在田老师的带领下安静认真地看播放的影片。

在田老师准备点名的时候,孩子们都会提前自觉地坐到自己的位子上去,田老师叫到孩子的名字,孩子们都大声喊"到",并高高地举起小手示意。

总的来说第六期的活动让孩子们意识到要自觉遵守纪律,这是孩子们以后在学校和

生活中一个必不可少的优秀品德。(通讯:宋垚 社工实习生)

第七期

2012年7月20日,在中鼎社会工作事务所举办儿童阅读工作坊的第七期。在田老师教小朋友叠小帽子的活动中,遥遥叠的时候遇到困难,她会主动请求田老师的帮忙。其他小朋友也争着请老师帮忙。最后,小朋友们一个个戴着小纸帽子,别提多高兴了。

在画画的时候,田老师让孩子共同创造一幅画,互相商量着画什么,从中增强了孩子间团结协作的意识。赵栩和陈奕江两位可爱的小孩子费尽心思地在绘画自己想象中的快乐森林,不时地还商量商量。

总的来说第七期的活动,第一是增强他们的动手能力,第二是让孩子们学会在自己遇到困难和问题的时候,能够主动提问,同时也让孩子们在活动中体会了团结协作的力量。(通讯:宋垚 社工实习生)

第八期

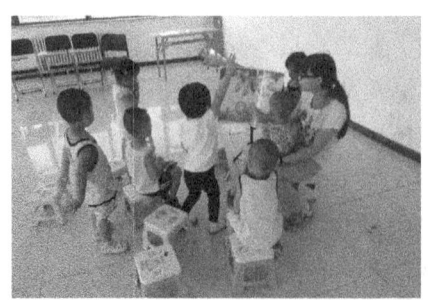

2012年7月23日,在中鼎社会工作事务所举办儿童阅读工作坊的第八期,活动主要目的是为了锻炼孩子们如何集中注意力去做一件事情。

一开始田老师先是给大家讲《七色花》的故事,大家都兴致勃勃地听着,感觉自己就像是主人公一样。下午在看益智动画片的时候苏老师告诉孩子们只要认真看动画片就可以得到苹果吃,孩子们都看得非常认真专注,都得到了苹果吃。

通过对注意力的练习,可以改善孩子们在日常生活中经常出现的注意力不集中的问题。(通讯:宋垚 社工实习生)

第九期

2012年7月25日,在中鼎社会工作事务所举办儿童阅读工作坊的第九期,活动主要内容是由老师带领大家锻炼动手、协调力和模仿力。首先是由苏老师给大家发放一些涂鸦材料和工具,孩子们都兴致勃勃地期待涂鸦活动。

接着田老师带领孩子们跟着视频随着音乐一起唱跳《拍手歌》,锻炼孩子的模仿力。孩子们都跟着视频中的动作,千姿百态地做了起来,有的蹦,有的跳,嘻嘻哈哈乐的非常开心。家长说孩子在家运动量就特别小,不爱动,这样的活动既能让孩子学习也能正好让孩子运动运动。(通讯:宋垚社工实习生)

第十期

2012年7月27日,在中鼎社会工作事务所举办了儿童阅读工作坊的第十期,参与活动的孩子们早已经互相成为了好朋友,其中也包括特别要好、无话不谈的知心小朋友。他们学会了朋友之间的谦让和互相帮助。

朱俸欧和李若琳这两位小朋友非常要好，她们经常手拉手在一起聊天玩耍，在活动中她们也会互相谦让，互相帮忙，对方还承诺一起上幼儿园。

付荐勋和赵栩这小哥俩也是非常要好的朋友。他们经常坐在一起画画，一起看动画片，一起做游戏，还互相交换自己心爱的玩具一起玩。家长也表示自己的孩子交了朋友之后性格变得开朗多了，也懂得分享了，不像以前那么自我、特立独行了。（通讯：宋垚 社工实习生）

第十一期

2012年7月30日，随着"成长起航——儿童阅读工作坊"第十一期在中鼎社会工作事务所的举办，孩子们已经把中鼎社会工作事务所当作第二个家，和老师、事务所的工作人员相处的都很好很开心，不再对这个环境有陌生和排斥的感觉。

孩子们开始主动学习，主动遵守纪律，主动谦让，主动帮助。这一切的一切都让老师、家长和事务所的工作人员感到格外开心和欣慰。（通讯：宋垚 社工实习生）

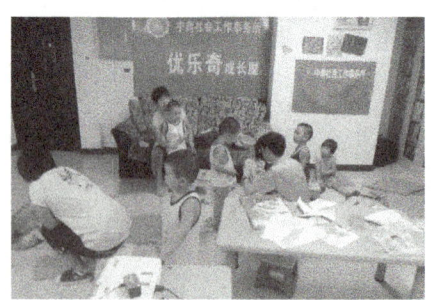

五、项目特点及反思

（一）项目特点

本项目是 2012 年北京市政府社会建设专项资金购买的项目，项目的最大特点是具有代表性和一般性，这是一个较完整的、独立的社会工作事务所通过常规的渠道获得立项的社会服务项目，项目主责单位为丰台区社会建设领导小组，实施主体为丰台区中鼎社会工作事务所，所以本项目从立项程序、主责单位、实施主体都具有一般意义的代表性。此外，这也是政府购买社会组织服务逐渐走向常态化，逐渐纳入正规后的一个项目。本项目的实施是建立在对北京市丰台区儿童现状需求充分调查的基础上，旨在为丰台区的少年儿童提供一系列的专业服务，从一定程度上矫正他们的偏差行为，真正达到助人自助的服务目的。此项目充分整合社区、学校及家庭丰富的有效资源，为孩子营造良好的社会环境，帮助他们树立正确的人生观和价值观，培养他们与学校、家庭和社区的亲密感，在同辈群体间找到归属感。

（二）项目反思

此项目立项的本意是针对丰台区有问题的青少年开展社工专项服务，但在实际执行过程中考虑到"问题青少年"的提法过于"标签化"，在儿童招募时存在一定问题，主要原因有两方面：一是部分家长并不了解"问题儿童"的含义；二是一些儿童比较敏感，不愿意承认自身存在一定的问题。因此这需要专业人员积极思考和主动联络，采用适当的方法来招募少年儿童。所以，在项目执行过程中主要面向不同年龄和群体的少年儿童，在他们参与活动时，通过和家长、学校、社区的沟通交流，发现孩子成长中可能存在或已经遇到的问题，进行个别化的服务。

第四部分　枢纽型社会组织政府购买服务项目操作指南

案例选取：《法律服务基层——北京城乡结合部地区独居老人法律服务项目》（北京市跨国犯罪研究会承接的 2011 年北京市政府购买社会组织项目）

一、项目报告

北京市政府购买社会组织服务项目报告（分报告）

项目名称：法律服务基层——
北京城乡结合部地区独居老人法律服务

提交机构：北京市法学会——跨国犯罪研究分会

提交日期：2012 年 5 月 21 日

一、基本情况

1. 机构名称：北京市法学会——跨国犯罪研究分会
2. 项目名称：北京城乡结合部地区独居老人法律服务
3. 项目起止时间：2011年11月—2012年5月
4. 项目执行团队及分工

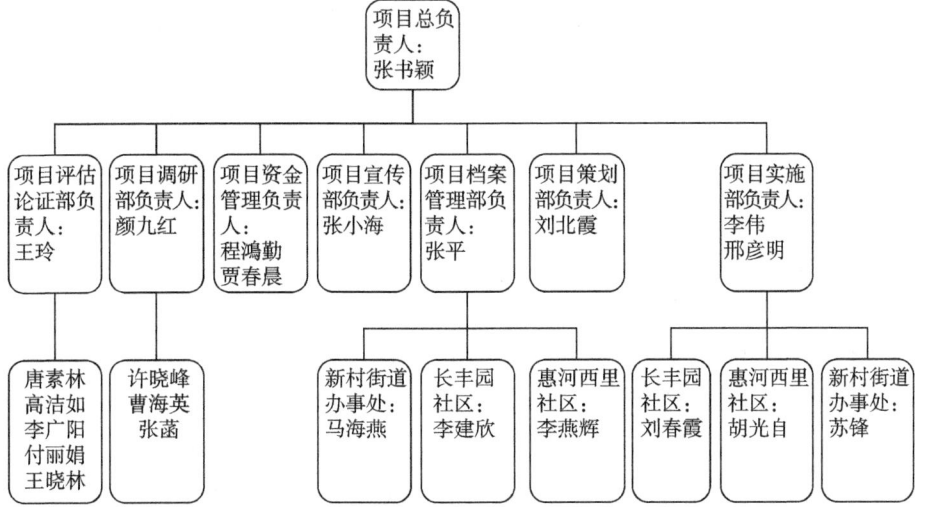

二、项目发展状况

项目启动至今，北京作为首都，其在政治、经济、文化和社会管理等方面都发生了很多变化，尤其是北京市社会建设"十二五规划"实施一年后，以及北京精神的提出与普及，使我们坚信"法律服务基层"是从一个特殊的角度诠释着"包容"与"厚德"的理念。

第六次人口普查数据显示，2010年北京市常住人口中，65岁以上人口为170.89万人，占常住人口的8.7%。10年间，65岁及以上的人口增加了56.6万人，年均增长率为4.1%，增幅高于同期常住人口年均增长率0.35个百分点。未来20年内，随着生育率和死亡率的双双下降，北京老龄化趋势将会进一步加剧。此外，10年间，北京人口年龄金字塔的凸出部分上移，逐渐接近塔尖之老年人口。至2010年，北京市0~14岁、15~49岁和50岁以上三个年龄段人口分别占总人口的8.6%，65.84%和25.56%，中间年龄段比重大，低年龄段的比重很小，年龄金字塔"肚大腿小"，老龄人口的潜在后备数量巨大。满足老人的涉法需求更加有利于社会和谐和稳定。为此，在今年 2 月份我们对项目进行了延伸，使这个项目可以扩展到整个老年人群体。

三、项目实施情况（除文字描述外，请填写后文附表：项目中期完成目标与活动对照表）

（一）项目目标

1. 项目制定的目标有哪些

（1）项目总目标

通过对北京城乡结合部地区独居老人生活状况及涉法需求的调查与研究，制定服务方案并开展有针对性的法律服务，探索我国大中型城市特殊老人群体基层法律服务的途径，为专门性基层法律服务人才的培养提供决策依据。

（2）项目具体目标

①完成北京城乡结合部地区试点社区（街道）独居老人涉法需求调研；

②制定北京城乡结合部地区试点社区（街道）独居老人法律服务总体方案；

③确定 3 个以上个案法律服务对象，开展 3 次以上小组分享式的法律服务活动，组织 2 次规模较大的社区（街道）法律宣讲或咨询活动；

④印制和发放 200 本涉老法律服务（法律驿站系列）宣传资料；

⑤试点建立"涉老公益法律服务中心"一个，负责涉老法律服务基层活动的安排和日常事务工作，形成法律服务基层的长效机制。

通过这些成果，盘点朝阳区专业社工人才的现有情况，对人员总量、素质、能力、知识结构等有个总体的把握，对人才供需结构有明确的分析，对"十二五"期间社工人才充分的发挥作用、社工队伍的稳定与提高，以及社会建设与管理目标的实施都有切实的推动作用，为政府探索社会管理创新模式和进行社会管理提供支撑材料。

2. 在项目实施过程中，项目目标是否有调整

项目在实施过程中，基本按照实施计划进行，目标未作调整。

（二）项目活动（项目启动至今）

1. 项目计划实施

主要开展了以下活动：

（1）2011 年 11 月至 12 月设计调查问卷。

（2）2011年12月中旬前完成试点社区问卷发放工作：长丰园120份，明春苑40份，惠河西里28份，三环新城25份。

（3）2011年12月中旬至2012年1月中旬完成问卷调查信息统计分析及汇总工作。

（4）制定了北京城乡结合部地区试点社区（街道）独居老人法律服务总体方案。

（5）在惠河西里社区确定7个个案法律服务对象，并签订了7份法律服务协议书；在三环新城和长丰园各确定了3个个案服务对象。

（6）在朝阳区惠河西里社区开展了3次法律咨询活动，1次法律大讲堂活动；在三环新城2次法律咨询和1次法律大讲堂活动；在明春苑社区开展了借助律师事务所的力量开展了4次法律大讲堂活动，1次座谈会和1次法律咨询活动；长丰园社区开展了1次法律大讲堂活动和1次法律咨询活动。

（7）印制了300本老年法律服务知识问答宣传资料，目前已发放近150本。

（8）在惠河西里社区试点建立"涉老公益法律服务中心"一个，负责涉老法律服务基层活动的安排和日常事务工作，形成法律服务基层的长效机制；在三环新城试点建立"涉老公益法律服务基地"一个。

（9）制定了北京城乡结合部地区试点社区（街道）独居老人法律服务总体方案。

（10）北京政法职业学院"涉老法律服务中心"基本架构已将建立，并已经尝试进行相关法律服务，只待学院相关部门审核批准。

（11）对项目内的律师进行专业社会工作方法的培训，提升服务技巧。

综合以上工作，比对我们项目的总目标和基本目标，我们已经超出计划完成了我们设定的目标总量。现在还在进行中的就是大兴长丰园社区的法律咨询与服务活动，后续需要进行的就是将法律大课堂和法律咨询活动常态化，重点是继续做好个案法律需求的服务工作，尤其是解决协议对象的法律需求问题。

2. 项目的受益人群（直接受益人、间接受益人）

项目的直接受益人群是试点社区的独居老人，间接受益人是试点社区的一

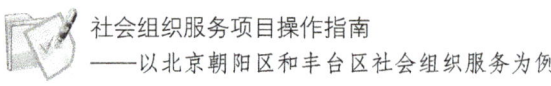

般老人、社区工作者、参与项目活动的志愿者、策划者和实施者。目前直接受益人数量已超过预计的 100 人。

3. 与之前的计划有较大变化的项目活动

原计划在朝阳、大兴和丰台各选一个社区进行试点，后在和丰台社工委的沟通过程中，项目得到了丰台新村街道办事处和中鼎社工事务所、惠邻社会工作室的大力支持，所以增加了计划外的三环新城社区，这是与之前的计划有较大变化的项目活动，并且三环新城社区还被确定为试点基地，这一点也是计划之外的。值得说明的是，新增项目没有带来预算总量的变化，只是在总量范围内进行了适当微调。

4. 在项目实施过程中遇到的问题和困难及其解决办法

在项目实施过程中遭遇的最大困难就是项目周期时间太短，很多活动组织难度增大，有些个案活动周期不够。解决办法就是：整合资源，与试点社区积极沟通，发动志愿者和社区工作者的力量；对个案问题适当延长服务周期。

（三）项目完成目标与活动对照表

	计划达成	实际已达成
项目目标	1. 完成北京城乡结合部地区试点社区（街道）独居老人涉法需求调研； 2. 制定北京城乡结合部地区试点社区（街道）独居老人法律服务总体方案； 3. 确定 3 个以上个案法律服务对象，开展 3 次以上小组分享式的法律服务活动，组织 2 次规模较大的社区（街道）法律宣讲或咨询活动； 4. 印制和发放 200 本涉老法律服务（法律驿站系列）宣传资料； 5. 试点建立"涉老公益法律服务中心"一个，负责涉老法律服务基层活动的安排和日常事务工作，形成法律服务基层的长效机制。	1. 实际已达成； 2. 实际已达成； 3. 超额完成个案数量和较大规模的社区活动，小组分享活动可在四月份进行； 4. 超额印制 100 本，发放数量接近，50 本留作资料，其余继续发放中； 5. 试点建立"涉老法律服务中心"一个，增建基地一个。

续表

活动名称	活动次数	受益人数	活动名称	活动次数	受益人数	已留存资料
设计调查问卷	2	5	法律咨询	6	140	问卷草稿电子版、活动照片
召开项目研讨会	2	22	法律讲座	6	160	讲课照片、礼品登记表
发放调查问卷	3	200	发放法律服务小册子	5	150	印刷品、照片、发放的登记表
进行问卷调查信息统计分析及汇总	10	40	个案登记表	8	8	统计数据结果、照片、统计日志、个案登记表

四、项目取得的成效

1. 请根据贵机构申请书中列举的成功指标，说明项目已取得哪些成效？与项目启动前相比，有哪些改变？（包括：具体的成效；目标群体获得的提升；其他相关群体获得的提升；对项目目的的合理性调整，等等）

本项目启动至今通过调查问卷的设计、发放以及统计分析，编制知识问答，法律咨询，讲座和个案服务等活动，已经让有需求的老人享受到了基本的法律服务，普及了涉老法律知识，目标群体的法律维权意识得到普遍提升，更深层次的法律需求被开发出来。同时社区工作者也认识到了涉老法律服务的重要性，比较典型的是三环新城社区要自己出钱印制我们的小册子，还有我们没有选定的社区也在要我们的知识问答小册子。

2. 受益群体如何看待本项目所开展的工作及达到的成效？

受益人群对本项目大多持支持态度，老人们普遍希望我们项目得以延续，他们希望随时有需求都能得到我们的帮助，甚至希望我们的团队在其他家庭关怀方面也提供相应的帮助。在项目执行过程中我们和老人成了很好的朋友。

五、综合评价和展望

（一）在实施项目的过程中所遇到的挑战、问题和潜力方面，你们对项目的进展有怎么的评价？（项目启动至今）

1. 所遇到的挑战、问题和潜力

所遇到的挑战：一是选择调查群体的代表性、规模性比较难，同时发放问卷者身份的权威性也遭到了一定的挑战。二是个案服务样本数量的选择和时间确定上，比预计的难度要大，有很多变数在里边，导致工作在进程上受到了一定的影响。三是资金到账比较晚，使得项目在实施过程中不太流畅，财务报表不能及时规范地提交。

2. 项目进展的评价

在项目实施中，我们严格按照项目书要求，开展项目工作。前期在制作调查问卷的过程中，我们在反复论证反复研究中，经过多次的整合和修改，将调查问卷按照实际情况和理论框架设计完成。发放问卷，我们利用学实训的机会在专职教师带领下深入社区走进居民家中，辅导老人填写问卷，现场收回问卷，提高工作效率。在调查问卷的统计阶段，我们利用专业软件，投入大量人力和时间，在工作人员的共同努力下，将问卷的基本情况统计出来。同时，召开了多次的专业社工方法辅导会，以提高团队的服务技巧。在编制知识问答过程中，我们紧密结合调研结果，有针对性地设计问题，力争最大限度地满足老人的法律需求。在法律服务咨询和讲座实施阶段，由专业团队的成员在一起对项目的实施进行论证和讨论。

（二）下一阶段项目实施计划

1. 在接下来的项目执行过程中，项目将要取得的成效有哪些？

我们将形成系统分析报告，为学院培养在社区层面服务的社会工作者和法律咨询与调解人员提供依据和参考。

2. 对前面所提及的问题和困难，你们将有怎么样的解决方法？你们会继续按照最先的项目设计开展下期项目，还是会有调整？如有调整，是怎样的调整？

我们将提高团队的效率和工作进展速度，在保质保量的基础上，发挥团队优势，集中力量解决要紧的问题和困难，逐一攻破，严格落实项目设计，但是也要按照实际情况，根据自身条件，改良我们的项目计划和执行，最终保证项目整体的实施。

3. 请说明最新的项目计划和预算

本项目严格以项目计划书为准，不改变预算。

六、总体评语及观点

通过本项目的实施，基本达到了预期的效果。老人们对专家讲课、法律咨询活动很欢迎，尤其是《北京城乡结合部地区独居老人法律知识问答》很受老人们的欢迎，认为写出了他们所需要的法律帮助。

二、实施方案

政府购买服务项目——

北京城乡结合部地区独居老人法律服务项目实施方案

一、项目实施背景与价值

（一）项目背景

2008年中国65岁以上老人数已达1.07亿，占社会人口比重8%，并且两项数字都在逐年递增。目前，我国老年人生活质量普遍偏低，老年人晚年生活幸福度和满意度也偏低。资料和调查研究显示，"空巢老人"是老年人群体中的主体，独居老人则是老年人群体中晚年生活幸福度和满意度最低的，基本表现为生活空虚，精神和心理压力大，生活无人照料，身体素质差，经济条件较差。所以，关注独居老人是养老服务很重要的一个方面，而城乡结合部地区的独居老人由于其所居住地区的特殊性，更加需要给予关注。

所谓城乡结合部，是指随着城市化过程，城市不断向外围扩展，使得毗邻乡村地区的土地利用从农业转变为工业、商业、居住区以及其他职能，并相应兴建了城市服务设施，从而形成的特殊区域，即兼具城市和乡村特征的过渡地带，又称城市边缘地区。城乡结合部社区人地系统具有明显的城乡过渡性特点，各种不同职业类型、不同生活方式、不同信仰、不同价值观念、不同需求以及不同心理文化素质的人群共同生存，形成强烈的对比。由于同时受到城市与乡村的双向辐射，城乡结合部养老服务具有明显的过渡性、多样化特点，这种特征使城乡结合部地区独居老人的生活具有鲜明的特殊性，特别需要提供一些相关法律服务。

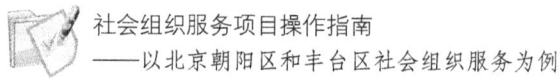

有资料显示，北京市自1990年已进入人口老龄化社会，预计到2020年全市老年人口将达到450万，占总人口的20%，人口老龄化趋势日益严峻。北京市已经形成了以大民政理念为指导的"政府主导、社会参与、全民关怀"的老龄工作方针。

北京市委市政府也高度重视法律进基层工作，在2008年和2009年连续两年市政府将在农村和社区建立1500个"法律服务室"列入直接关系群众生活方面拟办的重要实事。2010年又把"建立和规范100个乡镇公益法律服务中心，实现农村公益法律服务体系全面覆盖"作为直接关系群众生活方面拟办的重要实事。

北京市"十二五"期间将重点满足高龄、独居、生活不能自理以及需临终护理的老年人的养老需求。《北京市"十二五"时期社会建设规划纲要》指出：要健全党委领导、政府负责、社会协同、公众参与的社会管理格局，构建与社会主义市场经济、民主政治和先进文化相适应的社会建设体制，形成具有时代特征、中国特色、首都特点的社会建设体系，使北京社会建设始终走在全国前列。

作为一个现代化的城市，在解决老年人的关爱问题上，北京做出了十分重要的表率作用。但是，在今天中国老龄化快速到来的背景下，北京本身在老龄化的服务中也有着一些无法避免的夹角。这些夹角中的问题突出表现在城乡结合部的独居老人关爱的问题上。如何做好这类地区的独居老人的法律服务问题，对于我国如何应对老龄化的问题有着十分重要的意义。

归纳起来，城乡结合部地区普遍存在以下与法律有关的问题：

1. 户籍管理问题。鉴于城乡结合部与老城区在就业和子女教育方面的巨大反差，城里动迁户凡是牵涉到就业和子女教育的，多数保持人户分离；而农村动迁户则鉴于经济利益的考虑，也不愿意农转非，增加了户籍管理的难度。"都市村庄"大量土地被征用，农民失去赖以生存的生产资料，在经济利益的驱动下，利用其自有多余的住房和"见缝插针"式的乱搭建，以较低廉的房租对外租赁，使大量外来人口在此集聚，从而形成包括导入的城市居民、原住农民和外来人口在城乡结合部混杂居住、十分复杂的社会空间。这是这一地区社会治安、民间纠纷等问题十分突出的直接、主要社会因素。

2. 行政区划问题。城乡结合部由于土地批租、房地产开发而导致土地管理分割，城乡单位犬牙交错，"一地两府"及"一地多主"的现象比较普遍。"一地两府"指一片土地内由一个城市政府和一个乡村政府兼管，"一地多主"是指一片土地上有多个主人，由此而产生管理上的一系列矛盾。在工商行政、税务、卫生等方面存在着交叉管理或管理空白。收费、罚款等有经济利益的事情争着办，而对治安工作、环境卫生的综合管理、外来人口的管理等要承担责任和尽义务的事情则相互扯皮、推诿、拖延不决，带来较突出的法律矛盾。

3. 外来人口问题。城乡部由于其优越的区位、廉价的租屋，加上管理较薄弱，使大量外来人口在此集聚，虽然给这一过渡带的经济发展增添活力，但同时带来环卫、治安、计划生育等许多社会问题和法律问题。由于外来人口的集聚，引发了某些原始的、并对城市市容有严重影响的城市产业，如垃圾回收业，以及为外来人口的服务业在这里"见缝插针"地滋生与发展，再加上原有的乡镇和村办企业，各类性质不同的经济关系交织在一起，法律纠纷较多。

4. 农民土地维权问题。在城乡结合部，由于土地多数被预征完毕，使失去土地的农民在就业、居住和撤队、撤村后集体资产的分配等方面存在不少法律问题。位处城乡结合部的社区，土地制度仍属集体所有，农民拥有对土地的使用权，而乡镇以下的村委会又是自治组织，因而在都市村未能完全融入城市、纳入城市管理的情况下，村民和代表村民利益的村委会，出于自身的经济利益，极易侵害村民的经济利益，引起各类法律纠纷。

5. 物业管理问题。在城乡结合部，由于房地产的大规模开发而出现了众多的住宅小区，由于一些物业管理公司管理不到位或不规范，新迁居民与物业公司之间常常因物业管理发生法律纠纷。

6. 法制不健全，有法不依和执法不力也是城乡结合部的一个突出现象，同时，法律服务机构和人员偏少、法律援助不足也是突出现象。

上述法律问题的大量存在，使得城乡结合部成为特殊地区，成为建设现代文明城市的特殊地带，在老年服务方面应有特殊的机构采用特殊的手段实行管理和服务。

受传统观念的影响，城乡结合部地区独居老人一般不愿去敬老院或养老院，他们认为那些所谓的养老院是些没儿、没女的孤寡老人的安身之地。但随着居民生活水平的提高和居住观念的改变，核心家庭趋于普及，传统家庭逐渐减少，下一代与老一代分居现象不断增加，使老人独居现象越来越普遍，因而面临许多特殊法律问题，例如：

1. 家庭照顾不够。随着经济社会的发展，独居老人增多是必然趋势。独居老人或无子女，或子女不在身边，日常生活无人照料，无疑给老人的生活带来许多法律隐患。

2. 平均经济状况处于偏低水平。老年人的主要收入来源是退休金和子女赡养费，独居老人或无子女，或子女不在身边，经济条件比较差。若子女不愿赡养或无力赡养，需要给予法律帮助得以解决。

3. 养老、医疗保险服务需求较大。城乡结合部独居老人养老保险情况较为复杂，法律咨询和服务需求较大。另外，老人一般都患有慢性病或重大疾病，独居老人无人照料，医疗保险服务需求更大。

4. 部分独居老人有婚恋需求。随着社会经济的发展和生活水平的提高，老年人健康水平提高，越来越多的独居老人不再满足"平平淡淡"的安享晚年，有的独居老人有婚恋需求，希望找一位伴侣互相搀扶着共度余生，但面对子女反对或财产问题却不知所措，需要专业法律人员的帮助。

此外还可能涉及到的法律需求有：离婚财产的分割问题；再婚以后非婚生子女与婚生子女的财产继承问题；子女的赡养问题；老人财产的继承问题；受到虐待如何处理；农业户口老人的征地补偿问题；非农业户口老人的拆迁补偿问题；最低生活保障问题；残疾社会保障问题；医疗保险问题；养老金是否到位问题；法律援助问题等等。

上述法律问题的存在，使得城乡结合部独居老人特别需要社区提供一些特殊的法律咨询与服务，我们的项目正好能够满足他们这方面的需求，因此非常有意义。

（二）项目实施的价值

1. 现实意义

随着老龄化社会的到来，老年人的生活成为当代人越来越关注的话题，关于老年服务的问题也逐渐突显。城乡结合部的老人因其特殊的生存环境而迫切需要社会的广泛关注，怎样保障他们的各种合法权益成为需要深入考虑的问题。由于之前的农民身份，使大多数城乡结合部人口步入老年后难以靠自己支撑生活，虽然他们愿意选择和自己的儿女一起生活，但现在青年人选择外出打工的居多，这样，留在家中的老人便成了一个需要关照的特殊群体。有些独居老人虽然有儿女每月寄回的生活费，但在精神方面却异常的孤独。我们项目实施的意义，就是在充分了解这样一群老年人的生活状态下，为他们提供一种集咨询、维权、服务于一身的法律服务，满足空巢，特别是独居老人的需求，使他们情感得到表达、心灵得到抚慰、权益得到保护。

项目提供的法律服务主要包括以下几个方面：

（1）举办法律知识宣传活动。充分利用各方面的资源，进行法律知识宣传和普法，满足独居老人的不同需求，根据独居老人的需求和经济承受能力，采取无偿、低偿、有偿的服务。

（2）提倡家庭成员照顾。家庭亲情对老年人是最好的精神安慰，对老年人的健康有极大帮助。家庭成员有互相扶养照顾的法定义务，子女有无条件赡养、照顾父母的法定义务。采取多种形式协调家庭关系，从家庭内部解决问题，提倡家庭成员居家照顾独居老人，强化家庭养老功能，提高老年人的生活满意度。

（3）上门提供法律服务。社区工作者、专业法律工作人员或志愿者为老人提供上门法律服务，定期入户走访，及时了解独居老人的生活情况、经济情况，帮助有困难的独居老人。

（4）设立社区老年人法律服务中心。有条件的社区可以在社区老年人活动中心里专为老年人设立法律服务中心，聘请专业法律工作人员或志愿者，专门为老年人提供普法教育、法律援助、法律咨询等等，对老年人提供无偿法律服务，包括借贷、租赁、婚姻家庭、继承、养老、医疗保险等方面的法律咨询与服务。

通过项目中的法律服务内容，我们相信，城乡结合部独居老人们可以真正地实现充实的晚年价值，有效地提升他们生活质量。

2. 理论意义

（1）中国老龄化是在"先老后富"的状态下到来的，目前我国在老龄化服务做的比较好的地区都属于经济比较发达地区。而发达城市周边的城乡结合部地区普遍存在"只老未富"现象，老龄服务更显薄弱。研究好这样一个地区的独居老人服务问题，对于如何应对我国大部分地区的老龄化问题有借鉴意义。

（2）由于人口结构、社会经济变迁等因素，独居老人（老人群体中的一个特殊群体）的数量正在上升，他们的社会照顾需要日益凸显，越发成为受关注的群体，这一群体自身面临着与普通老人不同的需求与困境。对独居老人的需求给以法律方面的帮助，可以更好地帮助其顺利实现人生的完满，也可以更好地显示社会的关怀，使社会中的每一个个体能够更好的放下未来养老的包袱，使得社会的安定更好地得以实现。

（3）目前对于独居老人的帮助，主要来自于社区的一般生活服务，在服务体系不健全的情况下，缺少相应的专门性法律服务和支持。如果能够在这些方面有一些国家法律法规以及政府政策的统一支持，会使得这些服务更为完善和有保障。

（4）目前我国关于老年人权益保护的立法虽然有一些，但是，涉及到独居老人的法律法规十分短缺，特别是一些地区性的立法，对于目前散居在城乡结合部的老人无法适用。研究这一方面的立法，可以使我们对如何更好地依法处理老龄化问题，有更深层次的思考。

（5）我国关于公民的婚姻、财产、保险等方面的立法虽然比较具体，但是，由于我国国情的特点以及老年人自身的特点，这些问题的特殊性并没有在法律中给以很明确的规定。因此，研究涉及独居老人权益的法律保护问题，可以很好地填补我国这一方面的法律欠缺。

当前，在一些先富后老的国家中，关于老年人的立法从社会经济收入、福利和保健等多方面都给以了规定。由于北京地区经济的高速发展，我们的基层法律服务项目走进城乡结合部地区，关注这个地区的独居老人的各种需求尤其是涉法需求，研究北京周边城乡结合部地区如何进行独居老人的法律援助，对于化解社会矛盾、促进北京地区"首善"之都的社会建设目标的实现，践行"爱国、创新、包容、厚德"的北京精神具有深刻的意义。

二、项目实施目标

（一）项目总目标

通过对北京城乡结合部地区独居老人生活状况及涉法需求的调查与研

究，制定服务方案并开展有针对性的法律服务，探索我国大中型城市特殊老人群体基层法律服务的途径，为专门性基层法律服务人才的培养提供决策依据。

（二）项目具体目标

1. 完成北京城乡结合部地区试点社区（街道）独居老人涉法需求调研；

2. 制定北京城乡结合部地区试点社区（街道）独居老人法律服务总体方案；

3. 确定3个以上个案法律服务对象，开展3次以上小组分享式的法律服务活动，组织2次规模较大的社区（街道）法律宣讲或咨询活动；

4. 印制和发放200本涉老法律服务（法律驿站系列）宣传资料；

5. 试点建立"涉老公益法律服务中心"一个，负责涉老法律服务基层活动的安排和日常事务工作，形成法律服务基层的长效机制。

三、项目实施详细工作内容

（一）项目概况

本项目是北京市预防跨国犯罪研究会申请的2011年度使用北京市社会建设专项资金购买社会组织服务的"法律服务基层"项目的子项目之一。

项目名称：北京市城乡结合部地区独居老人法律服务

项目周期为半年。

第一阶段：2011年11月底，项目初创。在北京市法学会、北京市跨国犯罪研究会和北京政法职业学院的大力支持下，在相关街道办事处和社区领导的配合下，我们首先拟组建一个北京城郊结合部地区独居老人法律服务中心，然后分别在朝阳、丰台、大兴各区选择三个不同社区或街道办事处进行独居老人法律需求调研，并制定服务方案，探索本土化的专业服务方法。

第二阶段：2011年12月—2012年4月，项目逐步展开。在各试点社区或街道充分调研的基础上确定个案工作对象、小组工作群体和锁定开展社区工作方法的目标社区，填好服务协议书，针对不同的对象制定符合服务对象需求的法律法服务方案，按照社会工作实务的通用过程模式的流程逐步开展深入细致的专项法律服务工作。重点是组建工作小组和时间安排。做出详尽的工作计划，抓紧落实，并编辑工作简报。

第三阶段：2012年2月底项目实施中期检查。在中期检查前每个月做好项目财务预算表，整理好各项案例档案资料，包括文字、音频、视频、媒体宣传、案例策划、实施等各类资料，完整反映出各项目流程在执行工作中的规范产能程度和工作轨迹，填好中期验收节点报告。

第四阶段：2012年5月底，总结评估。扎实推进项目工作进程，严格按照服务计划进行规范服务，做好结项的各项准备，尤其是形成具有一定推广价值和社会价值的总报告。各服务单位和工作小组对工作情况全面总结评估，写出书面材料。通过专家座谈、专项研究等形式总结经验模式，向其他区推广。

（二）项目内容：做好三个试点，建成一个独居老人法律服务基地，创立一个独居老人法律服务中心，法律服务覆盖百人以上，可概括为"3111"。

1. 三个试点：朝阳区惠河西里社区；大兴区长丰园社区；丰台新村街道办事处。

2. 一个独居老人法律服务基地：在三个试点社区或街道中筛选出一个提升为北京政法职业学院独居老人法律服务基地。

3. 创立一个独居老人法律服务中心：通过本项目建立一个具有长效服务功能的北京政法职业学院社区独居老人法律服务中心。

4. 法律服务覆盖百人以上：通过半年的严密策划和辛勤付出，达到在北京城郊结合部地区为独居老人提供100人次以上的专项法律服务，为今后在北京市更大的范围内开展这项专门性的工作积累经验。

（三）服务内容

1. 服务形式

由本项目组组建的"北京政法职业学院社区独居老人法律服务中心"会根据试点单位的实际需求，组成专门的独居老人法律服务实施工作小组若干，在目标单位开展有计划的服务工作。

2. 主要任务

（1）深入调查排查。采取专家社区行、小组座谈及专项访谈等方法，深入调查了解，进一步分析独居老人的法律需求，筛选服务对象，制定专项服务计划。

（2）发挥专业优势，解决独居老人的具体法律问题，为法律服务专家辅导社会工作个案、小组和社区工作积累方法技巧，使法律服务更符合社会工作的特点和更具专业特色。

（3）抓准问题核心。就服务对象的个人问题、家庭问题和社区层面的问题，从社会学、社会心理学、人类行为与社会环境、家庭社会学、家庭社会工作、精神健康社会工作等角度，全面认识、系统归因，抓准引起这些问题的原因，对症下药。

（4）广泛宣传教育。通过座谈会、新闻发布会、印发涉老法律相关资料等多种形式，大力宣传党中央、国务院、北京市对老龄工作的重视，尤其是对独居老人的关怀。发挥专业社会工作者和法律工作者的力量，解决社会矛盾和社会问题，消除不稳定因素。

（四）工作要求

1. 加强组织领导。项目组要把这次活动作为落实科学发展观和北京市"十二五"规划、建设和谐社会的重要举措，借助政府资金和社会技术力量，全面加快社会管理创新的步伐。

2. 严肃工作纪律。各项目小组，严肃纪律，遵守社会工作专业守则。

3. 工作小组在完成每个阶段服务后，认真填好《个案工作档案册》《小组工作档案册》《社区工作档案册》。

四、项目实施条件、途径和具体办法

（一）项目实施条件

1. 现有可利用的硬件条件：

（1）在朝阳区管庄地区所辖的九个社区与北京政法职业学院社区管理与服务专业有着 5 年左右的实际合作关系，尤其是惠河西里社区在 2011 年与学院共建了惠邻社会工作室和公益法律服务中心。其中惠邻工作室在前期已成功申请了朝阳区的社工人才培养和北京市社区人文关怀的购买项目，积累了做政府购买项目的经验，而公益法律服务中心已经成功地在社区开办了"社区法律服务大讲堂"活动，积累了进行公益法律服务的案例与经验。

（2）项目负责人及其部分团队成员已经成功在丰台区注册了中鼎社会工

作事务所，并与丰台区社会建设办公室建立了良好的互动关系，为项目在丰台区的试点搭建好了平台。

（3）在大兴区试点社区是即将和北京政法职业学院社会法律工作系社会工作专业和社区管理与服务专业签实践教学基地协议的合作单位，况且与学院文化园校区毗邻，专业团队开展服务占有地利与人和的优势。

2. 现有实施的软件条件：

（1）强大的法律工作者阵营。在项目团队核心成员中有 3 名法学博士和 6 名法学硕士，而且专业互补并且都有理论研究和实务工作的经验，专业结构与城乡结合部地区独居老人的法律需求大体匹配，这里有诉讼法、民法、刑法以及从事社区管理法规与服务的专门法律人才。结构合理的人才队伍能够为独居老人提供更加专业的法律服务。

（2）懂得和擅长社会工作的庞大的专家团队。在项目团队核心成员中有 12 名社会工作专业人员，有教授、副教授、3 名博士，4 名中级社工师。这类核心成员可以提供专业的服务方法和技巧，另外还可以招募专业志愿者等，两支团队可以形成优势互补，体现服务的专业性。

（3）专门的项目管理人员。在项目团队核心成员中，我们有专职懂财务、档案管理、公关策划及秘书人员等。这部分成员确保项目策划、宣传和监管项目资金合理使用等，以便经济效益和社会效益最大化。

（二）项目实施途径

1. 组建项目团队

2. 确定服务方案

3. 确定试点社区

4. 招募志愿者

5. 开展专项法律服务

（三）项目实施具体办法

1. 社区工作法

2. 小组工作法

3. 个案工作法

4. 社会工作行政

五、项目实施预期效果

预计本项目完成后,将对北京市基层法律服务进社区的服务模式进行有益的探索,尤其是针对复杂地区的涉老服务方式与路径选择,特别是在运用社会工作方法开展专业化、人性化的法律服务层面上会总结出一些实质性的经验,使得专业法律人士在处理一些社会问题上会更加符合专业社会工作的要求,使得社会管理更加专业化、科学化。比如:运用社会工作方法整合社区资源,尝试在社区层面解决社会问题;通过组织开展各项活动,培养居民的法律意识,尤其是独居老人运用法律武器的自我保护意识普遍增强,引导居民实现自我管理、自我约束、自我服务,并对北京市"十二五"期间社会建设与管理目标的实施产生切实的推动作用。

六、项目实施进度安排(含实施内容、实施时间、实施地点等)

阶段	时间	内容	地点
第一阶段	2011年11月底	成立涉老法律服务机构、确定具体服务方案和试点社区	北京政法职业学院+各试点社区
第二阶段	2011年12月—2012年4月底	开始开展基层法律服务	各试点社区:朝阳惠河西里社区、大兴长丰园社区、丰台新村街道办事处
第三阶段	2012年2月底	项目实施中期检查	各试点社区(街道)
第四阶段	2012年5月底	项目实施总结	北京跨国犯罪研究会

七、组织架构及项目团队核心成员

(一)组织架构

项目执行团队分为七个部分,人员构成由理论工作者、研究者和社工实务人员组成。

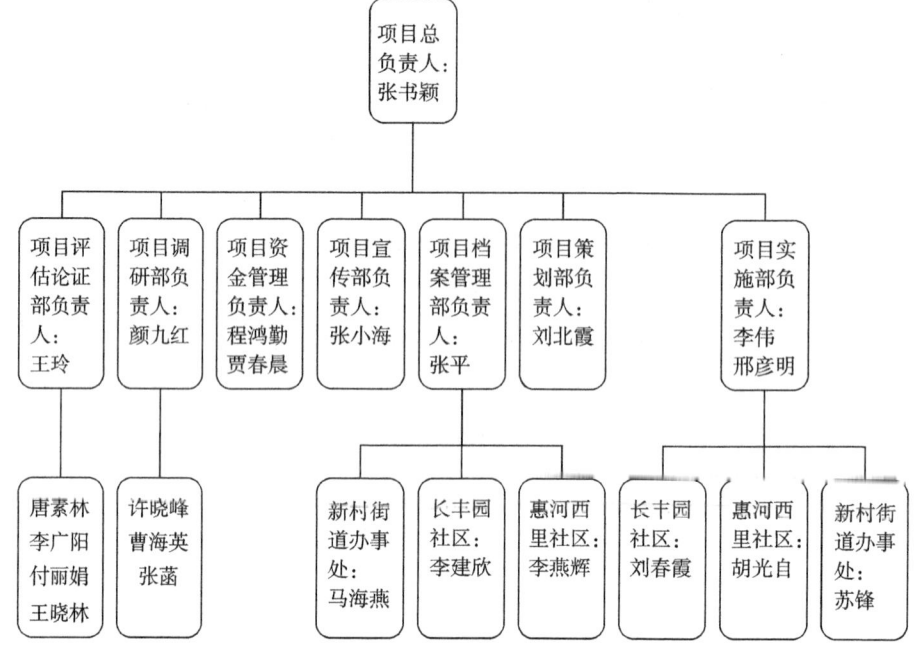

（二）项目团队核心成员简介（略）

三、调研问卷

北京城乡结合部地区独居老人法律需求调查问卷

温馨提示

1. 此问卷只作为课题研究资料使用，保证不会泄露您的个人隐私
2. 请在每一个问题后适合自己情况的答案号码上划勾或者写上您的答案
3. 无特殊说明每一道选择题只能选择一个答案
4. 开放性问题根据自己了解的情况如实回答
5. 问卷要求调查对象本人认真填写

非常感谢您的支持与合作！

第一部分：独居老人基本情况

1. 您的姓名：

2. 您的性别：男（ ）　女（ ）

3. 您的年龄：

　A. 50~59　　　B. 60~69　　　C. 70~79　　　D. 80~90

　E. 90 以上

4. 民族：_____。

5. 政治面貌：

　A. 中共党员　　B. 共青团员　　C. 民主党派成员

　D. 无党派人士　E. 群众

6. 最高学历：

　A. 初中及以下　B. 高中　　　　C. 大专

　D. 大学本科　　E. 硕士以上

7. 您所在的社区：_____。

8. 您独自居住的时间：

　A. 1 年以下　　B. 1~5 年　　　C. 5~10 年　　　D. 10 年以上

9. 您独自居住的原因：

　A. 未婚　　　　B. 分居　　　　C. 离异　　　　D. 丧偶

10. 您有无子女？（如选 A，请回答第 11~12 题，如选 B 请直接回答 13 题）

　A. 有　　　　　B. 无

11. 您的子女情况（要求写明子女性别、数量、年龄、婚否、是否参加工作、居住地点）：

_____。

12. 您没有和子女住在一起的原因：

　A. 子女在外地工作　　　　　B. 子女虽居住在本市但上班较远

　C. 不想麻烦子女　　　　　　D. 自己有独立住房

　E. 子女居住空间小且无力照料　F. 其他

13. 您有无固定收入（如选 A，请回答第 14~16 题，如选 B 请直接回答

17 题）：

  A. 有   B. 无

14. 您的收入来源（可多选）：

  A. 退休工资   B. 社会保障收入

  C. 租赁收入   D. 股票或基金收入

  E. 其他

15. 您的月收入：

  A. 1000 元以下   B. 1001～2000 元

  C. 2001～3000   D. 3001～4000

  E. 4000 元以上

16. 您的收入能否满足日常生活需要：

  A. 完全满足   B. 基本满足

  C. 不满足   D. 很不满意

17. 您的身体情况：

  A. 生活完全自理   B. 生活基本自理

  C. 生活部分不能自理   D. 生活完全不能自理

18. 您对现在生活状态的满意度：

  A. 很满意   B. 较满意   C. 一般

  D. 较不满意   E. 很不满意

第二部分：独居老人法律需求情况

一、经济保障需求

1. 您是否拥有现有住房的产权？（如选 B 请回答 2 题，如选 A 请直接回答 3 题）

  A. 是   B. 否

2. 您是否需要在产权确认方面寻求法律帮助？

  A. 是   B. 否

3. 您是否需要财产继承分割方面的法律帮助？

  A. 是   B. 否

4. 您是否需要遗赠抚养方面的法律帮助？

A. 是　　　　B. 否

5. 您是否需要子女赡养方面的法律帮助？

A. 是　　　　B. 否

6. 您是否有征地、拆迁等方面法律服务的需要？

A. 是　　　　B. 否

二、健康保障需求

1. 是否需要基本医疗保险方面的法律服务？

A. 是　　　　B. 否

2. 是否需要商业医疗保险方面的法律服务？

A. 是　　　　B. 否

3. 是否需要大病保险方面的需要？

A. 是　　　　B. 否

4. 有子女的老人是否需要子女在给付医药费方面的法律服务？

A. 是　　　　B. 否

5. 分居或离异的老人是否有要求配偶给付医药费方面的法律服务？

A. 是　　　　B. 否

三、服务保障需求

1. 是否需要专业机构或社区为其提供法律咨询服务？

A. 是　　　　B. 否

2. 是否需要在专业人士帮忙进行相关法律文书代理服务？

A. 是　　　　B. 否

3. 是否需要社区定期开展"法律大讲堂"等形式的法律宣讲与普及活动？
（如选择 A 请回答问题 4）

A. 是　　　　B. 否

4. 请把您需要了解的法律名称或相关内容写下来：_____。

四、环境保障需求

1. 对社区或居住小区的周边环境是否满意？（如选择 B 请回答问题 2）

A. 是　　　　B. 否

2. 您认为给您造成生活不便环境的环境因素有（可多选）：

A. 小区缺少老年服务设施（如轮椅通道等）

B. 缺少专门的老年人服务机构

C. 周边环境没有安全感

D. 噪音过大影响休息

E. 其他

3. 您是否需要在邻里纠纷方面提供法律帮助？

A. 是　　　　　B. 否

五、情感保障需求

1. 与子女之间感情如何？（如选择后三项请回答问题2）

A. 好　　　　B. 比较好　　　　C. 一般

D. 不太好　　E. 很不好

2. 是否需要专业人士介入协调赡养或子女探视问题？

A. 是　　　　　B. 否

3. 是否有再婚的需求？（如选择 A 请回答问题4，选择 B 请直接回答问题5）

A. 是　　　　　B. 否

4. 是否就再婚问题进行法律咨询？

A. 是　　　　　B. 否

5. 你觉得孤独吗？

A. 是　　　　　B. 否

六、生活保障需求

1. 是否每天需要社区工作者定时到家里探访？

A. 是　　　　　B. 否

2. 日常家居生活是否需要保姆照料？

A. 是　　　　　B. 否

3. 外出活动是否需要专人陪同照顾？

A. 是　　　　　B. 否

4. 日常生活方面是否需要法律方面的服务和帮助？

A. 是　　　　　B. 否

七、其他需求

1. 您是否了解政府关于老年人服务与关怀的一些法律和政策？请把您知道的说出来？

_____

_____。

2. 您对国家提供的养老福利和政策是否满意？您还需要增加或改善哪些方面的服务？

_____

_____。

四、调研分析报告

北京城乡结合部地区独居老人法律服务需求调研分析报告

一、调研问卷设计说明

（一）问卷设计的依据

据权威统计，北京市老年人口已占全市总人口数的15%，且全市人口的老龄化趋势越来越明显。据有关部门预测，到2020年，北京市老年人口将达到350万人，至2050年将拉升到650万人。由于经济发展，城乡结合部的范围不断扩大，城乡结合部老年人口的数量急剧增加，城乡结合部独居老人的数量也不断增大。城乡结合部独居老人是常常被人们忽视的群体，由于各种各样的原因，许多城乡结合部独居老人的生活非常艰难，如何满足这些独居老人的法律需求，维护他们的合法权益，让他们安度幸福晚年是一个亟待解决的问题。

在北京"十二五"规划中，提出要积极稳妥地推进城镇化，并要建立健全基本公共服务体系。在这些工作中，必然要涉及到如何解决老龄化的社会问题。作为一个现代化的城市，在解决对老年人的关爱的问题上，北京做出了十分重要的表率作用。但是，在今天中国老龄化快速到来的背景下，北京本身在老龄化的服务中也有一些无法避免的夹角。这些夹角中的问题突出表现在对城乡结合部地区独居老人关爱的问题上。在北京，城乡结合部地区目前所散居的独居老人成分比较复杂，各种各样的独居情况都有。如何对这里的老人进行法律援助，是构建和谐社会的一个重要问题。目前我国关于老年人权益保护的立法虽然有一些，但具体涉及到独居老人的法律法规却处于缺位状态，特别是一些地区性的立法，对于散居在城乡结合部地区的独居老人无法适用。我们力图通过问卷的形式进行调查研究，找出这部分老人目前所面临的主要法律问题，并进行梳理。

（二）调研问卷结构分析

问卷有两部分组成，第一部分是独居老人的基本情况，此部分由17个题目构成，内容包括：老人的基本信息、文化素养、居住情况、生活状态等。设计此部分的目的在于掌握老人的基本情况，为后续有针对性的服务奠定基础。

问卷第二部分是独居老人的法律需求情况，分为七大类需求：经济保障需求、健康保障需求、服务保障需求、环境保障需求、生活保障需求和其他保障需求等。这部分是问卷的重点与核心，这7方面的内容涉及到了北京老人，尤其是独居老人涉法需求的总体情况，此部分共有29个问题，涉及到了产权确认、财产继承、遗嘱抚养、子女赡养、医疗保险、商业保险、大病保险、子女给付药费、配偶给付药费、专业机构服务、专业人士服务、法律服务等形式、社区环境、再婚需求、社区照顾、养老政策等等，涉及到诸多法律法律。设计此部分的目的，在于此较全面地了解城乡结合部地区老人可能涉及到的法律需求，力图通过问卷调查，了解老人的实际需求，以便更好地提供个性化或群体化的法律服务。

二、社区独居老人法律需求调研汇总

2011年12月中旬前完成了试点社区问卷发放工作，共收到问卷213份。2011年12月中旬至2012年1月中旬完成问卷调查信息统计分析及汇总工作，具体情况如下：

（一）独居老人基本情况信息统计

在调查中发现，女性比例比较高，与男性的比例大致为1.4∶1；年龄主要集中在60～69岁之间，大约占到40%左右；初中以下学历占60%以上，高学历者较少，不足5%；以汉民族居多，可达94%；政治面貌以群众居多，约占60%，其次为中共党员，约占34%；独自居住的时间5～10年居多，超过40%；独居原因以丧偶居多，约占50%，其次为离异，约占32%；在有无子女选项中，被调查老人多数都是有子女而不在一起居住，约占75%，没有与子女住在一起的原因主要是子女在外地或较远的地区工作，占75%，另外因自己有独立住房的也占有一定比例；被调查的独居老人大多有固定收入，约占52%，收入来源多数来源于退休工资和社会保障性收入，两者所占比例达93%；近一半人的月收入在1000元以下；被访老人普遍认为收入能够满足基本生活需求；身体状况基本能够自理，老人对现有生活状况比较满意。

（二）独居老人法律需求情况信息统计

1. 经济保障需求

通过200多份的调查，我们发现，在现有的经济和保障方面，老人的法律服务需求不高，约占12%。独居老人拥有住房产权的占多数，但在产权确认方面有一定的法律服务需求；在遗产继承方面，有法律需求的比较少；在遗赠抚养方面，有部分老人有法律需求。

2. 健康保障需求

通过调查，我们看到老人在医疗保险、大病医保、商业保险等方面的意识还比较薄弱，对现行政策了解不多，很多人不知道用法律保护自己。

3. 服务保障需求

通过调查得知，约52%的老人希望有专业机构或社区为其提供法律咨询服务，40%的老人有需要专业人士进行法律文书代理服务，72%的老人希望在社区开展法律大讲堂和公益法律咨询等宣传活动。老人普遍对法律知识了解较少，对一些常见的法律法规说不准或说不出。

4. 环境保障需求

通过调查得知，被访者90%对小区周边环境不满意，认为小区缺少老年服务设施（如轮椅通道和电梯按钮等），社区缺少专门的老年人社区服务机构，周边环境没有安全感，噪音过大影响休息，邻里关系淡漠等。

5. 情感保障需求

通过调查，我们看到被调查老人对这类问题大多采取回避态度，不愿公开承认自己有孤独感或者有再婚需求,也不愿在他人面前暴露与子女的真实情感关系。

6. 生活保障需求

调查发现,老人的生活保障方面的需求度不高。

7. 其他需求

由于文化普遍偏低,老人们在这个方面的需求体现不高。

三、独居老人存在的问题

(一)法律服务与援助缺乏

独居老人自身年事已高,长期独自居住,无人照料,对外界的依赖程度逐渐加深,加之缺少沟通交流的对象,对外界事务的了解程度不够,往往成为易受侵害的群体。因为对自身健康维护的需求迫切,独居老人往往容易受到各种不良保健品推销商的诱导,将自己辛苦积攒的钱财用于购买所谓的"保健品",事后才知上当受骗,悔不当初,又不知如何维权,只能默默承受;因为独自居住,柴米油盐、健康维护等等都需要钱,所以独居老人对经济保障方面尤为敏感、依赖、重视,但当遇到养老金不能按时足额发放等情况时焦急万分,却不知向谁求助;因为独居,孤独寂寞在所难免,寻求伴侣,重新组建家庭也成为一项基本需求,然而当前老年婚介市场,婚托、欺骗独居老人的现象时有发生,独居老人往往是物质与情感双重受挫,但却不知如何诉诸法律,弥补损失;当前殡葬行业管理混乱,独居老人在墓地购置,甚至是财产处置方面上当受骗者大有人在,如何维权,如何申请援助,独居老人在这些方面往往是一片空白。由此可见,法律服务与援助对于独居老人群体尤为重要。而当前针对独居老人,尤其是城乡结合部地区的独居老人的法律服务尚处于真空状态,亟待完善。

(二)心理问题急需疏导

从中年步入老年,从工作到退休,本身就存在着角色与社会地位的转换,老年人首先要适应步入老年的生活,试着接受现有的社会角色与生活环境,在内心实现转换。独居老人长期独自生活,子女不在身边,加之配偶逝去,难免孤独寂寞,长期缺乏与他人的沟通交流,对其身心健康都有不良影响。因此,独居老人中普遍存在不同程度的心理问题,抑郁症、焦虑症患者也相对较多,而抑郁是老年人自杀最重大的风险因素，应引起足够的重视。物质需求的满足是解决心理问题的基础，当前，只有在为独居老人提供完善的法律服务与援助的基础上，使独居老人的物质生活得以改善，才能有效解决独居老人的心理问题奠定基础。同时，对独居老人心理问题的重视与着力解决也离不开国家政策和法律的完善。

四、独居老人需求培育

（一）健康维护

老年期是疾病多发期，健康维护是老年人最为关注和渴望满足的需求。老年人需要建立健康的生活方式，获得适宜的生活照顾，并得到康复服务。

（二）经济保障

在传统社会中，老年人依靠子女提供经济供养，在"反哺式"供养的社会习俗中，老年人基本没有后顾之忧。但现代社会中，在延期支付的养老保险制度安排下，老年人关心的是：有没有资格领取养老金？能不能按时足额领到养老金？领到的养老金够不够维持基本生活所需？老年人需要通过领取退休金、养老保险得到家庭赡养，从而获得经济方面的保障。

（三）休闲娱乐与社会参与

老年人过去忙于工作无暇休闲，退休之后，需要提供机会发展自己的兴趣爱好。同时，老年人有自己的意愿需要表达，利益需要维护，因此，需要多方面地参与社会生活，积极主动地参与，而非被动参与活动。

（四）婚姻家庭

幸福美满的家庭生活是所有人追求的目标，老年人也有维持和向往美好婚姻家庭的权利。伴侣和家庭支持系统对于老年人尤其具有重大意义。

（五）居家安全

家居条件的改善、居住环境的安全，都是老年人所关注的，居家安全直接影响着老年人的生活质量。

（六）后事安排

老年是人生的最后一个阶段，因此，许多老年人十分关心自己的身后事宜，包括子女的生活、财产的处置、墓地的购置、后事的操办等。

上述六类需求是老年人的基本需求，同样也是独居老人的基本需求。与一般老年人相比，独居老人对上述需求的渴求程度更为强烈。因为没有子女在身边、老伴的离世，独居老人的健康更值得关注，同时独居老人更需要养老金的按时足额发放，以保证自己的日常生活得以延续。只有丰富多彩的社区活动与社会活动，才能在一定程度上弥补独居老人的寂寞，而觅得新的伴侣可能会给独居老人的生活带来新的希望，获得更多心理上的慰藉，这是子女和任何其他人无法给予的。独自居住，无人照料，居家安全也是独居老人的基本需求，后事安排也是独居老人时常考虑到的问题。

五、针对独居老人法律服务需求进行服务内容安排

有关资料显示，目前，我国老龄人口正以每年3.28%的速度增长，约为总人口增长率的5倍。专家预计，到2030年我国老龄人口将近3亿，而空巢老人家庭比例或将达到90%，这意味着届时将有超过两亿的空巢老人，部分空巢老人也将面临着配偶去世的现实，最终成为独居老人，因此独居老人已经成为不可忽略的社会现象。

城乡结合部地区独居老人法律服务项目，旨在改善城乡结合部地区这一特定区域范围内独居老人的生活状况，提高其生活质量，实现独居老人"老有所养，老有所乐"。

城乡结合部地区独居老人法律服务项目通过政府购买这一新型的方式运作，既能切实了解独居老人的需求、有针对性地满足独居老人的特殊需要，又是政府创新社会管理方式的具体体现。

城乡结合部地区独居老人法律服务项目通过专业的社会工作方法，了解城乡结合部这一特定区域范围内的独居老人在法律服务以及心理问题的疏导方面的需要，凝聚社会工作与法律领域的专家团队，运用专业的服务方法与手段，解决独居老人的现实问题，同时能够有效填补国内在城乡结合部地区独居老人的专项法律服务与心理疏导方面的空白，具有重大而深远的意义。

根据上述调研结果分析，项目组有针对性地设计了服务的方式和具体内容。服务方式上以集体服务为主，与个案辅导相结合。在反映问题比较多的环境和服务保障需求方面，我们主要进行的是经常化的法律法规宣讲和咨询服务。对有专项需求的老人，我们按照专业社工的服务理念，采用了个案服务模式，分别与老人签订服务协议，同时针对法律意识偏低的问题，我们设计了服务小册子和宣传单，深入社区发放宣传。

五、活动材料汇编（目录）

北京政法职业学院
涉老法律服务中心活动资料汇编

一、文件资料
1. 独居老人法律服务节点报告（已展示）
2. 北京政法职业学院涉老法律服务中心章程（略）
3. 涉老法律服务中心组织机构（略）
4. 独居老人法律服务协议书（见附件）

附件：

独居老人法律服务协议书

服务对象姓名		性　　别		联系方式	
服务对象重要关系人姓名、关系		性　　别		联系方式	
社工姓名		接案日期		联系方式	
案主需求描述					
服务时间			结案时间		
认定服务对象的问题					

续表

工作目标	参与者各自的角色
介入策略	对任务的共识
社工机构意见	

负责人（签名）：_____

填表日期：___年___月___日

5. 涉老法律服务中心铭牌（略）

二、宣传咨询（图片略）

1. 讲座

（1）独居老人法律服务讲座

（2）法律服务与健康管理讲座

（3）公益法律知识讲座

2. 咨询

（1）独居老人法律咨询服务

（2）惠邻工作室法律咨询服务

3. 宣传

（1）发放法律知识问答登记表

（2）发放知识问答手册（内容目录后面展示）

（3）社区普法宣传

（4）社区医疗保险宣传

（5）关爱老年人服务宣传

三、调查统计

1. 城乡结合部地区独居老人法律需求调查问卷（已展示）

2. 城乡结合部地区独居老人法律需求调查问卷统计

四、研讨学习（略）

1. 参加社区调研活动

2. 中心成员商讨工作

3. 参加评审培训

五、活动统计

1. 发放礼品登记表

政府购买服务项目礼品登记表

物品名称： 地点：

序号	时间	领取者签名	序号	时间	领取者签名

制表人：张书颖　　　　　　　　　　经办人：

2. 法学会项目实施监控统计表

北京市法学系统2011年政府购买社会组织服务项目实施情况统计表

项目实施单位：北京法学会跨国犯罪研究会

填报人：张书颖　　　　　　　　　　　　　　　填报时间：2012年3月24日

项目名称	北京城乡结合部地区独居老人法律服务				
负责人	张书颖	联系电话	13810663950	承接单位	北京政法职业学院社会法律工作系
	2011年			2012年	
开展活动的日期	11.15—11.30	12.1—12.20	12.20—12.30	1.10—3.25	3.26—5.30
开展活动的地点	各试点社区	文华园校区	实训堂	惠河西里社区、明在苑社区、长丰园社区	文化园校区
开展活动的形式	联络、调研	1.网络办公 2.专家论证	1.团队成员带领志愿者深入社区发放问卷 2.专家带领志愿者对问卷统计分析	1.个案工作 2.小组工作 3.社区社会工作 4.社会工作行政	1.各试点社区 2.会议中心（待定） 1.各试点工作 2.个案工作 3.社区社会工作 4.社会工作行政
服务的主题及内容	1.确定试点社区 2.设计调研问卷	1.发放、回收问卷 2.对信息进行分析汇总 3.发现法律需求	1.编制法律服务知识手册 2.确定个案服务对象 3.法律大讲堂 4.法律咨询（小组性质） 5.法律专案社工服务技巧指导	1.继续提供个案服务 2.法律大讲堂 3.法律咨询 4.增加法律服务知识问答内容 5.对社区老人法律服务专项论证 6.增加适当保障房地区法律服务	

续表

参与服务的组织	社区管理与服务调研室、社会工作调研室、丰台中鼎社会工作事务所、朝阳管庄总部社工工作室	丰台中鼎社会工作事务所、社会工作工作室、丰台中鼎社会工作事务所、朝阳管庄惠邻社会工作室、北京政法职业学院涉老法律服务中心	丰台中鼎社会工作事务所、朝阳管庄惠邻社会工作室、北京政法职业学院涉老法律服务中心、试点社区居委会或社区服务站	丰台中鼎社会工作事务所、朝阳管庄惠邻社会工作室、北京政法职业学院涉老法律服务中心、试点社区居委会或社区服务站	丰台中鼎社会工作事务所、朝阳管庄惠邻社会工作室、北京政法职业学院涉老法律服务中心、试点社区居委会或社区服务站	丰台中鼎社会工作事务所、朝阳管庄惠邻社会工作室、北京政法职业学院涉老法律服务中心、试点社区服务站、朝阳区立法
参与服务的人数	30	5	82	6	7	4	6	20
举办活动的场次	6	1	55	8	5	6	4	6
参与服务的专家	4	5	8	3	4	3	4	10
参与服务的领导	2	2	0	0	0	0	0	2
发放资料情况	0	0	回收问卷 213 份	60	100	40	50	1. 增发专案地区问卷 2. 继续发放知识手册
发放其他物品情况	0	0	小礼品 250 份	礼品 112 人次	礼品 122 人次	礼品 120 人次	礼品 110 人次	礼品 200 人次
服务的小时数	320（30人210小时、立项人20小时设计问卷）	16（专案集体论证2次6小时、专利问题沟通10小时）	3280（82人×40小时）	20	20	12	8	70

续表

受益人群人数情况	24（抽样）	12（抽样）	310（调研对象 250＋志愿者60）	60	100	40	50	200
社会反响	得到试点社区领导的高度认同	老人们认为问卷涉及的问题比较全面	试点社区领导认为很好地提供了专项服务，老人们感受到了关怀，自己的维权意识也受到了启发	专家服务很受欢迎。要求延伸服务，为特殊老人提供服务，如专业督导等，并邀请社区加入体系和代理法律服务知识问答	通过出售服务，已把项目负责人聘请为社区督导，如专业督导等，并邀请社区加入体系和代理法律服务知识问答	社区领导和老人们对专家讲课都很满意，发放的《知识问答》很受欢迎	项目组要求扩大受益人的范围	项目组要求扩大发放和服务范围
媒体报道情况	0	0	0	三农通讯网 http://www.3hxc.com/thread-74=34-1-1.html（三环新城论坛）			北京市社会建设网站	北京政法网

六、项目支出备案

社会组织专项资金绩效考评资料清单
——北京城乡结合部地区独居老人法律服务项目

票据类别	明细	票据数量（张）	金额（元）
车马餐费	午餐费	18	略
	交通费	17	略
	停车过桥费	85	略
	打的费	58	略
	小计	178	略
制作费	印刷品（知识问答）	2	略
	铜牌制作	1	略
	复印费	1	略
	展板	1	略
	音像品	1	略
	易拉宝	2	略
	小计	8	略
图书礼品费	小计	28	略
问卷调查分析费	小计	1	略
合计		215	略

七、《北京城乡结合部地区独居老人法律服务知识问答》介绍

由北京市跨国犯罪研究会承担的《法律服务基层》政府资金资助项目已在 2011 年 11 月拉开帷幕，作为其中的子项目之一的"北京城乡结合部地区独居老人法律服务项目"也于去年同步启动。

项目组成员在通过对丰台区新村街道办事处的三环新城社区、明春苑社区，大兴区黄村街道办事处的长丰园社区、明春西园社区以及朝阳区管庄地区

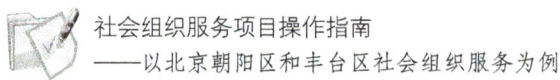
社会组织服务项目操作指南
——以北京朝阳区和丰台区社会组织服务为例

办事处的惠河西里社区独居老人法律需求充分调研的基础上，由项目负责人张书颖教授统编，项目组成员张书颖教授、王玲博士、张小海博士、颜九红教授、唐素林讲师等参与编写的《北京城乡结合部地区独居老人法律服务知识问答》小册子今天正式与大家见面了。

本《问答》中所收集的问题一部分是调研过程中独居老人们普遍关心的问题，还有项目组成员认为独居老人有必要知道和掌握的问题。当然也有一些老人所关心的问题没能在《问答》中反映出来，这里主要涉及的是一些政策敏感性问题不方便解答，也敬请老人们谅解！

《北京城乡结合部地区独居老人法律服务知识问答》小册子共收集了四大类一百六十一个问题，涉及到了社会保障、婚姻法、民法、物业管理法规及刑法和治安处罚条例等多种政策法规和条例。

我们希望本《问答》中提供的知识能对独居老人和其他老人有所帮助！

借此机会，我们也向参与前期调研和统计分析工作的所有社区工作者、老师和同学们表示感谢！

北京政法职业学院涉老法律服务中心
北京市丰台区中鼎社会工作事务所
北京朝阳区管庄惠邻社会工作室
二〇一二年三月八日

目　录

1. 北京市法律服务热线都有哪些？
2. 职工符合什么条件可以办理退休，享受基本养老保险待遇？
3. "九养政策"包括哪些方面？
4. 为什么不能把养老助残券用于购物或者直接发放现金呢？
5. 为什么发券而不是发卡？
6. 人户分离的情况如何申领养老助残券？
7. 已领养老助残券后，居住地迁移的情况如何办理？
8. 养老助残券是否能够全市通用？

9. 试点区已经享受服务券的人员按什么标准发放养老（助残）券？

10. 重度残疾人是以什么标准认定的？

11. 如何让老年人购买到需要的服务？

12. 目前老人心理问题主要包括哪几方面？

13. 我市开展老年精神关怀服务的情况怎么样？

14. 哪些老年人可以参加城镇居民基本医疗保险？

15. 社会保险和商业保险有什么联系和区别？

16. 北京市"一老"大病医疗保险制度主要有哪些特点？

17. 北京市制定"一老"大病医疗保险制度坚持了哪些原则？

18. "一老"大病医疗保险参保人员如何就医？

19. "一老"大病医疗保险参保人员的医药费如何结算？

20. "一老"大病医疗保险制度对困难群体有什么优惠政策？

21. 参加城镇老年人大病医疗保险的参保人，参保前所发生医疗费用应如何处理？

22. "退养人员"和"退离居委会老积极分子"在享受城镇人员大病医疗保险待遇后，还可享受原医疗待遇吗？

23. 城镇老年人大病医疗保险制度规定，什么病属于"特殊病种"？

24. 本市城镇老年人大病医疗保险参保范围包括哪几种人？

25. 哪些人员不纳入本市城镇老年人大病医疗保险参保范围？

26. 城镇老年人参保缴费标准是什么？

27. 城镇老年人参保缴费方式是什么？

28. 当年符合参保条件的城镇老年人应如何参保？

29. 城镇老年人参保后可以享受什么保障待遇？

30. 城镇老年人大病医疗保险参保人员发生哪几种符合本市基本医疗保险药品目录、诊疗项目目录、医疗服务设施范围的医疗费用，由城镇老年人大病医疗保险基金支付？

31. 有哪几种医疗费用城镇老年人大病医疗保险基金不予支付？

32. 城镇老年人大病医疗保险住院起付标准是如何规定的？

33. 城镇老年人大病医疗保险如何进行特殊病种门诊治疗？

34. 城镇老年人在外埠居住一年以上的，应如何办理就医和报销手续？

35. 城镇老年人住院治疗或进行特殊病种门诊治疗时，医疗费用如何结算？

36. 在什么情况下，城镇老年人参保后可以办理退费手续？

37. 连续缴纳次年城镇老年人大病医疗保险费的参保人员，发生跨年度的住院医疗费用后应如何进行结算？

38. 未连续缴纳次年城镇老年人大病医疗保险费的参保人员，发生跨年度的住院医疗费用后应如何进行结算？

39. 城镇老年人大病医疗保险参保后在什么时间内可变更定点医疗机构？

40. 对城镇老年人大病医疗保险的参保人员发生急症时，应如何就医？

41. 对城镇老年人大病医疗保险参保人员发生住院转院时，城镇老年人大病医疗保险制度是如何规定的？

42. 享受"低保"和"困难补助"待遇的老年人，在享受城镇老年人大病医疗保险待遇后，还能享受医疗救助吗？

43. 城镇老年人大病医疗保险是否建立个人帐户？

44. 享受"低保"和"困难补助"待遇的城镇老年人及参照本市特困人员医疗救助办法享受医疗待遇的退养人员和退离居委会老积极分子，到本人户籍所在地社保所办理参保手续时，除持本人户口簿外，还应当分别提交哪些证件？

45. 城镇老年人大病医疗保险制度对参保人员住院结算期是如何规定的？

46. 城镇老年人大病医疗保险制度对参保人员进行特殊病种门诊治疗的，结算期是如何规定的？

47. 城镇老年人大病医疗保险制度对参保人员患精神病住院治疗的，结算期是如何规定的？

48. 2007年12月31日前符合参保条件的城镇老年人，应怎样参保？

49. 老年人住院如何就医？

50. 老年人如何办理特殊病审批？

51. 老年人患有三种特殊病如何就医？

52. 老年人患有三种特殊病如何结算？

53. 特殊病审批期限？

54. 如何办理异地就医审批？

55. 住院前 7 日内的急诊留观及死亡前 7 日的急诊留观费用如何申报？

56. 何种情况下学生儿童和老年人需要全额现金垫付？

57. 全额现金垫付的住院费用如何申报？

58. 全额现金垫付的门诊特殊病费用如何申报？

59. 一个保险年度老年人申报医疗费用的截止日期？

60. 异地就医人员特殊病如何审批？

61. 参保人员的哪些信息发生变化可由本人或其亲属直接到居住地的社保所办理变更手续？

62. 参保人员登记的其他信息发生变化需什么时间办理？

63. 哪些人员可免交大病医疗保险费？

64. 哪些银行可办理代扣代缴大病医疗保险业务？

65. 在社保所参保的人员如何缴费？

66. 在社保所参加保险的人员发生哪些变化时需向社保所提出减员手续？办理时间和提供的材料是什么？

67. 采取委托银行代扣代缴的患门诊特殊病种的人员应在什么时间存入足够的资金？

68. 采取委托银行代扣代缴大病医疗保险的人员应在何时存入足够应缴纳的资金？

69. 发生哪些情况需要重新换发医疗手册中的《就诊信息表》？什么时间办理？

70. 什么时间可以变更定点医疗机构？

71. 在社保所管理的参保人员发生本市户口迁移如何办理变更手续？

72. 参保人员死亡后退费手续如何办理？按照什么方式予以退还？

73. 符合参保条件的人员在街道社保所办理医疗保险登记时应提供哪些材料？

74. 参保人员可直接到哪些医院就医？

75. 什么是遗产？

76. 如何区分个人遗产与共有财产？

77. 继承人如何取得继承权？

78. 哪些人是法定继承人？顺位是如何规定？

79. 继承人是否需要偿还被继承人生前所欠债务？

80. 保险金可否作为遗产被继承？

81. 什么是代位继承？什么是转继承？二者有什么区别？

82. 什么是继承权的接受和放弃？

83. 什么情况下继承人丧失继承权？

84. 什么是遗嘱继承？

85. 遗嘱的法定形式有哪些？

86. 遗嘱有效的条件有哪些？

87. 遗嘱人能撤销或变更自己所立的遗嘱吗？

88. 什么是遗赠扶养协议？

89. 老年人如何得到律师提供的法律帮助？

90. 关于赡养法律是如何规定的？

91. 法律如何保护老年人的受赡养扶助权？

92. 老年人再婚子女能否免除其赡养义务？

93. 被遗弃老人如何寻求救济？

94. 老年人遭受虐待应如何保护自己？

95. 子女放弃继承权是否就可以不赡养父母？

96. "老俩口"一方不扶养另一方该怎么办？

97. 老年人如何用法律手段追索赡养费？

98. 子女干涉老年人再婚怎么办？

99. 子女有权干涉老年人的再婚生活吗？

100. 老年人再婚要注意哪些法律问题？

101. 怕再婚引发财产纠纷老人未婚同居可取吗？

102. 如果无辜被陌生人殴打，应该怎么处理？

103. 如果遭受殴打致伤，而且，肇事者已被拘留，该怎样要求赔偿？

104. 如果被亲友殴打，应该怎么处理？

105. 如果被子女殴打，应该怎么处理？

106. 如果被子女殴打，但不属于情节恶劣，还不构成刑事犯罪，应当怎么办？

107. 如果在人行横道上被机动车撞伤，导致腿部骨折或其他伤情。如果民事赔偿不合理，是否可以追究他的刑事责任？

108. 如果驾车人醉酒驾车，导致被撞伤，是否可以追究他的刑事责任？

109. 道路交通事故可以"私了"吗？

110. 如果子女拒绝扶养，并且经多次劝告仍然拒绝扶养老人，造成老人生活困难，应该怎么处理？

111. 如果子女拒绝扶养，但不属于情节恶劣，还不构成刑事犯罪，应当怎么办？

112. 如果对方有配偶，是否能与之结婚？

113. 如果对方有配偶但是通过提供虚假的证明材料而与您结婚，您是否需要承担重婚罪的刑事责任？

114. 如果亲友或者邻居熟人等提出要到您家中来吸毒或者注射毒品的，应该怎么处理？

115. 如果有陌生电话通知您打款付钱，应该怎么处理？

116. 如果您接到一个自称是检察院或法院的陌生人的来电，说您的银行卡出了问题你必须得将你银行卡的存款全部打到公安局的安全账户上，您应当怎么办？

117. 老人如何防范受骗？

118. 如果楼上楼下制造噪声干扰了您的正常生活，应当怎么办？

119. 如果欲租住您的房屋的人，没有向您出示身份证件，能否将您的房屋租给他？

120 如果您的房屋的出租人出租房屋进行犯罪活动，应当怎么办？

121. 如果他人或者邻居饲养的动物，干扰了您的正常生活的，经您多次协商对方仍没有采取措施的，应当怎么办？

122. 如果他人或者邻居驱使其饲养的动物伤害您的，应当怎么办？

123. 购物为什么一定留心要发票？

124. 合同法对合同的效力是怎样规定的？

125. 哪些借贷合同不受法律保护？

126. 定金与预付款有何区别？

127. 什么叫生活垃圾？《固体废物污染环境防治法》为防治生活垃圾污染环境作了哪些规定？

128. 建筑物或者建筑物上的搁置物、悬挂物发生倒塌、脱落、坠落造成他人损害的怎么办？

129. 购买商品房如何验房？

130. 业主在物业管理活动中的权利和义务有哪些？

131. 业主大会、业主委员会与物业管理企业的关系？

132. 业主委员会的职能是什么？

133. 业主委员会可以就本物业小区的哪些纠纷，直接到法院起诉？

134. 业主委员会到法院起诉本小区物业企业，须履行哪些手续？

135. 涉及居住物业小区内部的哪些纠纷，法院不能作为民事案件受理？

136. 业主在什么情况下，可以对物业管理企业提起诉讼？

137. 业主因相邻方侵权而遭受损害，能否起诉物业管理企业？

138. 小区建筑共有部分收益该归谁所有？

139. 如果物业管理企业在履行对物业管理服务合同中，与业主行使权利发生冲突，并产生纠纷，应该如何处理？

140. 业主在家中被盗或人身受到伤害后，能否以物业管理企业收取了保安费为由，要求其承担赔偿责任？

141. 住宅出售单位与物业管理企业签订的物业管理服务合同，对业主有无效力？

142. 物业管理企业因对小区内的共用设施疏于管理而给业主造成使用不便或损害的，该如何处理？

143. 物业管理企业因对小区内的公用设施疏于管理而给业主造成使用不便或损害的，该如何处理？

144. 业主在什么情况下，可以对物业管理费的交纳行使抗辩权？

145. 物业管理服务合同期满后，物业管理企业与业主委员会没有续签物业管理合同,但又对物业继续进行了管理的,该如何确定其行为性质?

146. 因物业管理企业未及时向业主委员会移交物业档案资料等有关材料而发生争议的,改如何处理?能否向法院提起诉讼解决?

147. 业主委员会委员以业主委员会名义所为的行为,是否都可推定为业主委员会的行为,发生争议该如何处理?

148. 部分业主对业主委员会决定提出异议的,应如何正确认定业主委员会决定的效力?

149. 业主委员会对外所承担的民事责任,是否及于全体业主?

150. 拆迁补偿的金额怎么确定?

151. 甲家私房在城市规划改造时被拆迁,当时签订了拆迁安置补偿协议,根据被拆除的房屋面积,拆迁单位将复建的回迁楼2号楼202、203室补偿给甲作为安置住房。回迁开始后,甲却被告知202室已出让,让甲另选一套。这该怎么处理?

152. 某乙在某处购买了一处房产,还没来得及办理产权变更登记,政府要将这个区域重新规划打造,将土地卖给了开发商,这处房产面临拆迁,然后重新分配拆迁安置房。这该如何处理?

153. 邻居把空调装到他家阳台的西侧,离丙的卧室窗口只有0.5米,只要一开空调,严重影响丙的睡眠,同时导致丙家阳台就热浪滚滚。丙多次找邻居协商,让他们装到阳台的东侧去。他们说不方便,坚决不同意。丙该怎么办?

154. 甲家的果树枝桠延伸到乙家,那么在延伸部分长出的果实应归谁呢?

155. 甲有一套门市平房与乙家门市房之间有一米之间间隔。2002年甲家改建房屋将这一米宽的地方盖起房子,并经过乙口头同意借用其墙,并且在房产证中体现这改建后的面积。后乙将其房买与丙,现丙向甲主张原一米间隔之地平分,并以此为借口要扒墙。甲应该如何维护自己的权利?

156. 邻居占用公共通道,致使我家出行十分不便,另外他在公共走道上私自铺设了地钻,使我回家时摔倒无法站立,脚踝受伤在家休息了2个多月。该如何处理?

157. 处理相邻关系纠纷的法律有哪些?

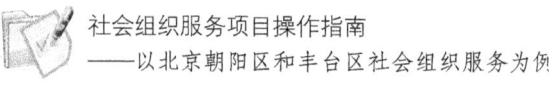

158. 你知道与邻居相处应注意什么吗？
159. 发生了民事纠纷，公民应向哪个人民法院提起诉讼？
160. 人民法院受理哪些民事案件？
161. 法律进社区的主要内容有哪些？

后　记

八、项目特点及反思

（一）项目特点

本项目有五大明显特点：一是项目主责单位为枢纽型社会组织。本项目主责单位为北京市法学会，因此决定了项目管理本身涉法的严谨性。二是项目申报方为人民团体而非一般的社会组织。本项目是由北京预防跨国犯罪研究会进行申报并获得立项的，因此决定了项目在实施过程中必须接受申报方的全过程监控。三是项目本身不是一个独立的项目，而是一个较大服务项目的子项目，它重属于北京预防跨国犯罪研究会主项目"法律服务基层"，研究会依托北京政法职业学院，将项目细化为四个子项目："北京城乡结合部地区独居老人法律服务"、"罪犯改造管理中民事权益保障服务体系"、"北京市非中心城区社区矫正法律服务"、"法律服务未成年特殊群体"。四个子项目之间互相配合，以服务四个不同的特殊人群为各自特点，形成较全覆盖的极具政法特色和专业的法律服务基层架构。因此，本项目在展示部分没有展示立项申请和结项总报告，而是以分报告和实施方案的形式展示项目活动。四是实施主体的特殊性和地域的宽泛性。本项目实施主体也不是一般社会组织，而是依托高校专业团队，它依托的是北京政法职业学院社会法律工作系的社区管理与服务专业团队，拥有学院和系部的强大的人力和物力支持，所以，项目覆盖地域超出了一般区县社会组织服务范围（他们一般局限在本地区的较小领域），项目社会影响力较之一般社会组织的服务有很大提升。五是项目产生了延伸机构——北京政法职业学院涉老法律服务中心和涉老法律服务试点社区，为项目的经常性服务奠定了基础。

另外，为了更好地指导各社会组织开展项目活动，前几个项目已经全面展示了项目活动全貌，尤其是项目活动过程图片积累、评估汇报和活动报道等情况，所以本项目展示过程与前几个项目有所不同，偏重于突出项目完整档案的架构，旨在指导各社会组织一定要注意项目档案的完整性。

（二）项目反思

本项目因为是 2011 年立项的项目，也是北京市政府第一次大规模大范围地推进政府购买社会组织服务，所以项目启动时间较晚、经费到账也较晚。从实际情况来看，项目正式启动为 2011 年 1 月份，中期评估定在 2012 年 3 月份，中间间隔新年和春节两个特殊时期，使得项目活动在初期开展受到了一些影响，一些设计较好的想法没能够在实践中全面地展示出来。等到项目逐渐铺开之后又很快就进入了结项期，使得整个项目做起来显得非常匆忙，缺少从容度。同时由于缺乏项目执行经验，在协调沟通、信息报送、宣传报道等方面的工作还有待提高。

参考文献

[1] 彭澎，吴保生. 社会组织管理机制研究［J］. 中共四川省委党校学报，2011，1.

[2] 赵莹. 社会组发展助力社会管理创新［J］. 法制与社会，2010，10.

[3] 张尚仁. "社会组织"的含义、功能与类型［J］. 云南民族大学学报（哲学社会科学版），2004，3.

[4] 孙伟林. 我国社会组织发展现状、问题与建议［J］. 中国党政论坛，2009，8.

[5] 何悦. 我国社会组织面临的问题与对策研究［J］. 天津学术文库（法学. 教育学）.

[6] 吴伟. 非营利组织的资金来源：国外的经验与启示［J］. 中州学刊，2007，7.

[7] 高宜新，柳长兴. 参与公共服务与社会组织发展的路径选择［J］. 重庆工学院学报，社会科学版.

[8] 贾西津. 国外非营利组织管理体制及其对中国的启示［J］. 社会科学，2004，4.

[1] 北京市产生全国第一家街道级居民自治组织——鲁谷社区委员会［N］. 北京日报，2003-10-12.

[2] 刘一纯，村夫. 论社会组织的社会管理主体地位及其法治保障. 社团管理研究. 2012（1）.

[3] 组织与管理［M］. 中国社会科学出版社. 1985.

[4] 张君岭，鲁军. 社会管理研究. 2008（11）. 50.

[5] 顾晓今. 发挥民间组织在社会治理中的作用. 2007，8.

[6] 郭巍青. 深圳社会组织新政实现多赢. 东方早报. 2010-01-26.

[7] 赵军，符信新. 南京市社区民间组织管理工作的"五个创新". 社团管理研究. 2009，1.

[8] 刘卫. 城乡基层社会组织发展和管理体制研究. 2009-01-18. 中国社会组织网.

[9] 李学举. 用十七大精神统一思想充分发挥社会组织在现代化建设中的重要作用. 2007-11-21.

[10] 深圳市社会组织发展规范实施方案. 深府办〔2010〕19号.

[11] 黄元宰，梅华. 无锡实施"政府购买公共开放". 2008（02）.

后 记

《社会组织服务项目操作指南》以北京市 2013 年政府购买社会组织服务为依托进行项目申报操作指导，同时收集了四个不同类型的案例，涉及到了未成人、老年人、专业社会工作人才、外来人口城市融入等特殊人群和三种不同的社会组织主体身份进行案例解剖。

通过对这些问题的梳理，一方面有利于北京地区以至于全国各类社会组织在为特殊人群提供服务过程中有所依据和参考，同时也可避免各服务机构在提供服务过程中因不熟悉服务特点而浪费有限的资源。对于社会组织如何整合社会资源，更好地开展专项社会、服务，本书编委会还将不断地去专研、去完善。编委会成员有能力，也有决心给我们的服务对象提供他们所需要的优质的服务。

本书编委会
二〇一三年三月三十一日